国家統治

ガバナンス

─現代中国の歩み─

■ 清華大学国情研究院
　胡鞍鋼　唐嘯　楊竺松　鄢一龍　共著
■ 佐々木智弘　監訳
■ 岡本恵子　訳

SP TOKYO

監訳者まえがき

　日本では、「胡鞍鋼人気」が続いている。岡本恵子氏による本書の「翻訳者あとがき」には日本語に翻訳された多くの胡鞍鋼氏の著作が紹介されている。それらを目にする日本の中国関係者は少なくない。そして彼らは胡氏を日本に招聘し、講演会やセミナーを催しており、そこに多くの人が集っている。

　なぜ多くの日本の中国関係者のあいだで胡氏は人気があるのだろうか。1つには、胡氏を政権のブレーンであると思っているからだろう。翻訳書や講演会、セミナーでは、胡氏は必ずと言っていいほど「政権のブレーン」と紹介される。もう1つの理由は、胡氏の英語が流暢であるからだろう。中国語が話せなくても、英語でコミュニケーションをとることができることは、とても都合がいい。

　胡氏が中国で注目されたのは、本書の胡氏自身の「あとがき」でも紹介されている王紹光氏との共著である『中国国家能力報告』が刊行された後の1990年代後半からである。この共著が当時、市場経済化を進める江沢民政権の目にとまり、その後の高度経済成長の礎を築く経済政策の策定に影響を与えたことはよく知られているところである。このことで、胡氏は中国内外で政権のブレーンであると見られるようになった。ちょうど研究者として駆け出しの頃だった私も当時の中国国内でのこの共著の反響、そして「胡鞍鋼人気」をよく覚えている。

　中国の政策決定に影響を与えるという場合、2つのことを指している。1つは政権の主要ポストに就いて、政策の策定、決定に直接関わるということである。もう1つは特定のテーマについて政策案が募集されてそれに応募すること、もしくは状況を判断して自ら政策提案を行うことである。胡氏の場合は後者に当たる。胡氏はその時々の中国の課題を研究し、それへの対策を政権に提案してきた。それを胡氏自身は「国情研究」と名づけた。そしてこの国情研究の成果

を著書だけではなく、『国情研究』という定期刊行物で発表してきた。この『国情研究』は本書で何度も引用されている。

　確かに、胡氏の提案は江沢民政権期の政策決定には一定の影響を与えたようだ。その意味では「ブレーンだった」と言っていいだろう。しかし、胡錦涛政権期になって、胡氏は引き続き積極的に研究成果を発表したものの、それらが政策決定にどれだけの影響を与えてきたかははっきりしない。

　そして、2013年7月に刊行された胡氏の著書『中国集体領導体制』（中国人民大学出版社、翻訳書は『中国集団指導制』科学出版社東京、2014年）は、歴代の政権運営の成功のカギが集団指導体制にあったことを論じた。胡氏が、この著書、そしてこの著書の元となった『国情報告』で発表された成果を通じて、2012年11月に発足した新政権に対し集団指導体制を継続するよう提案したことは明らかであった。この提案を現政権がどう受け取ったかは分からない。しかし現実として、現政権が集団指導体制を継続しているようには思われない。さらに私の記憶のかぎりでは、2012年11月以降、胡氏が党中央や国務院の指導者が主催する学者や専門家の意見聴取の座談会に招かれたことは報じられていない。そうした状況から、私は胡氏を現政権のブレーンであるとは見なしていない。そのため、依然として続く日本での「胡鞍鋼人気」には違和感がある。

　それにもかかわらず、私が『中国国家治理現代化』という胡氏の著書に興味を持ち、監訳を引き受けたのには理由がある。それは、本書で「統治能力」や「ガバナンス」と訳された中国語の「治理」を、胡氏がどのようにとらえられているのかを知りたかったからである。現政権は「治理」をとりわけ重視している。私自身は「治理」が中国共産党による中国の統治ということを指していると理解している。1949年10月の中華人民共和国成立以降、中国共産党が中国をどのように統治してきたのか。胡氏は時期や政権による統治方法の違いや制度の変化を示しながらも、中国共産党の指導を堅持するという点での継続性があるとしている。違いや変化が起きた背景、原因の分析は現在に近づけば近づくほど表面的なものに留まっている。そして総括には現実との違和感があり、強引さすら感じられることは否めない。

　しかし興味深い点もいくつかある。ひとつは現政権に対する評価である。と

りわけ、2013 年 11 月に開かれた中国共産党第 18 期中央委員会第 3 回全体会議で採択された決議を詳しく解説し、高く評価している。この決議は、現政権の施政方針を示した、現在でも影響力を持つ重要な政策文書である。胡氏の解説、評価はこの政策文書の理解を助けてくれる多くの情報を提供してくれている。

　もうひとつの興味深い点は、中国と米国の比較データである。胡氏は、米国を 100 としたときの中国の到達点を示す「キャッチアップ指数」という（おそらく胡氏独自のものであろう）指標を使って、中国があらゆる分野で米国に追いつきつつあることを示した。こうした指標が米国と中国を比較するのに適切なものかどうかはさておき、胡氏が米国との競争を強く意識していることが分かる。

　最初に述べたように私は胡氏を現政権のブレーンとは見ていない。それにもかかわらず、「治理」、つまり中国共産党による中国の統治、現政権の施策、米国に迫る中国の発展に対し、胡氏は誰よりも高い評価を与えているように思われる。私が本書で最も興味深いと思ったのはまさにこの点である。理由は分からないが、私には胡氏が意図的にそうしたスタンスをとっているようにすら思える。その意味では、胡氏は「典型的」な現在の中国の学者ではないだろうか。

　中国共産党の指導の強化が叫ばれ、現政権のこれまでの成果が宣伝され、米国に代わる国際秩序の構築に乗り出した中国の現状を見るとき、中国共産党の認識を知っておくことは、中国の理解を豊かなものにしてくれるだろう。胡氏が著したこの『中国国家治理現代化』はその一助となるはずである。

佐々木智弘

5

目　次

第 1 章

中国の国家制度建設の道 *1

われわれは全中国の圧倒的多数の人びとを政治、軍事、経済、文化、その他のさまざまな組織体に組織し、旧中国のばらばらで無組織な状態を克服し、偉大な人民大衆の集団的な力で人民政府と人民解放軍を支持し、独立・民主・平和・統一・富強の新中国を建設すべきである。

—— 毛沢東（1949 年）

　今日われわれの真にやるべきことは改革によって生産力の発展を速め、社会主義の道を堅持し、われわれの実践によって社会主義の優位性を示すことである。2 世代、3 世代ひいては 4 世代でこの目標を実現しようと思っている。その頃になれば、事実をもって社会主義の方が資本主義よりほんとうに優れていると自信を持って言うことができる。

—— 鄧小平（1987 年）

　毛沢東の指導の下、中国は旧中国から新中国へと転換を遂げ、伝統国家から現代国家へと、四分五裂の状態から高度な統一へと、「ばらばらの砂」[*2] から「高度な集中」へと、「無秩序な分権」から「高度な集権」へと変貌を遂げた。

　中国の特色ある社会主義の建設とは、その本質は中国の現代化の道を探り、西側の現代化モデルを超えることである。これは、西側先進国が現代化に至った道の中から、その良いところを取り入れ、悪いところを取り除き、中国の現代化を進めるなかで常に経験を総括し、さまざまな困難、リスク、危機に対する試行錯誤と軌道修正の過程であり、また最善（あるいは次善）への模索と選択の過程でもある。こうした中国の道は正しく、ひたすらに歩み続けていかねばならない。

---

* 1　本稿は、中央国家機関の司局級幹部の選択科目である「中国の国情と中国の道」をテーマにした胡鞍鋼教授の授業原稿を基にしている。2013 年 4 月 8 日に楊笠松氏の協力を得て整理し、7 月25 日と 8 月 9 日にそれぞれ修正を加え、2014 年 4 月 1 日に再び修正を加えた。その後、本稿は『国情報告』2014（10）に掲載され、5 月 20 日に中央指導部から重要な指示が与えられた。
* 2　訳注：孫文が『三民主義』で著した考え方。近代中国では大衆の家族意識と宗族意識が強く、国族意識が希薄だったことを「ばらばらの砂」に例え、こうした大衆を「国民」に作り替えていく必要があると考えた。

2012年11月8日、胡錦濤は、第18回党大会の報告で「道」の重要性について次のように述べた。「この道は党の命脈に関わり、国の前途や民族の運命、人民の幸せにも関わっている」＊3。

2013年1月5日、習近平は、中央党校で行われた中央委員会の新人の委員と候補委員へ向け、第18回党大会の精神の学習・貫徹研修会の開会式で重要講話を行い、「道」の重要性について再び次のように強調している。「道の問題は中国共産党の事業の盛衰成否に関わる第一の問題で、道はわが党の命である」＊4。

なぜ、道がこれほど重要なのか。中国の社会主義国家制度とどのような関係性があるのか。こうした問題に、われわれはどのようにより良い答えを与えることができるのか。

2013年6月25日、習近平は、中央政治局の集団学習で「**歴史は最良の教科書である。党史と国史は必修というだけでなく、これをよく修めなければならない**」＊5と話した。したがって、われわれは、こうした中国の道と国家制度建設というテーマについて議論する必要がある。「中国の道」とはどのような道か。それがどこから来て、今どこへ向かい、この先どこへ向かって行くのかを理解しなければならない。そのため、まずは新中国の成立当初、膨大な人口と広大な土地がありながら、荒廃し再建が待たれた国土という条件の下、毛沢東等がどのように現代国家制度を革新し、国家の統一、人民の解放、民族の団結、国政の安定、を成し遂げたのかを知る必要がある。また、改革・開放の当初、鄧小平等がどのように党と国家の制度を再建し、経済成長、経済繁栄、社会進歩、対外開放、世界との融合、を成し遂げたのかを知る必要がある。そして、江沢民、胡錦濤、習近平等がどのように党と国家の制度建設を完成・強化させ、中

＊3　胡錦濤「堅定不移沿着中国特色社会主義道路前進 為全面建成小康社会而奮闘——在中国共産党第十八次全国代表大会上的報告」2012年11月8日。

＊4　新華社2013年1月5日。

＊5　2013年6月25日、中央政治局で「中国の特色ある社会主義の理論と実践」について、第7回の集団学習が行われた。その際、習近平総書記は「歴史は最良の教科書である。党史と国史を学ぶことは、中国の特色ある社会主義を堅持・発展させ、党と国のそれぞれの事業を進めるための必修科目である。これらは必修というだけでなく、よく修めなければならない。党史と国史の学習に力を入れることで、歴史への深い思考のなかで現実の仕事をやり遂げ、より将来へ向かって、中国の特色ある社会主義を堅持・発展させるための合格回答が導き出せる」と語った（新華社2013年6月25日）。

国のすみやかな勃興、全面的な開放、全面的な革新、を成し遂げたのかを知る
必要がある。

1. 毛沢東——中国の国家制度の礎を築く

　1949年以前の中国は、まさに「ばらばらの砂」の状態だった。1924年、孫文
はこれを**「中国人はばらばらな砂」**と指摘した。彼は「外国人が中国人をばら
ばらな砂だという場合、いったい、ばらばらな砂とはどういう意味か。それは、
一つ一つは自由であり、だれにも自由はあるが、各人が自分の自由をどこまで
も拡大し、そのためばらばらな砂になるというのであります。…（中略）…わ
**れわれは自由が多すぎ、団結を欠き、抵抗力がないから、ばらばらな砂になり、
ばらばらな砂だから、外国帝国主義の侵略を受け、列強の経済商戦の圧迫を受
けて、今日、われわれは抵抗もできないのだ。将来、外国の圧迫に抵抗できる
ようになるためには、各人の自由を打破し、ちょうどばらばらな砂にセメント
を混ぜて、堅い一つの石を作りあげるように、強固な団体を作らなければなら
ない。**…（党や軍も）各人各様の自由を主張し、まったく四分五裂で、号令を
統一できなかった。だから袁世凱は革命党を敗ったのであります。…われわれ
は国家の自由と民族の自由のために争ったのであり、個人の自由や学生の自由
や軍人の自由を争ったのではない」[6]と述べている。孫文はこうしたことに気
づいていたものの、解決することはできなかった。

　では、毛沢東はこれをどのように解決したのか。1949年9月30日、毛沢東
は次のように述べた。「われわれは全中国の圧倒的多数の人びとを政治・軍事・
経済・文化その他のさまざまな組織体に組織し、旧中国のばらばらで無組織な
状態を克服し、偉大な人民大衆の集団的な力で人民政府と人民解放軍を支持し、
独立・民主・平和・統一・富強の新中国を建設すべきである」[7]。毛沢東からす
れば、これらの目標を達成するには組織化が不可欠で、当時のおよそ5億4000

* 6　孫中山「民権主義第二講」1924年3月16日、『三民主義』岳麓書社 2000年、69-70頁。
* 7　毛沢東「中国人民大団結万歳」1949年9月30日、『毛沢東文集』第5巻 人民出版社
　　　1996年、348頁。

万人の人口を組織することこそ現代的な国家制度を革新するために不可欠ということが明確だった。

　1949年1月8日、毛沢東は中央政治局会議で次の構想を示した。「全国革命の任務をやり遂げるには、地ならしに30年かかる。だが、建物を建てるには数十年を費やさなければならない」[*8]。**前者は旧中国の地盤（古い制度）を除くこと、後者は新中国の地盤（新しい制度）を築くことを想定している。毛沢東は、こうした新中国の新たな制度の発案者であり、創設者である。**その後の「共同綱領」(1949)、「中華人民共和国憲法」(1954)、「中国共産党規約」(1956)等のなかに有形無形の形で新たな制度が取り入れられ、それは**旧制度から新制度へと抜本的な転換を遂げただけでなく、当時のソ連の社会主義制度を超え、さらに最も優れているとされたアメリカの資本主義制度も超えていた。**こうして毛沢東は、強力な制度によって中国の国家制度の現代化の歴史プロセスを切り開き、**世界人口のおよそ5分の1を占める中国人民を組織し、極めて短い期間で1900年代前半から約50年続いた旧中国の無秩序な分権でばらばらの砂だった状態を終結させた。**

　1949年3月、毛沢東は「中国共産党第7期中央委員会第2回全体会議での報告」を行った。この報告によると、全体会議では、国民党の統治を消滅させ全国で勝利した後に、党の活動の重心を農村から都市へ移し、生産と建設を中心的任務にしていくことが決議された。つまり、**中国を農業国から工業国に転化させ、新民主主義社会から社会主義社会へ発展させることが全面的な任務と主要な道筋だと規定した。**

　1949年9月、中国共産党と民主諸党派が制定した新民主主義社会の建国綱領である「共同綱領」は、新民主主義社会建設の指導的文書となった。「共同綱領」では、**中国が打ち立てようとするのは新民主主義の国家であり、4つの階級でともに作る連合政府**[*9]**であり、中国共産党が指導する多党協力と政治協商**

＊8　金沖及主編『毛沢東伝（1893-1949）』中央文献出版社 2004年、945頁。

＊9　「共同綱領」の前文で「中国人民民主独裁は労働者階級・農民階級・小ブルジョアジー・民族ブルジョアジーおよびその他の愛国民主分子の人民民主統一戦線の政権であり、労農同盟を基礎とし、労働者階級を指導者とする」と定めている（「中国人民政治協商会議共同綱領」1949年9月29日、中国人民政治協商会議第1期全体会議で採択、中共中央文献研究室編『建国以来重要文献選編』第1巻 中央文献出版社 1992年、1頁）。

制度を採り、「人民民主独裁」[10]を行うことを定めている。中国の人民民主主義独裁はソ連のプロレタリア独裁とは異なり、また政治協商制度もソ連の一党制による政治制度とは異なる[11]。こうして、新中国の3つの基本となる政治制度——共産党が指導する多党協力と政治協商制度（1949年）、民族区域自治制度（1952年）、人民代表大会制度（1954年）に革新した。

　毛沢東の建国をめぐる構想は、歴史的にはこれまでの封建王朝における経済基盤・政治制度・社会構造はおろか[12]、蒋介石の国民党政府に代表される官僚資本や地主階級による路線とも全く異なっていた[13]。世界的には、欧米の私有制を基礎とする資本主義経済だけでなく、ソ連や東欧諸国の公有制を基礎とする社会主義経済とも異なる第3の道であり、それが中国の新民主主義経済だった。それは、正確にはある種の混合経済であり、資本主義経済の要素と社会主義経済の要素を備えている。これは、当時の中国の経済が立ち後れていた事情を踏まえ、毛沢東が創造性と実務性を考えて打ち出した新たな建国の構想だった。

　毛沢東はどのように新中国の国家制度を革新していったのか。そこには、まず統一と集中があり、制度を革新してきたプロセスがある。

　新中国は、分裂から統一、分散から集中、分権から集権、という移行プロセ

14

＊10　かつて劉少奇は、「中国は帝国主義への脅威からブルジョア階級とわれわれは協力し、それが長期にわたったため、中国ではプロレタリア独裁ではなく人民民主独裁を打ち立てるほかなかった。これは、プロレタリアートが指導し、労農連盟を基にした小ブルジョア階級と民族ブルジョア階級が団結した人民民主独裁である」と解釈している（「劉少奇在東北局幹部会議上的講話記録」1949年8月28日、金冲及主編『劉少奇伝』中央文献出版社1998年、655頁）。

＊11　周恩来は「『中国人民政治協商会議共同綱領』草案の起草経過とその特徴について」のなかで、「新民主主義の国家権力は民主集中制による人民代表大会の制度で、旧民主主義の議会制度とはまったく異なり、社会主義のソ連を典型とする代表大会制度の範疇に属する。しかし、ソ連の制度とまったく同じものでもない。ソ連ではすでに階級がなくなったが、われわれの場合は各革命階級の同盟である」と指摘している（周恩来「関於〈中国人民政治協商会議共同綱領〉草案的起草経過和特点」1943年9月22日、中共中央文献研究室編『建国以来重要文献選編』第1巻　中央文献出版社1992年、17-18頁）。

＊12　金春明主編『評〈剣橋中華人民共和国史〉』湖北人民出版社2001年、8頁。

＊13　詳細は、毛沢東「論連合政府」1945年4月24日、『毛沢東選集』第3巻2版　人民出版社1991年を参照。

スを歩んできた^{＊14}。中央集権は 1948 年から強化され^{＊15}、党が国・軍・全国を指導するという基本制度を次第に構築しながら、実践のなかで改良と改革を進めてきた。こうした制度は、抗日戦争期にできた党による一元化された指導方式を受け継ぎながら、党の各級組織を全国的な政権へと発展させるための重要な組織基盤・指導方法・工作制度を提供してきた面もある^{＊16}。この時期、毛沢東が指導した制度構築には主に次のものがある。

　①**政策決定権を中央へ集中**：1948 年 8 月 14 日、党中央は「報告制度を厳格に執行することについての指示」を出し、迅速かつ整備された報告制度を厳格に実施するよう求めた。この指示は、中央が打ち出した路線・方針・政策の各地方における執行状況を中央が随時把握するべく、絶対に違反が許されない指令として見なされた。9 月には、中央政治局会議で「各中央局、分局、軍区、軍事委員会分会および前敵委員会の中央への指示要請・報告制度についての中共中央の決議」が採択された。その主旨は、党中央の集中・統一の指導を強化し、集中できる、集中すべき一切の権力を中央と中央が代表する機関が掌握することにあった。いかなる人物や組織も、自らを中央と同列の地位に置くことはできないし、まして党や軍のなかで中央以上の影響力を持つことはありえない。9 月 20 日、毛沢東は党委員会制度の健全化についての決定を起草した。**決定では、党委員会制は集団指導を保証し、個人の一手請負を防ぐ党の重要な制度である。あらゆる重要問題はすべて委員会の討議にかけ、出席した委員が十分に意見を述べ、明確な決定を行った後、それぞれ手分けして実行に移さなければならない。集団指導と個人責任はどちらも欠いてはならないことに注意し**

15

＊14　これについて、周恩来は「今われわれは、まさに国民党を根幹から打ち倒すことから完全に打ち倒そうとする移行期にあり、まさに分散から統一に至るところである。これは数ヵ月どころか数年を要する。こうした移行期には、われわれはその特徴をきちんと掴むことが必要で、さもなければ過ちを犯してしまう。…統一の方針としては、分区（行政的な区画）経営を基礎にし、段階的、重点的に統一へ向かっていく」と述べている（「周恩来在中共 7 届二中全会上的発言記録」1943 年 3 月 13 日、金沖及主編『周恩来伝』(2) 中央文献出版社 1998 年、914 頁。

＊15　王紹光「新中国的中央地方関係」2009 年 10 月 14 日、清華大学公共管理学院での講座より。

＊16　中共中央党史研究室『中国共産党歴史』第 2 巻 1949-1976、上巻 中共党史出版社 2011 年、173 頁。

なければならない*17、と指摘している。

②**財政経済体制の統一**：1948年7月初め、董必武を部長とした中央財政経済部が発足した。9月に華北人民政府が成立すると華北財経委員会が設立され、「華北財政工作の統一についての決定」が出された。12月1日、旧華北銀行・旧北海銀行・旧西北農民銀行が合併して中国人民銀行が設立され、即日各解放区の貨幣が統一され、人民元が発行され、新中国の本位貨幣になった*18。

③**人民解放軍の編成と指揮の統一**：1948年11月1日、中央軍事委員会は「全軍組織および部隊番号の統一についての規定」を出し、人民解放軍を野戦部隊・地方部隊・遊撃部隊に分けることを定めた。野戦部隊の縦隊を「軍」、旅（旅団）を「師」と改めた。「軍」の上に「兵団」と「野戦軍」の2つの指揮機関が置かれ、「軍」の下には通常は「三三制」*19に基づいた組織が置かれた。団以上の各級番号は、全軍で統一した順序で割り振りした。地方部隊は「旅」を最高戦闘単位とし、各軍区の指揮下に置かれた。軍はそれぞれ1・2・3級と軍分区に分けられた。遊撃部隊は「縦隊」と「支隊」と呼ばれた。1949年9月の「共同綱領」では**「中華人民共和国は、統一的な軍隊、すなわち人民解放軍および人民公安部隊を建設し、中央人民政府人民革命軍事委員会の統率を受け、統一的指揮、統一的制度、統一的編制、統一的規律を実行する」**と定めている。

④**中央集権と地方分権の関係**：「共同綱領」は「全国各地方の人民政府はすべて中央人民政府に従う」と定め、これが国家統一における根幹の制度となっている。

⑤**政府工作に対する党の指導責任を強化**：1952年12月、毛沢東は、党中央および各級党委員会の政府、財経工作、工業建設に対する指導責任について、次のように述べている。（1）すべての主要かつ重要な方針・政策・計画は、党中央の規定で統一し、党が決議や指示を出すか、あるいは関連機関の責任者お

＊17 毛沢東「関於健全党委制」1948年9月20日、『毛沢東選集』第4巻 2版 人民出版社 1991年、1340-1341頁。

＊18 中共中央党史研究室『中国共産党歴史』第1巻 1921-1949、下巻 中共党史出版社 2011年、771頁。

＊19 訳注：抗日戦争期に行われた政権制度。抗日統一戦線へ向けて、政権組織の構成員比率を、共産党・国民党・無党派がそれぞれ3分の1ずつ構成するよう定めた制度。

よび党組織からの建議に対し、審査・認可を与えなければならない。各中央代表機関と各級党委員会は、党中央と中央人民政府によるすべての決議・指示・法令の執行をきちんと保証し、それらに抵触しない範囲内で独自の決議や指示を出し、中央と上級機関から与えられた任務の遂行を保証しなければならない。(2) 党の決議と指示の執行状況をチェックすること[20]。こうした基本制度が、**党が政府を指導し、全党は中央に従うという原則を生んだことで、「ばらばらの砂」で「無秩序な分権」だった中国はすみやかに政治的に統一された、政策決定が集中する、中央に集権された体制を作り上げていった。**

⑥党内における監督のしくみ：1949年11月、党中央は、朱徳を書記とした中央規律検査委員会と地方各級党委員会の規律検査組織を設置することを決定した。その主な任務は、各級の党組織や党幹部および党員が党の規律に違反する行為をしていないかをチェックすることだった。

⑦**大行政区[21]制を実施し、地方政府を5級[22]に分類・設置[23]**：新中国の成立後、中央政府はまだ良かったが、地方政府の制度建設には一定のプロセスが必要だった。当時の手軽なやり方としては、中国人民解放軍に倣って各政府の行政体制を作り上げることだった。軍には、解放軍総部－野戦軍－軍－師－団が編成されており、政府はこれに対応させる形で、中央－大区－省級－地級－**県級を設置した。こうした体制転換は、新政府樹立にかかるコストだけでなく、学習プロセスを大きく省くことに繋がった。そして、全国規模での軍隊管理から国と地方の統治への方針転換を実現した。しかし、それはまた政府が管理するレベルを増やすことにも繋がった。**

⑧**少数民族地区での民族区域自治制度の実施、多民族が統一された単一制国家の樹立**：毛沢東と周恩来は、民族区域自治を実施し、連邦制や構成共和国では

＊20　毛沢東「党対政府工作的領導責任」1952年12月、『毛沢東文集』第6巻　人民出版社　1999年、252頁。

＊21　訳注：建国初期において省・自治区・直轄市の上に設けられた最高レベルの行政区画単位。単に「大区」とも言う。

＊22　訳注：5級は、大区・省級（43）・地級（259）・県級（2762）・郷級（275000）を指す。なお、数字はそれぞれ1952年当時のもの。

＊23　国家統計局国民経済総合統計司編『新中国六十年統計資料彙編（1949-2008）』中国統計出版社　2009年、4頁。

なく、統一された共和国を樹立することを明確に打ち出した＊24。新中国は単一制の国家体制を採り、民族自治という新たな制度を作り上げた。それは、1922年にソ連が採っていた多民族を統一した連邦制＊25、すなわち「多元一体」モデルとは異なっていた。ソ連では、各構成共和国は主権国家としてソ連を離脱する権利を持っていた。中国の「共同綱領」は、「中華人民共和国の国境内では各民族は一律に平等である」と定め、民族区域自治制度を設計した＊26。つまり「一体多元」モデルであり、単一制という条件下での多元である。これは、民族自治と区域自治を有機的に組み合わせた制度であり、国家の保全と統一を保証し、中央人民政府の指導の下で少数民族自治の積極性を発揮させやすくしてい

＊24 「共同綱領」の起草時、毛沢東は「果たして連邦制にするか、統一の共和国で少数民族地区は自治にするかを考えなくてはならない」と述べている。こうして、毛沢東と党中央は民族区域自治を採り、連邦制を採らないことを決定した（逢先知・金冲及主編『毛沢東伝(1949-1976)』上 中央文献出版社 2003 年、22 頁）。1949 年 9 月 7 日、周恩来は党中央が民族区域自治制度の構想に至った理由について「われわれは民族自治を主張したが、帝国主義が民族問題を利用して中国の統一を妨げるようなことは防がなければならなかった。各民族を団結させて 1 つの大家族を作り上げる。今また帝国主義者は、われわれのチベット・台湾・新疆の分裂を目論んでいる。こうした状況下で、われわれは各民族が帝国主義者の挑発に耳を貸さないようにしてもらいたい。このため、われわれの国の名称は中華人民共和国とし、連邦とはしない。われわれは連邦ではないが、民族区域自治を主張し、民族自治の権力を行使している」と説明している（『周恩来統一戦線文選』人民出版社 1984 年、139-140 頁）。1958 年 3 月、毛沢東は「ソ連の総人口はロシア民族が 5 割余り、少数民族が 5 割近くを占めている。中国は漢民族が 94％、少数民族が 6％を占めているため、中国はソ連のような構成共和国にはできない」と話している（「在成都会議上的講話」1958 年 3 月、『毛沢東文集』第 7 巻 人民出版社 1999 年、371 頁）。

＊25 1922 年、レーニンの提起によって、それぞれが主権を持つソビエト共和国の連盟が生まれた。当時はロシア連邦・白ロシア・ウクライナ・コーカサスの 4 つからなるソビエト共和国が作られた。1924 年、第 2 回全連邦ソビエト代表大会でソ連初の憲法が採択された。この憲法では、各構成共和国は主権国家のために、またソ連は各構成共和国の主権を守ること、さらに各構成共和国はソ連を離脱する権利があること、なおかつ各構成共和国はソ連憲法の基本原則に準じてそれぞれの憲法を制定すること、が定められていた。その後、ソ連は 15 ヵ国が構成する加盟共和国となり、その総面積は 2000 万㎢に達した。1991 年のソ連の正式解体によって、15 の独立国へと分かれた。今のロシアの面積は 1707 万5400㎢となり、往時の 76％ほどの面積となったが、依然として世界で首位である。

＊26 「共同綱領」第 51 条は「各少数民族が集住居住する地区では、民族の区域的自治を実行し、民族集合居住の人口の多少および区域の大小によって、それぞれ各種民族の自治機関を設立しなければならない」と定めている。第 53 条は「各少数民族は、すべてその言語・文字を発展させ、その風俗習慣および宗教上の信仰を保持しまたは改革する自由を有する」と定めている（「中国人民政治協商会議共同綱領」1949 年 9 月 29 日、中国人民政治協商会議第一期全体会議で採択。中共中央文献研究室編『建国以来重要文献選編』第 1 巻 中央文献出版社 1992 年、12 頁）。

る。

　こうした建国に至る過程や建国初期の模索と実践を基に、1953 年に毛沢東は
「一化三改」*27 から成る過渡期の総路線を打ち出した。1954 年にできた新中国
初の憲法「中華人民共和国憲法」は、中華人民共和国の 3 つの基本政治制度で
ある、人民代表大会制度、中国共産党が指導する多党協力と政治協商制度、民
族区域自治制度を正式に確立し、**中国は「一体多元」の現代国家の成立に成功
した。ここで指摘すべきは、中国では一体を基礎とし、多元は一体の上にあっ
ての多元、という点である。**第 2 次世界大戦後の歴史を見ると、国連は成立当
初はわずか 50 ヵ国で構成されていたが、その後 70 年間で分裂と変化を経て、
193 ヵ国を擁するようになった。工業化を遂げた国は基本的に変わらないが、
大多数の途上国は国内の動乱や戦争、国の解体を経験した。社会主義国もその
例に漏れず、旧ユーゴスラビアのように「四分五裂」したかと思うと、そのう
ちに「五分六裂」し、さらに旧ソ連は「14 が離れ 15 ヵ国へと分裂」し、今では
中国とごく一部の国だけが国連成立当初からの国家統一を保っている有様であ
る。

　こうした中国の制度革新は、創設 50 年を迎えた「今の世界で最強の経済力と
結びつきを持つ国家連合体」と言われる EU を実際には上回っている。EU も
また、2 度の大戦と数千万の生命を代償として誕生した歴史的選択であり制度
革新である。しかし、中国の「一体多元」と比較すると、EU は「多元一体」、
正確には「多元半一体」と言える。多元をベースとする EU は、その加盟各国
が主権国家であり、離脱の自由を持つ「準超大国家体」である。EU における
「一体」は多元の上の一体であり、市場の一体（統合）、経済の一体（統合）だ
が、それらは「準一体」や「半一体」である。例えば、通貨の「半一体」（16 ヵ
国がユーロを流通貨幣として採用）、公用語の多元化（24 ヵ国語）、政治の多元
化、財政の多元化、国防の多元化、外交の多元化である。そのため、**いったん
危機（世界金融危機のような）に瀕した場合、多くの国が「機会主義」的に便**

---

* 27　訳注：「一化」は社会主義的工業化を表し、「三改」は農業・手工業・資本主義商工業に対
　　する社会主義的改造を表す。

乗する現象が見られる。例えば、1993 年に発効した「マーストリヒト条約」*28 は、加盟国の財政赤字が GDP 比 3％を超えないこと、政府債務が GDP 比 60％を超えないことを定めている。1997 年に発効した「安定・成長協定」*29 では、2004 年に加盟国が予算について基本的なバランスを維持するか、もしくはわずかな黒字を実現させることが謳われている。また、加盟国は赤字が 3 年連続で 3％を超えると、最大で GDP 比 0.5％に相当するペナルティが科される場合もある。しかし、ユーロ採用国の大半の財政赤字は GDP 比 3％を超えており、政府債務も GDP 比 60％を超えているのが現状である。今後は加盟国の EU からの離脱や追放の可能性も否めないため、EU の財政統合の可能性は低いと言えよう。

2. 毛沢東による大きな制度革新

毛沢東時代に党内の若干の重大原則と制度配置が形成された。1 つは、「全党は中央に従う」という組織原則であり、これは各級の党組織が党中央に従属することを保証している。2 つめは、「党が鉄砲*30 を指揮する」という原則であり、人民解放軍やその他の武装力は党中央の指揮に従うことを保証している。3 つめは、「党が幹部を管理する」という人事原則であり、中央と各級の党委員会がそれぞれ幹部を管理することを保証している。**これらの基本制度は今に引き継がれ、党の統一、軍の統一、国家の統一を保証している。**こうした原則と制度配置は、党の組織構造の調整と制度設計に直接的に表れた。具体的には以下のものである。

第 1 に、**中央政府への政治面、経済面の集権を強めるだけでなく、党中央の中央人民政府に対する政治的指導をさらに強め、中国特有の「報告制度」と政策決定制度を作り出した。**1949 年 11 月、党中央は「中央人民政府内に中国共

---

*28 訳注：1991 年 12 月にオランダ・マーストリヒトで開催された首脳会議で合意された EC 設立条約の改正条約。93 年 11 月に発効し、それに伴って EC は EU に変わった。

*29 訳注：EU の加盟国によってまとめられた、EU の経済通貨同盟を維持・促進するための財政政策の運営に関する合意。

*30 訳注：軍を指す。

産党の党委員会を組織することについての決定」と「中央人民政府内に中国共産党の党グループを設置することについての決定」を出し、これらが中央と地方の各級政府部門で等しく実施されることになった。党中央の指導制度の面でも調整が行われ、中央秘書長・一般秘書長工作会議を起ち上げた。これが、中央政治局と中央書記処が日常業務の研究や処理に協力しながら責任を負うという第8回党大会以降に作られる中央書記処会議工作制度の前身となった。

　第2に、**大行政区を段階的に削減・廃止し、中央の省・市級に対する直接的な政治・行政指導を強化した。**1950年3月、政務院は「全国財政経済工作の統一についての決定」を出し、大行政区の財政権を部分的に掌握し始める。1951年12月、「機構の定員削減の調整についての決定（草案）」で大行政区の人事権を掌握した。1952年11月、中央は、各大行政区の人民政府委員会（あるいは軍政委員会）をすべて行政委員会へ改変することを決定した。行政委員会は中央人民政府を代表し、それぞれ当該地区で地方政府の指導・監督を行う機関となり、大行政区の行政権を掌握するようになった。1953年、党中央は各中央局書記や大行政区の行政委員会主席といった指導者を中央の仕事へ転属させることを決定した[*31]。1954年4月、中央政治局は1級の行政区域だった大行政区の廃止を決定し、6月に中央人民政府は執行の決定を通達した。それに合わせ、中央は6つの中央局を廃止し、各省・自治区・直轄市の党委員会を直接指導することを決定した。これは党政体制の大きな改革だった。

　第3に、**単一制国家体制を採用し、民族区域制度を革新した。**この制度は1922年にソ連が採用した多民族の連邦制とは異なる。1952年8月、中央人民政府は「民族区域自治実施綱要」を発布し、各民族の集住人口の多少や区域の大小に応じ、行政区分別の民族自治区域とその自治機関を設立することを定めた。同時に、各民族自治区は中華人民共和国の領土であり分離することができない、とも定めた。各民族自治区の自治機関は、中央人民政府による統一的指導の下に置かれた1級地方政権に位置づけられ、上級の人民政府の指導を仰ぐことが定められ、自治機関は自治権を有することが明確化された。これは、民族自治と

---

*31　龐松『毛沢東時代的中国（1949-1976）』中共党史出版社 2003年、212頁。

区域自治を有機的に結びつけた制度配置であり、国家の保全と統一を保証するだけでなく、中央政府の指導の下、自治地方の少数民族の自治を執り行うモチベーションを発揮しやすくした。1956年までに、全国に2つの自治区、27の自治州、43の自治県が誕生した。民族区域自治制度は、毛沢東等による制度革新であり壮挙でもある。これが少数民族の飛躍的な経済発展と社会進歩を大きく促し、国家の統一と民族の団結を保証した。

第4に、軍でも体制改革が行われ、中央軍事委員会は野戦軍を基盤にした6つの大軍区を廃止し、新たに13の大軍区を置き、中央軍事委員会が直接その指導にあたった。

第5に、**党における部別・級別の幹部管理制度を段階的に構築した。**幹部人事制度については、党が幹部を管理するという原則を守り、軍の幹部が単独で管理されるほかは、幹部はすべて中央と各級の党委員会の組織部門によって管理されることになった。1953年11月、中央は「幹部管理工作の強化についての決定」を出し、中央と各級の党委員会の統一指導の下で、中央と各級の党委員会組織部門の統一管理の下での部別・級別の幹部管理体制を段階的に構築していくことを打ち出した。

1948年から準備を始め、1949年に新中国の成立を経て、1954年になって「党が国を指導し、党が軍を指導する」という基本制度を、中国共産党はみごとにすみやかに作り上げた。また、中国の歴史上、最も強大かつ典型的な中央集権の政治体制と経済体制を築き上げた。その主な特徴は次のようなものである。①執政党が国家政権を集中し、コントロールした。②中央政府が全国のあらゆる地域の人・財・物、および経済管理権をコントロールした。③軍の統帥権を中央へ集中させ、人民解放軍とその他の武装力を確実にコントロールした。④単一制政体を採り、その立法権は中央に属する。

毛沢東の指導の下、中国は旧中国から新中国へ転換を果たし、伝統国家から現代国家へと変わりながら、「四分五裂」状態から「高度な統一」へ、「ばらばらの砂」から「高度な集中」へ、「無秩序な分権」から「高度な集権」を実現させてきた。これは、北洋政府（1912-1928年）や南京国民政府（1928-1949年）では、全く成し遂げられなかった。こうした「四分五裂」状態や「ばらばらの

砂」だったことこそ、20世紀前半の中国が急速に衰退した大きな制度的要因である。毛沢東時代は、1840年以来の中国で「最も集権された時期」である。この強大な中央集権体制の下でこそ、最も貧しい経済条件と最も立ち後れた社会条件にありながら、中国は社会のあらゆる資源と力を動員し、全国から力を集め、国中の大事業にあたることができた。そして、極めて低い収入条件の下で、工業化・都市化・現代化を始動することに成功し、未曽有の経済発展と社会進歩を遂げることができた。すべてが中国共産党、とりわけ毛沢東の正確な政策の下で成し遂げられた。しかし、このような集権型の政治体制と個人の独断という政策決定メカニズムはおのずと綻びを生じ、それこそが中国に「大躍進」「四清運動」「文化大革命」といった一連の政治運動をもたらし、中国の経済発展は度重なる大きな浮き沈みに見舞われた。

毛沢東の最初の制度革新は、党の指導制度の創成である。それには次の制度が含まれる。

党の全国代表大会制度、中央委員会全体会議（全会）制度、中央政治局全体会議制度、中央政治局常務委員会会議制度、中央書記処会議制度、中共中央規律検査委員会、中共中央軍事委員会。

とりわけ重要なのは、毛沢東の創意の下で党中央の集団指導体制を確立したことである。1956年、毛沢東は、中央政治局常務委員会を増設するアイデアを打ち出し、党中央主席・副主席・中央書記処総書記で同委員会を組織し、中央指導集団の中核とすることを提案した。

毛沢東は、1人の主席と1人の副主席（劉少奇を指す）では「寂しい」と考え、「防風林」を作る必要があると考えた。「天に不測の風雲あり、人に朝夕の禍福あり（天に思いがけない風や雲があるように、人の幸不幸は短い間に変わることがある）」とし、こうしたことに備える方が良いと考えた。かりに個人が病気や事故などの災いで不慮の死を遂げたとしても、別の人間がいれば国が影響を被ることはない。スターリンが死んだ途端に持ちこたえられなくなったソ連のようにはならず、あの二の舞を踏んではならない、また人が多いことは仕事を進める上で良い、とも考えた。これについて、**このようにする最も重要な目的は国の安全のためである。人が多ければ、みながより責任を担うだろう**、と

毛沢東は述べている。このため毛沢東は、主席・副主席・総書記からなる（中央政治局）常務委員会の設置を提案した。また鄧小平と陳雲*32を抜擢し、「少壮派」と呼んだ（当時の鄧小平と陳雲はそれぞれ52歳と51歳）。**さらに毛沢東は、中央政治局常務委員会に2つのグループを作り、鄧小平と陳雲は肝いりの「少壮派」グループに属した***33。

　中央政治局常務委員の7人は、それぞれ次の6つの機構を代表している。中国共産党中央、全国人民代表大会、国家主席、国務院、中国人民政治協商会議全国委員会（全国政協）、中央軍事委員会である。**この中央政治局常務委員会は、集団指導制・個人分業・内部協調・力の結集という指導の中心的役割を発揮している。**

　毛沢東のこうした構想は、深く先々のことまで考慮し、大所高所に立ったものだった。世界最大の人口を擁する国として、また社会主義国として、もし中国が不測の風雲に見舞われた時、国の前途と命運がわずかな人間と一蓮托生というのでは極めて危険である。まさにスターリンの死後に後継者となったフルシチョフがスターリンを否定したことで、社会主義陣営全体に大きな動揺を引き起こした「多事多難の時」が想起される。**毛沢東は、中国の前途と命運が彼自身を含めたわずかな人間の去就に左右されないようにするため、中央政治局常務委員会の集団指導という核心的な政治制度を設計した。**

　毛沢東の制度革新は、社会主義国の制度革新を包摂した。それは、主に1954年の「中華人民共和国憲法」に表れている。この憲法は、毛沢東の見解に照らし、清末から続く憲法問題をめぐる経験を総括し、ソ連とほかの人民民主国家の憲法の良いところを参考にした。毛沢東は、憲法について言えば、ブルジョア階級が先行している。イギリスにせよ、フランスにせよ、アメリカにせよ、ブルジョア階級にはみな革命の時期があり、憲法は彼らがその時期に作り始

＊32 訳注：1905-1995年。経済領域に精通し長く影響力を有した指導者。計画経済の枠内で市場調節を利用する「鳥籠経済論」を採り、改革・開放には慎重な態度に終始した。文革期には要職を解任されるが、後に復権を果たし、中央政治局常務委員、党中央顧問委員会主任などを歴任。
＊33 毛沢東「関於中共中央設副主席和総書記的問題」1956年9月13日、『毛沢東文集』第7巻 人民出版社 1999年、110-112頁。

たものである。ブルジョア民主主義を頭から否定するわけにはいかないし、彼らの憲法には史上に占める位置がないと言うこともできない、と述べている。**毛沢東は、われわれの憲法は、ブルジョア型のものとは異なり、新しい社会主義型のものである。われわれの憲法は、彼らの革命期の憲法に比べてもはるかに進歩している。われわれは、かれらに優っている、と考えていた*** 34。中国は、現代化から取り残された国として、また後発国として「後発の優位性」を備えている。毛沢東は中華人民共和国憲法の制定に際し、自覚してか無意識か分からないが「後発の優位性」を活かした。先人と外国人（ソ連などの社会主義国やアメリカなどの資本主義国の憲法なども含む）のプラス面とマイナス面、進歩と後退といった経験と教訓を総括した。その一方で彼らを超えるべく、国家制度革新の面で後発の優位性を得ようとしていたのかもしれない。彼は自覚と自信があったため、中国の憲法は西側に優っていると結論づけている。当時、これはあまり受け入れられなかった。**しかし、実践による検証、歴史による検証、国際比較が進むにつれ、「毛沢東の予言」は証明され、中国は確実に独自の社会主義国家制度を作り上げてきた。**その主な内容は次の通りである。

　第1に民主集中制である。「中華人民共和国憲法」第3条は「中華人民共和国の国家機構は、民主集中制の原則を実行する」と定めている。これは民主制でも集中制でもない。民主もあれば、集中もあるからこそ、「規律があり自由もあり、統一された意思があり個人の心情もある、という力強い生き生きした政治の局面」という政治民主の目標を実現させることができる。この意味で、「2本の足で歩む」ことが「1本の足で歩む」ことに優るように、中国の民主集中制は西側の民主制を超克したものである。

　第2に全国人民代表大会制度である。1948年9月、毛沢東は中央政治局会議で次のように述べた。「民主集中制をめぐる各級の人民代表会議制度の問題について、われわれの政権制度は、議会制を採るか民主集中制を採るか。これまでわれわれはソビエト代表大会制度と呼んだが、ソビエトは代表会議を指し、われわれが『ソビエト』と『代表大会』を重ねて『ソビエト代表大会』と呼ぶと、

---

* 34　毛沢東「関於中華人民共和国憲法草案」1954年6月14日、『毛沢東文集』第6巻 人民出版社 1999年、325-326頁。

『代表大会代表大会』になってしまう。これは外国語をただあてはめただけだ。今、われわれは『人民代表会議』という呼び方を使っている。われわれは民主集中制を採り、ブルジョア階級の議会制は採らない。議会制は、袁世凱や曹錕がやっていたが、すでに古臭い。中国には民主集中制が合っている。われわれは人民代表大会を開くことを打ち出したが、孫中山の遺言にも国民会議を開くよう書いてあった。国民党は毎日この（孫中山の）遺書を読んでいるだろうから、（人民代表大会に）反対できようもない。外国のブルジョア階級も反対できない。蒋介石は『国民大会』を2回開いたのだから反対できない。ドイツと北朝鮮もこのようにしている。われわれはこのように決定していい。ブルジョア階級の議会制や三権分立等をする必要はない」*35と話している。新中国の成立後、この制度は正式に中国の根本の政治制度になった。それは「中華人民共和国憲法」の定めるところである。中華人民共和国の一切の権力は人民に属する。人民が国家権力を行使する機関は、全国人民代表大会と地方各級の人民代表大会である。全国人民代表大会は最高国家権力機関であり、地方各級の人民代表大会は地方における国家権力機関である。国の行政機関、裁判機関、検察機関は、すべて人民代表大会から生まれ、同大会に対して責任を負い、その監督を受ける。こうした制度と外国で広く採られている議会制度には、次のような本質的な違いがある。①議会制度は、議会政党・政治団体を基とし、それぞれの利益団体を代表する。人民代表大会制度には議会政党・団体がないため、界層別の活動も行われず、人民代表大会代表は選挙単位ごと（解放軍の代表団を除けば一般には行政区画ごと）に代表団を構成し代表大会に参加する。②西側では通常、立法権－行政権－司法権の「三権分立」が行われている。中国では人民代表大会－政府－法院（裁判所）－検察院の形式を採っている。③議会制度の下では、議員は基本的に各党派の代表だが、人民代表大会代表は人民の選挙で選ばれる。④議会制度の下では、二大政党あるいは多党が交代で執政を行うため、その方針や政策が次々に変わる。中国では共産党が指導し、多党が政治参加し、政治協商を行うことで、政治の方針と政策の連続性、安定性、長期性が保証される。

＊35 毛沢東「在中共中央政治局会議上的報告和結論」1948年9月、『毛沢東文集』第5巻 人民出版社 1996年、136頁。

第3に中華人民共和国主席制度である。この制度では、国家主席が国家元首の職権を行使し、全国の武装力を統率し、国防委員会主席と最高国務会議主席を務める。なぜ中国は国家主席という制度を採るのか。それは、毛沢東が党と国の安全を確保するために入念に設計した制度だからである。これについて、毛沢東は「国の安全を保証するために（国家）主席を置いた。われわれ中国は大国で、屋上に屋を架す（無駄なことをするたとえ）ように主席を置く目的は、より国の安全を期するためだ。議長、総理、さらに主席がいればもっと安全で、まさかこの3つ同時に問題が起こることはないだろう。国家主席を置くことで、国務院と全国人民代表大会の常務委員会との間に緩衝作用が生まれる」＊36 と説明した。また毛沢東自身が修正し審査、決定した「憲法草案の初稿の説明」のなかで「**それ（中華人民共和国主席制度）と資本主義国やわが国の歴史上の総統制は全く異なる。中華人民共和国主席は、全国人民が一致団結した象徴なのだ。それは立法の首脳でなければ行政の首脳でもなく、特殊な権力も持っていない。しかし、その地位と威信によって、全国人民代表大会、全国人民代表大会執行委員会、国務院へ提言すること、国務会議を招することができ、そうすることで国家に貢献することができる**」と指摘している。中華人民共和国主席は、1954年の憲法で初めて規定された。国家主席は政治体制のなかの1つの独立した国家機関であり、国の代表であり、国の象徴でもある。

「林彪事件」＊37 という政治的理由から、1975年の憲法で国家主席のポストは廃止された。

1982年の憲法では、中華人民共和国主席のポストが復活した。国家主席の職権は、全国人民代表大会とその常務委員会の決定に基づく法律の公布、国務院総理・副総理・国務委員・各部部長・各委員会主任・審計長＊38・秘書長の任免、国からの勲章や名誉称号の授与、赦令や戒厳令の発令、宣戦布告や動員令の発

＊36　逢先知、金冲及主編『毛沢東伝（1949-1976）』上　中央文献出版社　2003年、324頁。
＊37　訳注：1971年、毛沢東の後継者とされた林彪が、国家主席問題で毛に批判されたため起こしたクーデター未遂事件。毛沢東暗殺に失敗した林彪はソ連へ逃亡を図り、モンゴルで墜死したとされている。
＊38　訳注：審計長は審計署の行政首長。審計署は国務院の直属機関の1つで、政府機関と国有企業の財務収支の監査を行う役所。日本の会計検査院に相当する。

動、外交使節の派遣と召還、外国との条約や重要協定の締結における批准と廃止、国を代表した外国使節の受け入れ、などを行う。**中華人民共和国主席と同副主席は、全国人民代表大会での選挙で選出され、同大会の監督を受け入れなければならない。国家主席は、全国人民代表大会とその常務委員会の決定に従って活動する。したがって、中国の国家元首制度は集団的であり、国家主席と全国人民代表大会およびその常務委員会が結びついたうえで行使されている**[39]。

第4に国務院制度である。国務院は、国の最高行政機関として中央1級政府制を実施している。また、総理が統括する国務院全体会議と常務会議の工作制度を執り行い、政府の日常工作に対する責任を負い、全国と地方各級の行政機関の工作を統一的に指導している。地方各級の人民政府は、国務院の統一的指導の下に置かれた国家行政機関として、同級の人民代表大会と上級の国家行政機関に対して責任を負い、報告が課されている。地方の各級の人民政府に属する各工作部門は、同級の人民政府からの統一的指導を受け、かつ上級の人民政府（国務院に至るまで）に属する主管部門からの指導を受ける。この制度は、中国特有の垂直的な指導と二重指導が結びついた行政指導システムである。1956年に毛沢東は「十大関係について」のなかで次のことをはっきりさせた。「中央の部門は2種類に分けられる。1つは、その指導が直接に企業にまで及ぶもので、地方に設けられたその管理機構と企業は地方の監督を受ける。他の1つは、指導方針の提起、工作計画の策定を任務とするもので、実務のほうは地方に任せ、地方に処理させなければならない」「われわれの憲法は、立法権は中央に属すると規定している。だが、中央の方針に違反しないという条件の基で、状況と仕事の必要に則して、地方でも規約、条令、規程などを定めても良く、憲法はこれを拘束していない」[40]。こうして、世界でも珍しい中央集権と地方分権が結びついた制度が形成された。中央集権については「強大な社会主義国を築き上げるためには、中央の強力な統一的指導、全国の統一的計画と統一的規律がなければならず」、地方分権は「中央の統一的指導を強固にするという前提の

---

* 39 http//www.gov.cn/test/2005-06/26/content 9626.htm を参照。
* 40 毛沢東「論十大関係」1956年4月25日、『毛沢東文集』第7巻 人民出版社 1999年、32頁。

基で、地方の権限をもっと拡大し、地方にもっと多くの自主性を与え、地方にもっと多くの事をやらせるべきだ、ということである。これは、われわれが強大な社会主義国を建設するのに比較的有利である」。そして、毛沢東は「われわれの国はこんなに大きく、人口はこんなに多く、状況はこんなにも複雑なので、中央と地方の２つの積極性があるほうが、１つの積極性しかないのより、はるかに良い」と結論づけた。しかしまた「中央と地方、地方と地方の関係の問題を処理するうえで、われわれの経験はまだ浅く、まだ熟していない。みなが十分に研究・討議し、一時期ごとに経験を総括して、成果を拡大し欠点を克服するよう希望する」[41]とも考えていた。その後の実践から、ここで述べた「**２つの積極性**」は、「**中央主導、地方主体**」へと展開させることができるだろう。「**中央主導**」とは、中央の地方に対する命令的指導・指導・導きを指し、「**地方主体**」とは、地方は中央の決定を実施する主体であり、あらゆる地方行政に責任を負うことを指している。これが中央政府と地方政府のインセンティブ両立メカニズムを構成している。このメカニズムは、全国に及ぶ「**大一統**」[42]によって「ばらばらの砂」や「四分五裂」を回避し、同時に「統而不死」（死なない程度に統治）という側面もあった。しかしその一方で、地方の「正当な独立性」を示し、地方に自主性・積極性・創造性を発揮させながら「活而不乱」（乱れない程度に活かす）という側面もある。

このほか、全国政協制度・中央軍事委員会制度・中央司法系統（最高人民法院、最高人民検察院）などがある。

なぜ中国では、西洋の民主を行うことができないのだろうか。これは新しい問いでもあり、昔からの問いでもある。1949 年、すでに毛沢東はこれに答えている。西洋と中国の関係を「教師と学生」の関係に例え、「帝国主義の侵略は、西方に学ぼうとする中国人の迷夢を打ち破った。不思議なことだ、なぜ先生はいつも生徒を侵略するのか。中国人は西方からたくさんのものを学んだが、それは通用しなかったし、理想はいつも実現できなかった。辛亥革命のような全

＊41　同上書、31-33 頁。
＊42　訳注：四書五経の１つ『春秋公羊伝』に由来する「一統を尊ぶ」という意味の言葉。「一統」は天下統一を意味し、伝統的な統治体制や皇帝を頂点とする支配構造を表す。

国的な規模の運動も含めて、たびかさなる奮闘は、ことごとく失敗に終わった。国の状態は日に日に悪化し、人びとは生きていけない環境に置かれた。疑問が生まれ、増大し、発展していった」と述べている。さらに「西方のブルジョア文明、ブルジョア民主主義、ブルジョア共和国構想は、中国人民の心のなかでいっせいに破産してしまった。…その他のすべてのことが試みられたが、いずれも失敗に終わった」*43と語った。これこそが、毛沢東が新中国をブルジョア民主の共和国ではなく、人民民主の共和国を作った理由である。

　このように、**現代中国の基本制度は毛沢東の時代に作られたものであり、それは旧中国の礎を一掃しただけでなく、さらに新中国の礎を打ち立てた、ということが分かる。毛沢東は、新中国のために「礎を築いて家を建てる」という現代国家制度建設の目標を成し遂げた。**

　真新しい社会主義制度体系としては、現代中国における基本制度体系は決して完璧ではなく、「欠陥」や「手落ち」も多い。さらに言えば、旧制度、旧思想、旧意識による長い間に知らず知らずに染みついた影響もある。新しい制度体系を構築するためには、どのように実施・執行・改良していくか、という問題もある。残念ながら、晩年の毛沢東はこうした制度を保ち続けることはなく、むしろこれらの制度に違反し、制度を破壊した。例えば、中央文革碰頭会*44が中央政治局、中央政治局常務委員会、中央書記処に取って代わり、全国人民代表大会、全国政治協商会議、民主諸党派の中央委員会などが業務をストップし、国家主席制度が廃止された。これらが毛沢東の晩年の誤りの大きな原因となった。1981年に党中央が出した「建国以来の党の若干の歴史問題についての決議」で指摘されるように、中国は長い封建制の歴史を持つ国であり、思想や政治のなかに遺物として残る封建専制主義を今なお拭い去ることが難しく、さまざまな歴史的理由によって、党内の民主や国の政治・社会・生活における民主の制度化と法制化が妨げられ、あるいは法律を定めてもその権威が及ばないこともある。このため、「大躍進」「文化大革命」といった大きな挫折を引き起

＊43　毛沢東「論人民民主専制」1949年6月30日、『毛沢東選集』第4巻2版　人民出版社　1991年、1470-1471頁。
＊44　訳注：名称は「中共中央政治局常務委員会碰頭会」。実際には党中央政治局常務委員会拡大会議の別称だが、毛沢東が特別に命名したとされている。

こしてしまった。この決議は、中国では現代国家制度を作り上げるプロセスが長く複雑で紆余曲折を経てきたこと、また現代国家制度の建設と国内外の情勢変化という客観的な要素、これらに対する指導者の判断の主観的な要素が正しかったかどうかを反映している。

3.　毛沢東、晩年の失敗——政策にありて制度にあらず

　毛沢東の新中国における制度革新をどのように評価するか。特に、晩年の誤りをどのように見るか。これは弁証法的唯物論の問題であり、史的唯物論の問題である。

　弁証法的唯物論では、事物はおしなべて2つの側面があると考える。そして、事物が発展する根本的な原因はその内部の矛盾にある、と考える。人にも2つの側面があり、弁証法的唯物論では、その優劣や正誤の根本的な原因はその人物自身の矛盾にある、と捉える。われわれは、このような「2つの側面」から客観的かつ弁証法的に毛沢東を評価することができる。

　毛沢東に対する評価は、実質的には偉大な革新者への評価でもある。中国共産党は、われわれの事業を指導してきた中心力であり、毛沢東はその第一世代の指導者でもある。よって毛沢東が行った革新は、彼個人の革新だけでなく、党中央の革新、中国共産党の革新、現代中国の革新を代表している。毛沢東の最大の革新は、「中国の道」を模索し開拓したことにある。これは、改革・開放以降の中国ないし世界で最大の新しい事柄であり、事物の発展法則の特徴である「2つの側面」にも符合している。世界の発展から見て、およそ革新者には常に成功と失敗が伴い、多くは失敗が成功を上回るが、そうした失敗はまた成功の母でもある。この意味で、失敗なくして成功もない。また、1度成功しても再び失敗することもあり、この意味では成功も失敗もないと言えよう。こうしたことから、革新者とは成功者かもしれないし、失敗者なのかもしれない。同様に、毛沢東も成功もあれば失敗もあったが、成功が失敗を大きく上回っていた。

　毛沢東はこれを自覚し、己を知る賢さも持ち合わせていた。1963年9月9日、毛沢東は、ニュージーランド共産党の中央主席ウィリアムズ氏との会談で

31

「中国は長い時間を経て、長い道のりを経て、勝利もあれば失敗もあったと思う」*45と話している。このため、毛沢東のような歴史的偉人に対する評価には、「失敗3割、成功7割」のような大雑把な捉え方でなく、「**具体的問題に対する具体的分析**」*46をする必要がある。それぞれの時期にそれぞれの成功と失敗がある。具体的には、1949-1956年は失敗より成功が上回り、誤りより正しさが多かった。この時期は新中国が初めて迎えた黄金の発展期で、毛沢東の革新においても黄金期だった。1957-1976年は成功より失敗が上回り、誤りが正しさよりも多かった。新中国が紆余曲折しながら発展へ向かっていた時期で、毛沢東の革新においても模索と失敗が最も多い時期だった。しかし具体的で重大な政策決定では、それに関わる人つまり毛沢東について論じるのではなく、その事柄について論じられなければならない。なぜなら、多くの政策決定が毛沢東1人に委ねられていたわけでなく、多くの情報もほかの人々から（それぞれ中央政治局常務委員を務めた劉少奇、周恩来、鄧小平、林彪、陳伯達、康生、王洪文、張春橋など）もたらされたものだったからである。しかし、毛沢東の成功も失敗も、後世の革新者にとっては貴重な財産である。例えば、毛沢東による社会主義の基本制度の革新や社会主義建設に関する多くの理論と実践の革新は、後に受け継がれ発展を続けている。**毛沢東の晩年の誤りは、すべて後世への反省と戒めになっている。「中国の道」の本質は、一筋の弛まぬ革新、弛まぬ開拓の道である。それは一世代では成しえず、一世代で成功することもありえない。**まさに「前途は明るいが、道は険しい」という歴史の理に符合する。

　われわれは当事者としてではなく、後世の人間として毛沢東の誤りを評価する。それには柳宗元に倣い、一定の歴史のフレームから考察・評価し、**毛沢東を「個の人物」ではなく、「歴史上の人物」として捉える。**

　唐代の柳宗元は、『封建論』のなかで「周が失われるは制にあり。秦が失わ

＊45 『毛沢東年譜（1949-1976）』第5巻 中央文献出版社 2013年、260-261頁。
＊46 この言葉はレーニンが最初に提唱した。1937年、毛沢東は「矛盾論」のなかで「レーニンが、マルクス主義のもっとも本質的なもの、マルクス主義の生きた魂は、具体的状況に対する具体的分析にあると言っている」というレーニンの言葉を示している（「矛盾論」1937年8月、『毛沢東選集』第1巻2版 人民出版社 1991、312頁）。

れるは政にありて制にあらず」*47 と記している。同様に、毛沢東の晩年の誤り
も「政策にありて制度にあらず」だったと言える。**私は、毛沢東の誤りは新中
国の社会主義制度を革新・構築・発展させたことではなく、社会主義の道を実
践するプロセスでの失策にある、と理解している。**

　「大躍進」と「文化大革命」の失敗は、社会主義制度そのものの失敗ではな
く、指導者の主観に基づいた政策決定の誤りである。それは、社会主義の道の
失敗ではなく、功を焦り、国情から乖離し、国力を超えた主観主義による政策
決定の誤りであり、党中央はこれを再三反省している*48。**これは、晩年の毛沢
東の誤りは彼が創設した現代政党（中国共産党を指す）や現代国家（中華人民
共和国を指す）の制度にはなく、「大躍進」「文化大革命」といった政策面での
考え方と手段の誤りにあったことを示している。**つまり、毛沢東晩年の失敗は
彼が作った制度の失敗ではなく、彼個人やその戦友による政策決定の失敗だっ

---

* 47　ここでの「制」は一連の制度を表している。秦は周から続く分封制に代わる郡県制を作り
　　　出したが、これは中国の古代史の必然的な流れだった。古代国家の中央集権の統治モデル
　　　において、これは大きな歴史的意義を持ち、その後 2000 年以上続く封建国家の基本モデ
　　　ルになった。ここでの「政」は一連の政策を表し、多くの政策は過多・過激・過度だった
　　　ために国の財政では支えきれず、人々の負担を減らし、暮らしを安定させられなかったた
　　　め、やがて秦は「短命」な後れた国になってしまった。
* 48　1981 年、党中央は「建国以来の党の若干の歴史問題についての決議」で「これまで、わ
　　　れわれの経済活動に長期にわたって存在した左寄りの誤りは主として、わが国の国情を離
　　　れ、現実の可能性を越えていたことに現われている」と指摘している。1987 年の第 13
　　　回党大会報告では「この問題で、わが党は有益な模索を行ない、重要な成果を上げたが、
　　　また、幾多の曲折を経て、多大の代価をも支払った。1950 年代の後期から、われわれは『左』
　　　寄りの誤りの影響を受けて、功をあせりすぎ、むやみに純粋性を求めた結果、主観的な願
　　　望と大衆運動に依拠しさえすれば、生産性を急速に高めることができると考え、また社会
　　　主義の所有制形態は大規模であればあるほど良く、公有制であればあるほど良いと考える
　　　ようになった。われわれはまた、長期にわたって生産力発展の任務を副次的な位置に置き、
　　　社会主義的改造が基本的に達成された後も、依然として『階級闘争をカナメとし』ていた。
　　　このため、もともと社会主義の本質的属性を持たないか、ある特定の歴史的条件にしか適
　　　しないような、生産力の発展を制約する多くのものが『社会主義の原則』として頑固に守
　　　られてきた。また、社会主義の条件の下で生産力の発展と生産の商品化、社会化、近代化
　　　に役立つ多くのものが、「資本主義の復活」として攻撃されてきた。これによって生み出
　　　された、あまりにも画一的な所有制構造と硬直した経済体制、またこの経済体制と結びつ
　　　く、あまりにも権力の集中しすぎた政治体制、この 2 つが生産力と社会主義商品経済の発
　　　展をはなはだしく制約してきたのである。こうした状況が教えているように、基本的国情
　　　を冷静に認識し、わが国社会主義の置かれている歴史的段階を冷静に認識することは、き
　　　わめて重要な問題である」と述べている。

た。毛沢東時代の継承については、特に毛沢東が作り主導した社会主義の根幹となる制度を受け継がなくてはならない。これと反対の例がソ連の改革である。**それは転覆しかねない誤りという失敗であり、ゴルバチョフは大統領制*49を導入し、共産党の指導をなくし*50、多党制を採り*51、ソ連共産党の総書記として党を解散させ、ソ連初の大統領としてソ連解体を宣言し*52、15ヵ国にしてしまった。ロシアが二流国家に成り果てたのは、根幹の制度を変えたためである。つまり、ソ連の失敗は「制度にありて政策にあらず」だったと言える。**

　毛沢東は中国の制度を模索するうえで、「失敗は成功の母」という歴史的役割を果たした。誤りから正しさが導かれる。1981年、党中央は「建国以来の党の若干の歴史問題についての決議」で**「わが党は自分の誤りを正視し、是正する勇気を持ち、これまでのような重大な誤りの繰り返しを防ぐ決意と力を持っている。史的発展の長い目で見ると、わが党の誤りと挫折は、結局、一時的な現象にすぎない。わが党と人民がこれによって鍛えられたこと、長期の闘争を経て党の中核的隊伍がさらに成熟したこと、わが国の社会主義制度の優位性がさらに顕著になったこと、祖国の隆盛を求める党と軍隊と人民がいよいよ意欲を燃え上がらせていること、これこそ長期的に作用する決定的な要因である」**と公式に記している。その後の30年余の改革の実践は、まさにこうした長きにわたって作用する決定的な要因こそが中国の社会主義現代化に影響したことを示

＊49　1990年3月14日、第3回臨時ソ連邦人民代議員大会で「ソ連大統領職位とソ連憲法（根本法）の成立についての改正・補充法」が採択され、大統領制の導入が決定し、最高ソビエト主席団が国家元首の職権を集団で行使する制度が変更された。法律に基づき、ソビエト連邦大統領は、ソ連公民の広く平等な初めての選挙権によって秘密投票の形で誕生した。投票率が5割を超えた有効選挙となり、ゴルバチョフは人民代議員大会の間接選挙によってソ連大統領に選ばれた。

＊50　1990年3月、ソ連人民代議員大会で決議が採択され、憲法第6条の「ソ連共産党はソ連社会の領導力と指導力であり、ソ連の社会・政治制度および国と社会組織の中心である」等の規定が正式に撤廃され、ソ連共産党は2度と法で定められた指導的地位を得ることはなくなった。ゴルバチョフは同会で「憲法のこうした改正は……われわれの社会の民主を発展させる新しい段階を切り開いた」と話した。

＊51　1990年7月、ソ連共産党の第28回党大会以降、ソ連は「政治独占の終結」を正式に宣言し、多党制を実施している。

＊52　1991年8月24日、ソ連大統領ゴルバチョフは、ソ連共産党中央総書記を辞職する声明を出し、また、ソ連共産党の「自発的解散」と「各共和国の共産党と地方の党組織の命運は彼らが自ら決定する」ことを提起した。

しており、これによって犯した誤りの影響は影を潜めた。

　毛沢東の晩年の誤りは、鄧小平の改革が成功するための母だった。**鄧小平は、悪いことを良いことに変え、失敗を成功に変え、毛沢東時代の先の成功と後の失敗から鄧小平時代の成功へと中国を導いた。**毛沢東の成功と失敗、正しさと誤りは、すべて後世の歴史的財産である。

　「文化大革命」は、鄧小平が改革・開放をスタートさせる直接的な動機となり、1978年以降の中国が「天下大治（政治と社会の安定）」を維持できた大きな要因でもある。**特に指摘すべきは、毛沢東の晩年の失敗が鄧小平の「成功の母」というだけでなく、毛沢東の成功と正しさ、すなわち毛沢東思想もまた鄧小平にとっては「成功の母」だったということが鍵である。**「実事求是（事実に基づいて正しさを判断する）」は毛沢東思想の活きた魂である。鄧小平は、その思想を復活させ堅持し、「思想解放」を打ち出して改革・開放を行い、毛沢東思想を発展させた。

4. 鄧小平——党と国家の基本制度の再建

1　「文化大革命」後の3つの道の選択肢

　毛沢東以降、中国は果たしてどこへ向かったのか。中国にどのような前途と選択があったか。世界の総人口の5分の1を占める中国は、果たしてどのような道を歩んだか。

　中国の指導者には次の3つの道の選択肢があった。

　1つはこれまでの道である。「これまでの方針通り」[*53]は、毛沢東晩年の誤った路線である「2つのすべて」を堅持し、古い教条的な社会主義というこれまでの道を歩むことを指す。その代表人物は、毛沢東が後継者として指名した華

＊53　1976年4月30日夜、毛沢東は華国鋒との談話のなかで自ら筆を取って3つの言葉を記した。「ゆっくり急がず」「これまでの方針通りに」「あなたが事にあたれば、私は安心だ」（毛沢東「同華国鋒談話時写的幾句話」1976年4月30日、中共中央文献研究室編『建国以来毛沢東文稿』第13巻 中央文献出版社1998年、538頁）。

国鋒と毛沢東の黒幕だった汪東興[*54]だった。当時、華国鋒を中心とした文革派と鄧小平を中心とした改革派の争いが起きたが、その争点は、毛沢東の晩年の古い社会主義路線（これまでの道）を堅持するか、それとも改革・開放の新しい社会主義路線（新しい道）を切り開くかであった。それは、ポスト毛沢東時代の政治不安定期であり、改革への政治準備期でもあった。実際は、毛沢東が口火を切って指導した「文化大革命」の終息を華国鋒が宣言した時、「これまでの道」が完全に失敗したことを意味し、鄧小平が改革・開放の新しい道をスタートさせる上で政治的な前提条件をもたらした。

2つめは誤った道である。これは社会主義の道を否定し、西側の道を模倣し、転向することを指す。中国の社会主義革命と建設は大きな挫折を経験したため、社会主義の道を捨て、西側資本主義の道へ転向するよう主張する者もいた。中国共産党の執政が大きな誤りを犯し、すぐに軌道修正できなかったことから、党の指導という原則を捨て、西側型の政治民主制度へ転向することを主張する者もいた。毛沢東の晩年の誤りを理由に、毛沢東思想を捨て、西側型の自由主義へ転向することを主張する者もいた。また「本物の」社会主義の道に行き着かないならば、西側資本主義の道へ進むよう主張する者もいた。鄧小平は「『四人組』を粉砕した後の中国にはブルジョア的自由化と呼ばれる思潮が現れて、西側資本主義諸国の『民主』『自由』を崇拝し、社会主義を否定している」[*55]と指摘した。ごく一部のエリート層がこのように主張し、個別の指導者やわずかの党内人士の共感を得て「改革派」を自称した。また欧米等のメディアの支持を得て「中国の民主派」として見られた。このような、社会のごく一部の人間が主張する資本主義の誤った道へ向かうことを、鄧小平がはっきり否定したことで、後のソ連、ユーゴスラビア、チェコスロバキア等の社会主義国で「大転換」のなかで生じた「大崩壊」「大解体」「大凋落」を回避することができた。

3つめは新しい道である。鄧小平が独自に切り開いた「中国の道」とは、すなわち「中国の特色ある社会主義現代化の道」である。社会主義の基本の政治方向

＊54 訳注：1916-2015年。文革期に台頭した指導者。「四人組」逮捕に積極的役割を果たし、華国鋒とともに毛沢東路線を堅持する「2つのすべて」の方針を提起して、鄧小平と対立した。

＊55 鄧小平「搞資産階級自由化就是走資本主義道路」1985年5月、6月、『鄧小平文選』第3巻1版 人民出版社1993年、123頁。

性を堅持しながら、漸進主義のやり方で、古い高度に集権化された計画経済体制と政治体制を改革し、全面的な対外開放を主動し、中国が発展するための新しい道を革新式で切り開いた。10 数億の人口を擁する中国には、この道が最も適しており、また最も確実だった[56]。しかし、この新しい道は、文革の終息によって自然に開けたのではなく、党内での複雑かつ平和的な政治ゲームを経たことで、これまでの道から新しい道へと歩み出せた。こうした道は、1978 年 12 月の第 11 期三中全会から始まったとされる。まさに鄧小平が「第 11 期三中全会から第 12 回党大会まで、われわれは一意専心建設を進めるという新しい道を切り開いた」[57] と語ったように、この新しい道は中国共産党が中国人民を指導して自主独立で自らの道を歩むものであり、世の中の正しい道であり、中国が崛起する道でもあった。

2. 党と国家の基本制度の再建（1977-1981 年）

1981 年の「建国以来の党の若干の歴史問題についての決議」には、「高度に民主的な社会主義的政治制度を一歩一歩建設していくことは、社会主義革命の根本任務の１つである。建国以来、この任務が重視されなかったことは、『文化大革命』が発生するに至った重要な条件であり、これは痛ましい教訓である」と記されている。このため、鄧小平は痛定思痛（辛い過去を思い出し今後の戒めにすること）し、高度な民主の社会主義政治制度を徐々に建設することを最も重要な政治任務とした。

これにより、中国の改革（経済体制改革や政治体制改革も含む）は、そのスタートから「共産党外の人」に対する革命というよりも、「共産党内の人」の改革という性質だったことが明らかであり、つまりそれは、「文化大革命」の失敗と危機を経験した執政党の「自己反省、自己批判、自己改革、自己更新」であった。鄧小平は、1980 年 8 月 18 日に行われた中共中央政治局拡大会議で、代表作である「党と国家の指導制度の改革について」と題した講話を発表し[58]、

＊56　龔育之、楊春貴、石仲泉、周小文『重読鄧小平』中共中央党校出版社 2004 年、56-57 頁。
＊57　鄧小平「一心一意搞建設」1982 年 9 月 18 日、『鄧小平文選』第 3 巻 1 版 人民出版社 1993 年、11 頁。
＊58　鄧力群の記憶では、この原稿の要点と問題点は、鄧小平自らが提案し、鄧力群を主とした中央書記処研究室の滕文生・鄭恵・衛建林が起草作業にあたったという。完成後は胡喬木が修正を加えた。

中国政治の国情を深く鋭く分析した。**中国の政治体制の特徴と弊害に対する鄧小平の認識は、唯物的、客観的、歴史的、現実的であった。彼は党と国の基本制度の再建を決心し、段階的に政治体制改革を行った。**

第1に、「中国共産党規約」（1977年）の改正である。「文化大革命」の教訓から、第11回党大会で改正された党規約の第6条では、中央委員会委員、委員候補に対する規律処分については、中央委員会または中央政治局によって決定されなければならない、と定められた。また、党の組織が党員の処分を決定する場合、特殊な場合を除いて本人立ち合いの下で処分を通知すべきことも規定している。このほか、処分を受ける党員には不服申し立ての権利があることも定められた。このように、党規約では第8回党大会の「民主の基礎の上に立つ集中制であり、集中指導の下における民主」という原則が復活した。

1980年2月、第11期五中全会で「中国共産党規約」の改正案が議論され、中国共産党の党員と党組織は、憲法と法律が定める範囲内で活動しなければならないことが初めて定められた。これは、「文化大革命」の教訓、また毛沢東の晩年の誤りを踏まえたものだった。改正案では、党の幹部制度にも新たな規定を設け、事実上存在していた指導幹部の終身制を初めて廃止した[59]。

第2に中央指導機構体制を再建した（1980年）。1978-1980年、陳雲は3度にわたって中央書記処の設置を提案し、「中央書記処を設置することは、党にとって重要な施策である。これは非常に差し迫って必要なことである」[60]と考えた。第11期五中全会では、第8回代表大会で決められた、また10年間（1956-1966年を指す）で必要かつ有効と証明されたさまざまな制度の復活が決定し、中央書記処は中央政治局とその常務委員会の指導の下で日常業務を担う機関として設立されることになった[61]。これによって、まぎれもなく党中央の指導集団は大幅に充実した。そして**中央書記処・中央政治局・中央政治局常務委員会**

---

*59 「中国共産党第十一届中央委員会第五次全体会議公報」（1980年2月29日採択）を参照。この公報は全党による議論を呼びかけ、出された意見を修正し、第12回党大会での審議・採択を要請した。

*60 陳雲「成立中央書記処是党的一項重要措施」1980年2月24日、『陳雲文選』第3巻 人民出版社 1995年、269頁。

*61 「中国共産党第十一届中央委員会第五次全体会議公報」（1980年2月29日採択）中共中央文献研究室編『三中全会以来重要文献選編』上 人民出版社 1982年、438頁。

という3層の指導体制が形成され、党中央の内部に分権と制約の役割が生まれた。中央書記処は第一線、中央政治局と中央政治局常務委員会が第二線にあたり、前者は後者の指導の下で日常業務を行う機関とされた。これは1956年の第8期の中央指導体制を復活させたものだった。

このほか、毛沢東が後継者を個人で指名したという歴史の教訓から、陳雲は集団による党指導部の交代を提案した。また、中央書記処における集団指導制を提案し、集団実務会議というやり方を採用した*62。

第3に中央規律検査委員会を設立し（1979年）、党内の制度建設を強化した。第11期三中全会では、陳雲をトップとする100名からなる党中央規律検査委員会のメンバーが選挙で選ばれ、陳雲が第一書記、鄧穎超と胡耀邦がそれぞれ第二書記と第三書記に、黄克誠は常務書記、王鶴寿等は副書記に就任した*63。**陳雲が着手した最初の大仕事は、党の基本制度を再建し、党の執政制度の礎を回復させることだった。**1979年1月、陳雲は中央規律検査委員会第1回全体会議を招集し、中央規律検査委員会の基本任務を明確にし*64、党の規律検査における8つの原則を定め、「党内の政治生活に関する若干の準則」*65を提出し議論した。「準則」という党内立法の形を採って、党の良き伝統と作風、党内の政治

---

*62 陳雲「成立中央書記処是党的一項重要措施」1980年2月24日、『陳雲文選』第3巻 人民出版社 1995年、270頁。

*63 「中国共産党第十一届中央委員会第五次全体会議公報」（1978年12月22日採択）中共中央文献研究室編『三中全会以来重要文献選編』上 人民出版社 1982年、2頁。

*64 1978年12月13日、鄧小平は中央工作会議で「各級の規律検査委員会と組織部門の任務は事件を処理することにとどまらず、もっと重要なのは党の規律と党の法規を守り、われわれの党風を確実に良くしていくことだ」と述べた（鄧小平「解放思想, 実事求是, 団結一致向前看」1978年12月13日、『鄧小平文選』第2巻 2版 人民出版社 1994年、147頁）。1979年1月4日、陳雲は、中央規律検査委員会第1回全体会議で「党の中央規律検査委員会の基本任務は、党規約・規律を擁護し、党風を整えることである」と明確に述べている（陳雲「在中央紀律検査委員会第一次全体会議上的講話」1979年1月4日、『陳雲文選』第3巻 人民出版社 1995年、243頁）。

*65 「準則」は次の12条からなる。①党の政治路線と思想路線を堅持。②集団指導制を堅持し、個人の独断専行に反対する。③党の集中・統一を維持し、党の規律を厳格に守る。④党性を堅持し、派閥性を根絶する。⑤真実を述べ、言行を一致させる。⑥党内民主を発揚し、異なる意見にきちんと対峙する。⑦党員の権利を保障し、侵害しない。⑧選挙は有権者の意思を十分に体現させる。⑨誤った傾向、悪人、悪事と戦う。⑩誤りを犯した同志ときちんと対峙する。⑪党と群衆の監督を受け入れ、特権を許さない。⑫学習に励み、思想面でも社会主義的自覚に優れ、業務面でも専門技術に精通していく。

生活における重要な是非の境界、党内関係を処理する重要な原則を体系化、規範化した*66。「準則」では、**党内で容赦のない闘争や攻撃を許さないことを初めて明記し**、「集団指導を堅持し、個人の独断に反対する」ことを明文化し、党の指導の最高原則の1つとした。こうして党指導者に対するあらゆる形の個人崇拝を厳しく禁じたのである。

第4に国務院指導部メンバーを調整した（1978-1980年）。1978年3月の第5期全人代第1回会議で、華国鋒を国務院総理、鄧小平・李先念・徐向前・紀登奎・余秋里・陳錫聯・耿飇・陳永貴・方毅・王震・谷牧・康世恩・陳慕華の13人を国務院副総理に任命することが決まった。また、張春橋・呉桂賢・孫健の3人の副総理の職務を解いた。1980年8月、中央政治局拡大会議で国務院指導部メンバーの異動が決定し、国務院指導部メンバーを調整する場合に順守すべき4つの原則を打ち出した。9月10日、第5期全人代第3回会議で党中央の提案が認可され、趙紫陽を国務院総理に任命し、楊静仁・張愛萍・黄華を新たに国務院副総理に加えることを決定し、「華国鋒の総理職の辞職請求と鄧小平・李先念・陳雲・徐向前・王震・王任重の副総理職の辞職請求の受理についての決議」と「陳永貴の副総理職の解任請求の受理についての決議」が採択された。

第5に幹部の若年化・知識化・専門化を提唱した（1980年）。鄧小平は各級幹部の高齢化の問題を見据え、「現在、各級の指導者グループはあまりにも高齢化しすぎ、精力に欠けている」*67と鋭く指摘している。また、「組織路線の問題を解決するうえで、もっとも大きく、もっとも難しく、もっともさし迫ってもいる問題は後継者の選抜をきちんとやることである」*68と明言している。同じく中央政治局常務委員の葉剣英、陳雲、李先念等ともこの認識を共有し、党と国家の指導幹部制度の改革、終身制の廃止、流動的で制度化された人事制度、改革意識のある若年化・知識化された後継者の育成、が掲げられた。1978年12

＊66 金冲及、陳群主編『陳雲伝』下 中央文献出版社 2005年、1512-1513頁。

＊67 鄧小平「思想路線政治路線的実現要靠組織路線来保証」1979年7月29日、『鄧小平文選』第2巻2版 人民出版社 1994年、191-192頁。

＊68 同上書、192頁。

月、葉剣英[69]は、中央工作会議で「革命事業の後継者の養成と育成を、全党と全国の重要な戦略的任務として打ち出し、全党で重視していく」[70]ことを提案した。1980年8月18日、鄧小平は中央政治局拡大会議の場で、「幹部を選ぶには、才徳兼備ということに留意すべきだ、と陳雲同志が言っている。この徳でもっとも主要なのは、社会主義の道と党の指導を堅持することである。この前提の基に、幹部の隊列の若年化・知識化・専門化をはかるべきで、こうした幹部の抜てきと使用を制度化せねばならぬ、と言うのだ。これは、なかなか良い意見である」[71]と話している。

第6に社会主義法制を回復し、強化することである（1978年）。1978年12月13日、鄧小平は中央工作会議で「人民の民主を保障するには、法秩序を強化しなければならない」と述べ、葉剣英もまた同日の中央工作会議で「民主を発揚し、法制を強化する」と話した。鄧小平と葉剣英が提起した民主法治の原則は、第11期三中全会で正式に認可された[72]。

1979年9月、党中央は「刑法・刑事訴訟法の確実な保証と適切な実施についての指示」を出し、党中央主席から一党員に至るまで、法律制度を固く順守しなければならないと定めた。そして、法律に制約されない特殊な公民、法律を凌駕するいかなる特権も決して許さないことを定めた。1979年2月から1982年12月までに、葉剣英は14の「委員長令」を発布し、14の法律を公布した。

41

---

* 69 訳注：1897-1986年。長征に参加し、後の人民解放軍の創設者の1人。人民解放軍総参謀長、国防部長、共産党中央軍事委員会副主席、共産党中央委員会副主席などの要職を歴任。文革期は林彪や四人組の圧迫により実務から退くが、林彪事件で復帰し、鄧小平復活以降は、鄧小平や陳雲と妥協しながら自らの地位を維持し、1978年から1983年まで全国人民代表大会常務委員会委員長を務めた。

* 70 『葉剣英伝』編写組『葉剣英伝』当代中国出版社 2006年、419頁。

* 71 鄧小平「党和国家領導制度的改革」1980年8月18日、『鄧小平文選』第2巻2版 人民出版社 1994年、326頁。

* 72 第11期三中全会コミュニケには「人民の民主を保障するには、社会主義法制を強化しなければならず、民主を制度化、法律化し、このような制度と法律に安定性、連続性と大きな権威を持たせ、拠るべき法を持ち、法を根拠とし、法の執行を厳格にし、法に背く行為は必ず追究するようにしなければならない。今から立法工作を、全国人民代表大会とその常務委員会の重要な議事日程に上らせるべきである。検察機関と司法機関はしかるべき独立性を持たなければならず、人民が自らの法律の前では誰もが平等であることを保証し何人も法律を超越した特権を持つことを許されない」と記されている（中共中央文献研究室編『三中全会以来重要文献匯編』上 人民出版社 1982年、11頁）。

同時に 12 の全国人民代表大会常務委員会令に署名し、常務委員会が制定した一連の法律・条例・決議を公布した[73]。全人代常務委員会委員長を務めた葉剣英は、中国の改革初期における法整備の礎を築く政治貢献をした。その目的は「社会主義の法体系を、人民の権利を守り、生産の秩序、仕事の秩序、生活の秩序を保障し、犯罪行為に制裁を加え、階級敵の破壊活動に打撃を与えるための強大な武器にしなければならない。どのような範囲においても、『文化大革命』に類似する混乱した局面が現れるのを 2 度と許してはならない」[74]ためである。

第 7 に憲法の改正と人民代表大会など国の指導機関の再建である（1977 年）。1977 年 2 月 26 日から 3 月 5 日まで第 5 期全人代第 1 回会議が招集され、葉剣英は「憲法改正についての報告」を行い、「中華人民共和国憲法」が採択された。この憲法には「1954 年憲法（54 年憲法）」の原則や制度の一部が再び盛り込まれ、最高人民検察院が復活した。第 11 期三中全会以降、中央は 1977 年憲法の一部改正を決定し、「54 年憲法」が定めた地方人代と政府体制を復活させた。まさに 1981 年の党中央の決議に記されたとおり、「民主集中制の原則に基づいて各級の国家機関の建設を強化し、各級の人民代表大会およびその常設機構を権威ある人民の権力機関としていく」[75]のであった。

第 8 に党と政府の機構の簡素化である（1980-1982 年）。1980 年 10 月から1982 年末までの間、党と政府は、権力の過度の集中という弊害を段階的になくすために若干の措置を行った。それは、主に党と政府の分権をはかり、地方の権力と末端の民主的な権力を拡大させ、司法機関と検察機関が憲法で定められた裁判権や検察権などを掌握することをきちんと保障し、党と国家の政治生活の民主化を実現できる形を模索することだった[76]。

改革を経て、国務院に属する部・委員会、直属機関、実務機関は 100 から 60に統廃合され、およそ 3 分の 1 の人員が削減された。38 の部・委員会の統計に

---

[73] 『葉剣英伝』編写組『葉剣英伝』当代中国出版社 2006 年、401-403 頁。
[74] 「関於建国以来党的若干歴史問題的決議」（1981 年 6 月 27 日、中国共産党第 11 期中央委員会第 6 回全体会議を全会一致で採択）を参照。
[75] 同上。
[76] 王鴻模・蘇品端『改革開放的征程』河南人民出版社 2001 年、247-248 頁。

よると、兼職の部長・主任を除く正・副部長、正・副主任は、505人から167人となり67%減らされた。新しい指導グループでは、新しく選ばれた中青年幹部が32%を占め、平均年齢は64歳から58歳へ若返った。国務院自体の指導体制も改革が進められた。副総理は13名から2名に減り、代わりに10名の国務委員が新たに置かれ、国務院の日常指導機関が強化・改善された。党中央の直属機関では、局級の機関が11%減少し、人員は17.3%、部・委員会の正副職は15.7%それぞれ減少した。新しい指導グループは新しく選ばれた中青年幹部が66%を占め、平均年齢は64歳から60歳へ若返った[77]。

　最後に全国政治協商制度の再建（1977-1978年）である。1977年11月、全国29省・自治区・直轄市で新たな第1期中国人民政治協商会議が開かれた。1977年12月27日、第4期全国政協第7回拡大会議が招集された。1978年2月24日から3月8日までの間、第5期全国政協第1回会議が行われ「中国人民政治協商会議章程」が採択され、鄧小平が全会一致で全国政協主席に選ばれ、ウランフ[78]（当時の中共中央統一戦線工作部部長）等の21名が副主席に選ばれた。これを機に、全国政協は政治活動と政治運営を正式に再開し、その政治的機能を再び担うようになった。1979年6月15日、鄧小平は、第5期全国政協第2回会議で「新たな時期における統一戦線と人民政治協商会議の任務」について重要講話を発表し、新しい時期の統一戦線と人民政協の性質と任務について全面的に述べた。

　そのほかの社会機構も再建された。労働組合・中国共産主義青年団・中華全国婦女連合会等の大衆組織が再建され、全国の文芸機構や民主諸党派が活動を再開した。

　こうして、「文化大革命」終結後の中国は「天下大治」の時代に入り、真に安定し団結した政治的局面が現れ始めた。

43

＊77　同上書、251頁。
＊78　訳注：1906-1988年。モンゴル族出身の中共指導者。民族区域自治政策を推進し、国務院副総理、全人代副委員長、国家副主席などを務めた。

3. 1980年代前半の政治体制改革

1982年の第12回党大会は、中国共産党の制度建設にとって大きな指標となった。まさに、鄧小平が開会の辞で「第8回党大会当時に比べると、今、わが国の社会主義建設の法則に対するわが党の認識ははるかに深まり、経験ははるかに豊富になった」と述べたとおりだった。彼は、他国の経験やモデルをそのまま真似ては成功できないことをはっきりと意識していた。そのため、「みずからの道を歩み、中国の特色ある社会主義を建設する」＊79と明確に打ち出した。

鄧小平は毛沢東の後を引き継いで、2度目の国家制度建設と制度革新を行った。彼は党と国家の基本制度を再建し、それは1982年の「中国共産党規約」「中華人民共和国憲法」に体現されている。こうした有形無形の制度体系は、改革・開放における最も重要な制度的枠組みとなった。**その一方で、鄧小平はまた、古い経済体制や政治体制のさまざまな弊害を実務的に処理し、漸進主義のやり方（「川底の石を探りながら川を渡る」と言われる）で改革と革新を続けてきた。**このことが、中国が社会主義国のなかで率先して経済改革をスタートさせ、途上国のなかで率先して対外開放をスタートさせ、「中国の道」を創成することを保証し、さらに「中国の道」が社会主義の方向に沿って進むことを保証した。

鄧小平は政治体制改革を実践した。1980年代初頭、鄧小平は、党と国家の指導制度の改革と整備を進め、党と国家の統治（ガバナンス）における根幹の原則を、そして中国の政治体制改革の根幹となる大綱を作り上げた。**これらの改革は、決して西側諸国や政党結成のモデルや経験をそのまま取り入れようとしたものではなく、毛沢東時代の成功経験（例えば1954年憲法や1956年党規約など）を総括・吸収し、毛沢東時代の政治体制に見られた強みを受け継ぎつつ、その誤り（「文革」のような）から教訓を汲み取り、体制的弊害を克服しようとした。**鄧小平のこうした政治的知恵は、毛沢東の成功を継承しつつ失敗を正し、「文化大革命」という惨事を「改革・開放」という好事へ転換させ、毛沢東の晩年の誤りを改革・開放の成功の母とした。

＊79 鄧小平「中国共産党第十二次全国代表大会幕詞」1982年9月1日、『鄧小平文選』第3巻1版 人民出版社 1993年、3頁。

① 執政党の制度建設——党規約によって党を治める

「中国共産党規約」の制定：1982年に制定された党規約は、中国共産党の制度化にとって大きな指標だった。それは党の執政が始まってからの、共産党の社会主義諸国における地位、主な任務、役割など一連の根本的な問いに対する答えを示した。

1982年以降の「制度再建」：1956年の第8回党大会が正式に定めた党の制度を学習し、参考にし、吸収する。毛沢東の晩年に制度が破壊されたという歴史の教訓を反省し、吸収した。変化する環境に応じて、党を効果的に統治できる新しい制度を模索し、革新してきた。それ自体が政治改革をめぐる一つの実践プロセスでもあった。

党の重要会議の開催を制度化：党の全国代表大会を定期的に開催し、その重大な職権を明確にした。党中央委員会は5年任期制を採ることを新たに定め、中央委員会全体会議の開催を制度化した。中央の指導者には任期保障制度を設け、党内のいかなる人物にも「特権」が与えられないこと、すべての指導者が規則の前では平等であることを党規約は明確にした。

党と国家の権力構造の再建と再配置：世代交代を速め、指導集団の引き継ぎを実行し、党・政府・軍の最高職を中央政治局常務委員が務めるようにした。党規約は終身制を廃止し、正常な離職退職制を採ることを定めた。また、党指導者の革命化・若年化（表1-1を参照）・知識化・専門化と世代交代の制度化（表1-2を参照）を進めた。党内の民主集中制を強化、改善した。

表1-1　中央指導機関の構成員の平均年齢（1982-2012年）　　単位：歳

	第12期	第13期	第14期	第15期	第16期	第17期	第18期
政治局常務委員	73.8	63.6	63.4	65.1	62.1	62.1	63.4
政治局委員	71.8	64	61.9	62.9	60.7	61.4	61.2
書記処書記	63.4	56.2	59.3	62.9	59.7	56.7	**61.6**

出所：第12〜15期までのデータは、Zheng Yongnian, 2004, *Will China Become Democratic? Elite, Class and Regime Transition*, Eastern Universities Press より。
第16〜17期までのデータは、第16期、17期のそれぞれの構成員の資料を整理・計算したうえで算出した。

表1-2　中央政治局委員および常務委員の新選出者数とその割合（1982-2012 年）

	第 12 期	第 13 期	第 14 期	第 15 期	第 16 期	第 17 期	第 18 期
政治局常務委員							
新選出者数	3	4	5	2	8	4	5
総数（人）	6	5	7	7	9	9	7
新選出者の割合(%)	50	80	71.1	22.2	88.9	44.4	71.1
政治局委員							
新選出者数	14	13	14	8	17	10	15
総数（人）	25	17	20	22	24	25	25
新選出者の割合(%)	56	76.5	70	36.4	70.8	40	60

説明：新たに選出された委員とその前の期の一中全会の選出者とを比較している。そのほ
　　　かの全体会義での新選出者は含んでいない。
出所：姜華宣等主編『中国共産党重要会議紀事（1921-2006)』増訂本 中央文献出版社、2006
　　　年。新華網「習近平等領導同志像」2012.11.15 より。

② 　現代国家制度の建設──憲法によって国を治める

　全面的な改正を経て、憲法は真に国を統治・安定させる根本法となった。建
国以来、憲法改正の歴史は、肯定－否定－再肯定のプロセスを経てきた。まず、
彭真[80]が直に憲法改正にあたり[81]、憲法改正委員会秘書処の作業グループを
率いて、起草作業を担当した[82]。改正案を起草する時、彭真は「全体の指導思
想は４つの基本原則である」ということを強調し、自ら憲法序文を起草し、建
国以来の経験と教訓を総括し、国の具体的な政治制度と政治体制改革について
掘り下げた研究と検討を行い、長期的な設計を行った。

　歴史的には中国は古くからの文明国だが、現代国家としては若い。そのため

───────────────

＊80 訳注：1902-1997 年。文革以前は劉少奇派の中心人物で、文革以降は保守派と見なされ
　　たが、人治から法治への転換を強調し、法制の分野を中心に強い影響力を保持した。
＊81 1981 年３月 28 日、彭真は王漢斌、項淳一、顧昂然を集め、憲法改正について研究しな
　　がら問題を提起した。彼は「鄧小平同志が私を憲法改正の問題に当たらせた」と話している。
　　９月 30 日、彭真は劉復之と林黙涵（当時の文化部副部長と中国文聯副主席）、劉白羽（当
　　時の解放軍総政治部文化部部長）らを集めて憲法改正の作業について話し合った。これに
　　ついて「初めは（胡）喬木同志があたっていたが、その後病気になったので、(胡) 耀邦、(鄧)
　　小平同志が私にあたらせ、早くしてほしいと望んだ。７月から始めて、具体的な作業は胡
　　縄同志が担当し、王漢斌同志、顧明同志がいて、顧昂然が秘書業務にあたった」（『彭真伝』
　　編写組編『彭真年譜』第５巻 中央文献出版社 2012 年、92 頁、115 頁）。
＊82 憲法改正委員会秘書処の作業グループのメンバーには、胡縄・顧明・王漢斌・邢亦民・項淳一・
　　龔育之・顧昂然・盧之超・王叔文・許崇徳・簫蔚雲・孫立・許孔譲がいた（同上書、116 頁）。

後発の優位性を存分に活かし、他国の憲法制定の経験を広く参考にし、より現代的で中国の国情に適した憲法を制定し、より現代的な国家制度を革新することが可能である。

この憲法の歴史的な意義は、それが中国の改革・開放のための制度的枠組み、制度基盤を築いた点にある。「文化大革命」のような無政府主義の混乱した政治局面を回避し、中国の政治的安定と社会的安定を確保し、また改革・開放が憲法の定める枠内で民主と法制の軌道に沿って進むことを確保した。またこの憲法は中国の改革・開放の歩みのなかで、新たな経験や成果を取り入れながら、時代に応じて必要な改正を続けている。

第1に全人代とその常務委員会の役割を強化した。1982年の憲法制定以降、全人代は「国家の最高権力機関」として位置づけられ、憲法が賦与する権力に基づいて重要事項を決定し、国家機関の指導者を選出・任免する職責を有し、全人代常務委員会の職権が拡大され、組織面の建設が強化されてきた。そして、全人代制度が中国の政治システムのなかで中核として位置づけられた。党がすべてを指導する、あるいは党があらゆる国家事務を管理する、というやり方を段階的に変えていき、党の指導を「政治指導」（政治原則や方向性、国内外の重要決定に際しての指導）に限定し、国家機関（全人代と国務院を含む）を通じて国を統治する方向へと転換をはかった。

第2に国家主席制の正式な復活と国家軍事委員会主席制の増設である。1981年3月18日、鄧小平は「やはり国家主席の職位を回復させなければいけない」と提起した。中国は大国であり、国家主席を設けることは国にとって有益である*83。1982年11月、彭真は「国家主席を置くことは、国の体制を整備するために必要で、わが国の諸民族人民の習慣と願望に適していることは、建国以来の実践が証明している」*84と指摘した。また、「中央軍事委員会は主席責任制を採っている。軍事委員会の主席は全人代で選ばれ、全人代とその常務委員会に対して責任を負う。**中国共産党が創設し指導する人民解放軍は、中華人民共**

---

* 83 同上書、92頁。
* 84 彭真「関於中華人民共和国憲法修改草案的報告」1982年11月26日、『彭真文選』人民
　　出版社1999年、453頁。

和国の成立以降は国の軍隊である。これは国家体制のなかでの軍隊の位置づけを適切に規定したものである。」* 85 とも指摘している。

第3に政治協商制度を強化した。1983年6月、彭真は次のように語った。「1954年から、政協は上院なのかという問題がずっとある。当時、毛主席と劉少奇同志は『政協は上院ではない』と言っていた。われわれは二元化ではなく一元化を採り、権力を人民代表大会に集中させている。人民の権力を分割し、多元化して、議論しても決定しない、決定しても実行しないことにどんな良いところがあるというのか。一元化では、全人代が決定し、それをそれぞれが執り行う。実に簡潔かつ明瞭だ。両院制は、人民の権力を二分し、みずから面倒を招くやり方であり、悪いところばかりで良いところがない。もし資本主義国のように各党派が政権交代しようとすれば、相手が政権に就くと、こちらは野党として相手に反対する。また、こちらが政権に就くと、相手が野党としてこちらに反対する。このようにして見たら、われわれの国はどうなるだろうか。国はどうやって安定を保っていくのか。政策の連続性はどうやって保てるのか。人民代表大会、一元化、共産党の指導、があってこそ国の統一と安定は保つことができる」* 86。両院制を採らないことは、毛沢東と劉少奇の政治的発想であり、歴史の記憶に深く刻まれ、その後の鄧小平や彭真らの政治的コンセンサスにもなっている。

第4に政府機構の改革である。国務院は副総理を13人から2人に減らし、その代わりに国務委員のポストを設けた。部・委員会、直属機関、事務機関は統廃合され98から52まで減った。そのなかで、部・委員会は52から39に、直属機関は41から10に、事務機関は5から3にそれぞれ減らされた。

第5に正常な退職制度を確立した。1982年2月、党中央は「老幹部の退職制度の設立についての決定」を出し、副省級と副部級の幹部は60歳、正省級と正部級の幹部は65歳で定年退職することを定めた* 87。

＊85 彭真「関於中華人民共和国憲法修改草案的報告」1982年11月26日、『彭真文選』人民出版社1999年、453頁。
＊86 『彭真伝』編写組編『彭真年譜』第5巻 中央文献出版社 2012年、199-200頁。
＊87 1982年2月20日、党中央は「老幹部の退職制度の設立についての決定」を打ち出し、「中央・国家機関の部長・副部長、省・市・自治区の党委員会第一書記・書記、省政府の省長・

1980 年代前半の政治体制改革は、一つは党規約に基づいて執政党の制度を再建したこと、もう一つは憲法に基づいて現代国家制度を再建したことだった。この 2 つの制度再建は、互いに補完しあい、「経路依存」＊88 の特徴を有していた。1950 年代の党規約や憲法という歴史経験を多く受け継ぎ、西側の政党や国家政治体制のモデルを参考にしなかった。また、毛沢東時代の体制的弊害を「修正」し、その「二の舞を踏む」ものではなかった。さらに内部の政治的コンセンサスに基づき、人為的に政治的対立を広げることはしなかった。

さらに 1980 年代前半の政治体制改革は、国情への適応性、実践可能性、変化への柔軟性を持ち、政治体制が「歴史の真空」に陥ることを回避した。それは必ずしも最善のモデルではなかったが、最適のモデルだった。それは急進主義式ではなく漸進主義式の改革であり、中国の政治変革を大きく推し進めるとともに、その政治的安定も保証してきた。

5. 江沢民、胡錦涛──社会主義の基本制度を揺るぎないものへ

江沢民は、鄧小平が切り開いた「中国の道」の庇護者であり継承者である。江沢民は大規模な動乱後のさまざまな矛盾を穏当に処理し、中国をすみやかに「天下大治」へと進め、それは現在まで続いている。世界では、東欧の激変、7 つに分かれた旧ユーゴスラビア、15 に分かれた旧ソ連の解体など、社会主義は厳しい紆余曲折に見舞われ、アメリカを中心とする西側諸国が中国に制裁を加えるなど厳しい試練に直面しながらも、「中国の特色ある社会主義」を守り抜い

般に 65 歳を超えず、副職は一般に 60 歳を超えてはならない。司局長級の幹部は、一般に 60 歳を超えてはならない」と定めた。また、「党と国家の指導者のなかで、離退職の定年を過ぎた一部の老革命家を残さなければならない場合、これは全体のためであり、また国内の安定と団結の保持と国際関係の的確な処理のためであり、党と人民の根本の利益に完全に合致している。二線退職（退居二線）は顧問や名誉職への就任も含まれ、離退職にはあたらない」と定めている（「中共中央関於建立老幹部退休制度的決定」1982 年 2 月 20 日、中共中央文献研究室編『三中全会以来重要文献選編』下　人民出版社 1982 年、1161-1162 頁）。

＊ 88　訳注：あらゆる状況下で、人や組織が行う決断は過去のその人や組織が選択した決断によって制約を受ける、という考え方。Path dependence。

た。

　この時期、社会主義の基本制度の強化と整備を行った。例えば人民代表大会制度、中国共産党が指導する多党協力と政治協商制度、民族区域自治制度などである。そして、社会主義市場経済体制の改革目標と基本枠組みを確立・制定し、公有制を主体とし、多種の所有制経済をともに発展させる基本的経済制度、また労働に応じた分配を主体とし、多種の分配形態を併存させる分配制度を革新・整備した。さらに、**中央と地方の分税制を革新・実施し、国の財政の徴収能力を大幅に引き上げ、マクロ・コントロールシステムを強化・整備し、マクロ経済を安定させ、「内需拡大」方針を実施し、アジア通貨危機に上手く対応することができた。**経済体制と経済成長の２つの「根本的転換」、そして「科教興国（科学技術と教育によって国を振興する）」と「持続可能な発展」の二大戦略を提起・実施した。鄧小平の「２つの大局」の構想を基に、「西部大開発」の戦略的政策決定を行い、インフラと生態保護をめぐるプロジェクトに乗り出した。**軍隊・武装警察部隊・政法機関が商業活動に従事しないこと、また党政機関と営利企業を切り離すことを果敢に行い、「収支両条線（収支の２本立て管理）」「工程招標（工事の入札）」「政府采購（政府調達制度）」など思い切った重要な政策決定を行い、腐敗を根源から予防・抑制するため努力した**[89]。そして、**WTO（世界貿易機関）加盟という大きな決断を果敢に下し、全面的な対外開放と世界経済への参入という新しい局面を切り開いた。**こうして、現代化建設の第２段階戦略目標を計画どおりに成し遂げ、人々の生活は総じて小康レベルに達し、中国の改革・開放と社会主義現代化建設は歴史的な進展を遂げた。

　この時期、党中央は冷静にブルジョア自由化の思潮を抑え、国際的敵対勢力が中国を西側化、分断しようとする動きを制御し、1989年の政治的風波[90]のような大規模な動乱を防いだ[91]。指導思想では絶対に多元化を採らないこと、

＊89　江沢民「通報中央政治局常務委員『三講』情況的講話」2000年1月20日、『江沢民文選』第2巻 人民出版社 2006年、550頁。

＊90　訳注：天安門事件を指す。

＊91　江沢民は「常務委員の同志は、われわれがあくまで中国共産党の指導を堅持し、正しい路線、方針、政策を実行しさえすれば、国の経済は絶えず発展し、人民の生活は絶えず改善され、1989年のような大規模な動乱は免れることができると考える」と指摘する（江沢民「通報中央政治局常務委員『三講』情況的講話」2000年1月20日、『江沢民文選』第

イデオロギーにおけるマルクス主義の指導的地位を堅持・強化することをはっきりと提起した。公有制経済の主体的地位を堅持し、私有化はしないことを明確にし、個人が公に私有化を宣揚することに反対した。また、国内外における「軍の非党化」「軍の非政治化」「軍の国家化」などの誤った政治的観点を断固抑え、「法輪功」事件を果敢に処理し、「チベット独立」や「新疆独立」等のさまざまな分裂勢力を毅然と攻撃した。西側諸国とは「2つの手で先方の2つの手法に対処することを堅持し、闘争もすれば協力もする、闘争を通じて協力を促す」* 92 というやり方で進めてきた。このように、中国が常に社会主義の道に沿って絶えず改革し、絶えず開放し、絶えず前進することを保証した。

　胡錦涛は、「中国の道」の堅持者であり再革新した人物である。胡錦涛は、思想の革新・実践の革新・理論の革新・制度の革新を続け、とりわけ「科学的発展観」を革新し、「中国の道」を導く指導思想とし、21世紀前半の中国の社会主義現代化における「五位一体」の全般的配置を完成させた。これによって、中国はすみやかに世界経済の実力と科学技術力、総合的国力で世界第2位の大国となり、アメリカとの差を大きく縮め、「中国の道」の独自の境地と成功を十分に示してきた。**第18回党大会の報告は、こうした「中国の道」の実践・理論・観点・戦略に対する歴史的集大成と革新的集大成である。**

　第18回党大会報告は「中国の道」とは何かを掘り下げて説明した。中国の特色ある社会主義の道とは、中国共産党の指導の下、基本的な国情に立脚し、経済建設を中心として、4つの基本原則を堅持し、改革・開放を堅持し、社会的生産力を解放し、発展させた上で、社会主義市場経済、社会主義民主政治、社会主義先進的文化、社会主義調和社会、社会主義生態文明を建設し、人間としての全面的発展を促進して、全人民がともに豊かになることを次第に実現し、富強、民主、文明、調和のとれた社会主義現代化国家を建設することである。

　「中国の道」をどのように模索するのか。10数億の人口を擁する大国が社会主義を建設し、現代化を実現させることは前例がなく、参考にすべき成功経験

51

　2巻 人民出版社 2006年、553頁)。
* 92 同上書、546頁。

もなく、中国なりの実践と創造的模索に頼るほかなかった。**中国の特色ある社会主義建設は、本質的には中国の現代化の道を模索することであり、また西側の現代化モデルを超えることである。**これは、西側先進国の現代化の道からその優れたところを取り、劣るところを捨て、中国の現代化プロセスのなかで絶えず経験を総括し、さまざまな困難・リスク・危機に向き合いながら試行錯誤と修正を続け、常に優れた（あるいはその次に優れた）ものを求め、それらを選択し続ける過程である。「中国の道」を正しく歩むには、揺るぎなく歩まなければならない。

「道」の違いが「結果」の違いを生む。

「国際的な大気候」とは、西側が主導した政治の民主化の波であり、経済の全面私有化や西側が君臨する下での思想と文化の自由化の流れである。その影響は中国だけでなく、旧ソ連と東欧の社会主義国にも広がり、これらの国々の体制の大転換を生み、社会主義を捨てて資本主義の道へ転向させたことで、やがて大崩壊・大解体・大衰退へ導いた。

ここでは中国とロシアを例に、それぞれの道の違いが生んだ結果の違いを見ていきたい。1990年、当時ソ連だったロシアは、GDPで世界全体の2.4％を占め、中国の1.6％を大きく上回り、当時の中国はその3分の2程度だった。当時ソ連は、アメリカと日本に次ぐ世界第3位の経済国だった（1968年、日本はソ連を超え、世界第2の経済国となった）。エリツィンは西側式の「民主綱領」を主張し、ソ連共産党から去り[93]、ロシア大統領選で大勝すると[94]、またたく間に「ロシア革命」と見出しがつけられた『タイムズ』誌の表紙を飾った[95]。1990年末、ゴルバチョフはノーベル平和賞を受賞し、ほどなくソ連共

---

[93] 1990年1月、エリツィン（当時はソ連共産党中央政治局委員候補であり、モスクワ市委員会第一書記だった）は、党内で「民主綱領派」を組織した。同年7月、「民主綱領派」はソ連共産党第28回代表大会で、ソ連共産党は党の指導的思想としてのマルクス・レーニン主義を放棄し、共産主義の奮闘目標を放棄し、民主集中制を放棄すべきと主張し、ソ連共産党を社会党にすべきと主張した。また、軍・政治部門・国家機関における末端党組織の廃止を強く主張した。党大会では、エリツィンと「民主綱領派」のこうした主張がすべて受け入れられることはなかったため、エリツィンは同会閉幕時にソ連共産党からの離党を宣言した。

[94] 1991年6月12日にロシア大統領選挙が行われ、エリツィンが当選した。

[95] *Time*, 1. Aug. 1991.（表紙は「The Russian Revolution」）。

産党の解散とソ連の解体を宣言した。エリツィン政権期、ロシアのGDPが世界に占める割合は下降の一途を辿り、1999年には過去最低の0.6％まで落ち込んだ。一方、同年の中国は3.5％とすでにロシアの5.8倍に相当していた。2011年、ロシアのGDPは世界全体の2.7％まで盛り返したが、1990年からわずか0.3ポイント上回っただけで、その頃の中国はすでに10.4％に達し、ロシアの3.9倍に相当した。ロシア科学アカデミー経済研究所副所長のドミトリー・ソロキン氏によれば（表1-3を参照）、1991年のGDP値を100とすると、1998年の成長指数は60.5になり、40ポイント近く下がっており、第2次世界大戦時の旧ソ連のGDPに比べ約20％落ち込み、経済損失を被った。2011年にはようやく118.0に達し、1998～2008年のGDP成長率は年平均で6.8％になったのは、その半分はエネルギーの国際価格が大幅に上がったためであった。2011年のGDPの成長指数は1991年よりわずか18ポイント上昇し、平均所得の成長指数は25ポイント上昇しているものの、工業増加値の成長指数は1991年の数字に届いていない。

表1-3　ロシアと中国の主要な経済指標の成長指数（1991-2011年）

	1991年	1998年	2011年
ロシア			
GDP	100	60.5	118.0
工業増加値	100	48.2	87.7
平均所得	100	52.5	125.1
中　国			
GDP	100	211.7	731.6
工業増加値	100	269.1	1030.7
都市部の平均所得	100	155.3	492.6
農村部の平均所得	100	143.7	335.0

説明：比較可能な価格から算出。
出典：ロシア側のデータはロシア科学アカデミー経済研究所（2012年）より。
　　　中国側のデータは『中国統計摘要（2013）』中国統計出版社 2013年より。

　以上のことは、ロシアの改革が経済改革か政治改革かによらず、「これまでの道」から不本意ながら「誤った道」へ進んだ典型的なプロセスであることを示

している。まず政治のグラスノスチ、「政治の民主化」＊96をはかり、続けて全面的かつ徹底的な私有化を進めた。しかしその結果、世界第3の経済大国は、急転直下で世界全体に占める経済規模の割合で史上最低の数字を叩き出し、二流国家へ成り下がってしまった。このように、経済グローバル化の激しい国際競争のなかでは進まないことは後退することである。後退はいずれ必ず歴史的な大後退へ繋がる。どの国も「誤った道」を進めば、悲惨な結果を招く。こうした意味で、旧ソ連（ロシア）は最良の反面教師である。

これとは対照的に、中国は主要な経済指標で大きな成長を遂げている（表1-3を参照）。ここから道の違いが結果の違いを生み出すことが分かる。これこそ、われわれが中国の道を「正しい道」＊97と呼ぶ所以である。

6. むすび──「中国の道」は「西側の道」より優れている

本章では、新中国成立以降の現代の執政党と国家制度の建設をめぐる歴史過程を述べてきた。それは大きく次の発展段階を経てきた。

第1段階は、主に毛沢東に代表される中国共産党の人々による新中国の基本制度の革新である。まず、ばらばらだった祖国の大陸を高度に統一し、それから「中国共産党規約」（1956年）に基づく現代執政党制度、また「共同綱領」（1949年）と「中華人民共和国憲法」（1954年）に基づく現代国家制度を革新し、第2段階以降の中国の制度基盤を作り上げた。

第2段階は、鄧小平に代表される中国共産党の人々が、改革・開放の設計師というだけでなく、前述の制度を再建するための設計師となって、特に「中国共産党規約」（1982年）と「中華人民共和国憲法」（1982年）の改正に見られたように、とりわけ民主集中制を根幹の制度としながら、政治体制を実務的に改革し、さまざまな弊害をなくし、中国の国家制度建設に大きく寄与した。

第3段階は、主に江沢民と胡錦涛に代表される中国共産党の人々が、社会主

＊96 ここで言う「政治の民主化」は、旧ソ連と東欧が激変した時期に、それらに属する各国が西側の政治制度を盲目的にまねて、社会主義の民主政治制度を放棄し、西側式の議会民主制を行ったことを指す。

＊97 胡鞍鋼、王紹光、周建明、韓毓海著『人間正道』中国人民大学出版社 2011年。

義の基本制度をきちんと整備し、社会主義市場経済体制を作り上げ、社会主義の基本の経済制度と分配制度を確立し、これらを基盤としたさまざまな具体的指導を打ち立てた。

　こうした60余年にわたる国の制度建設の基礎の上に、第18期三中全会を指標とし、**中国は国家統治のしくみと統治能力を現代化させる新段階へ歩みだし、党・国家・社会のさまざまな事務統治の制度化・規範化・秩序化を成し遂げた。**これは中国の社会主義制度が絶えず革新され、絶えず建設され、絶えず試行錯誤され、絶えず整備されてきた歴史的なプロセスを表しており、独自の「中国の道」を作り上げてきたことを表している。

　まさに鄧小平が「今日われわれの真にやるべきことは改革によって生産力の発展を速め、社会主義の道を堅持し、われわれの実践によって社会主義の優位性を示すことです。二世代、三世代ひいては四世代でこの目標を実現しようと思っています。**その頃になれば、事実をもって社会主義の方が資本主義よりほんとうに優れていると自信を持って言うことができます**」[98]と語ったとおりであり、私はこれを「鄧小平の予言」と呼んでいる。

　「中国の道」とは、中国の特色ある社会主義の道であり、「中国の夢」を実現させること、つまり中華民族の偉大な復興を遂げるために必ず通るべき道である。中国の特色ある社会主義の道を堅持してこそ、中華民族の偉大な復興という人民の主体性を保証することができ、中国の全人民が民族の復興という成果をともに享受できることを保証することができる。また、中国の特色ある社会主義の道を堅持してこそ、その政治制度の国情への適応性、西側の制度に対する優越性を保証し、国家の現代化が着実に進むことを保証し、すみやかに先進国に追いつき、さらにそれを超えていくことを可能にする。**中国の特色ある社会主義の道は、中国の現代化を全面的に実現する「人の世の正しい道」であり、中華民族が偉大な復興を遂げるために必ず通るべき道である。**

　中国の道は、歴史から見てかなり独特であるだけでなく世界から見てもかなり独特であり、西側が辿った道を歩まずに、ほかの人の背中を見ながら一歩ず

＊98 鄧小平「我們幹的事業是全新的事業」1987年10月13日、『鄧小平文選』第3巻1版　人民出版社1993年、256頁。

つ歩んできた。そして自分たちなりの道を切り開きながら、先進国（特にアメリカ）に追いつくことに成功した。より重要なことは、西側モデルを超えることであり、自らの道を革新することである。

　「中国の道」は、まさに「鄧小平の予言」を絶えず検証している。これこそ、「中国の道」が「西側の道」よりも優れている所以だ。まさに習近平同志が語った「われわれは自らの道を歩む。比類なく広がる舞台を、比類ない奥深い歴史を、比類ない強い前進する力で」*99の言葉のとおりでもある。

＊99　習近平「在紀念毛沢東同志誕辰 120 周年座談会上的講話」新華社 2013 年 12 月 26 日。

第 2 章

第 18 期三中全会
——中国の改革の新たな一里塚[*1]

思想上、政治上の路線が正しいかどうかですべてが決まる。党の路線の正しさがすべてである。人がいなければ人を置けばいい。鉄砲がなければ鉄砲を持てばいい。政権がなければ政権を持てばいい。路線が正しくなければ、それがあっても捨て去ればいい。路線は要であり、その要がしっかりしていればすべてうまくいく。

——毛沢東 (1971年)

今われわれがやっているのはまったく新たな事業であり、マルクスも書いていないし、われわれの先人たちもやったことがなく、他の社会主義国でもやったことがありません。

——鄧小平 (1987年)

中国の改革は、社会主義現代化のプロセスに伴い、量の変化から部分的な質の変化を生み、その後に再び量の変化を遂げ、さらに再び部分的な質の変化に至った。この部分的な質の変化が、最後に質の変化そのものに転じたように、われわれの社会主義制度は、改革の全面的深化によって、次第に完成され、強固になり、より成熟し、より定まったものへと形作られていく。

国の現代化には、はっきりと異なる2つの側面がある。1つは、われわれが目にする形のある現代化建設であり、これには経済・政治・文化・社会・生態文明など多くの分野が含まれる。2つめは、形のない現代化建設であり、すなわち国の制度建設である。

中国共産党の第18期中央委員会第3回全体会議は、2013年11月9日から12

＊1　本章は、2013年11月12日夜に光明網 (Guangming Online) の招きで開催した第18期三中全会の精神についての解説、また11月16日に開催した甘粛省党委員会理論センターチームの学習会、および甘粛省指導幹部の「民を豊かにし、甘粛省を振興させる」という講座での胡鞍鋼教授の講演原稿をベースに、唐嘯氏と楊笠松氏の協力を得て整理し、著者による再修正を加え、『国情報告』2013年第21期 (2013年11月17日) に掲載された。

日まで北京で開催された。閉幕日の夜にコミュニケが発表され、15日夜に審議、採択された「改革の全面的深化における若干の重要な問題に関する中共中央の決定」（本章では以下、「決定」と言う）と中央政治局を代表して習近平同志が作成した「『改革の全面的深化における若干の重要な問題に関する中共中央の決定』についての説明」（本章では以下、「説明」という）が発表された。この全会および採択された「決定」に、全中国や全世界から広い注目と期待が寄せられた。

第18期三中全会は、「小康社会の全面的な実現」「改革・開放の全面的な深化」という大切な段階に行われたひとつの重要な会議であった。全会では、「改革・開放の全面的な深化」をめぐる一連の重要な理論と実践について科学的な回答を示し、改革の将来的な方向性を明らかにし、「改革の全面的深化」における「五位一体」[2]の布石を打ち立て、新たな改革のチャンスを切り開き、中国の改革・開放の歴史のうえで一里塚の意味合いを持つものとなった。

本章では、清華大学国情研究院が行った改革前期における背景の研究、および特定テーマの研究に対し、三中全会の「決定」を体系的に分析し、おもに下に挙げた側面から議論を行った。

第1に、三中全会は改革における「一里塚」という歴史的意義を持つことを理解する。35年間の改革・開放の歴史のうえで、三中全会は段階的な重要指標であり、改革自体の発展法則と歴史法則を映し出している。まさに習近平が「改革・開放以来、各期三中全会がどのような議題を検討し、どのような決定を行い、どのような措置をとり、どのようなシグナルを発するかは、人々が新しい中央指導者の施政方針や活動の重点を判断するにあたっての重要なよりどころであり、その後5年ないし10年間の活動にしっかり取り組む上で重要な意義を持つものである」[3]と語ったとおりである。第18期三中全会も同様に、ひとつの一里塚としての意味合いを持つものである。

＊2　訳注：第18回党大会で打ち出された国家建設をめぐる指針。経済・政治・文化・社会・生態文明をそれぞれ建設することで小康社会を打ち立て、社会主義の現代化と中華民族の復興を目指す、という考え方。

＊3　習近平「関於〈中共中央関於全面深化改革若干重大問題的決定〉的説明」新華社　2013年11月15日。

第2に、35年来の中国の改革に対して基本的な評価を行う。清華大学国情研究院は、大学シンクタンクとして第三者の視点に立ち、過去10年間（2003–2013年）の社会主義市場経済体制の改革に対して、初めて客観的かつ科学的な事後評価を行い、また、「決定」で総括された改革・開放の成功という基本的経験についても評価を行う。これは、今後の「改革の全面的深化」にとっての知的財産であり、改革をやり遂げるためのガバナンスと方法でもある。

　第3、「決定」の指導思想、そして「改革の全面的深化」の総目標と2020年までの目標に対して論評と詳細な解説を行う。

　第4、「五位一体」という制度建設と体制改革の重要な配置について、またその主な目標について解説する。

1.　三中全会—中国の改革における一里塚（第11期 – 第18期）

　中国の改革はまったく新しい事業である。1987年に鄧小平は「今われわれがやっているのはまったく新たな事業であり、マルクスも書いてないし、われわれの先人たちもやったことがなく、他の社会主義国でもやったことがありません」と語った*4。

　世界から見ると、中国の改革自体がひとつの「奇跡」である。

　第1に今の中国は世界の「改革国家」である。中国の改革は、すでに35年間続いており、さらに長く続く不断の自己改革と自己改善を重ね、社会主義制度を発展させていく。

　第2に中国共産党は世界の「改革執政党」である。中国共産党は、さらに自己浄化・自己完成・自己革新を続けている。これはアメリカの「二大政党制」とは異なる。ただの政権交代だけではかえって執政改革は行われず、数百年前の「書物」（アメリカ憲法を指す）や数十年前の「各条」（憲法改正案を指す）によるだけでは、硬直化どころか老化、ひいては退化に至ってしまう。

　第3に中国社会は世界最大規模の「改革社会」である。10数億の人民が改革

---

* 4　鄧小平「十三大的両個特点」1987年11月16日、『鄧小平文選』第3巻 1版 人民出版社 1993年、258頁。

の主体、革新の主体となり、改革ボーナスや革新ボーナスといった恩恵を受けてきた。いついかなる時にも何億何万という弛まぬ革新が行われ、やがてそれらが人類史上未曾有の巨大な革新へと集成された。改革・開放は、「現代中国の最も鮮明な特色」であり、世界で最も鮮明な「中国が革新した」ブランドでもある。

　こうした中国の改革はどこから始まったのか。これまでの歩みのなかで、その指標となった一里塚はどこだったのか。今日の中国の改革はどこを歩んでいるのか。今後の中国の改革はどこへ向かって行くのか。第18期三中全会は、全国と全世界へどのようなメッセージを放ち、また中国と世界へどのような影響を与えたのか。当然、このような疑問が生まれるだろう。

　実際、中国の改革はいったん動き始めると、それ自体の改革、発展の法則、制度変遷の法則に則って次第に変化と進化を遂げ、多くの革命的な成果を生み出した。この意味では、中国の改革は漸進的なやり方を進化させたことで、革命的な社会変革をもたらしたと言える。

　こうした中国の改革を重要な政策決定という視点から見ると、5度にわたる三中全会でそれぞれ政策が決定され、5つの段階が見られる。

　第1段階は、1978年の第11期三中全会での決定で、社会主義近代化を実現させるには、経済体制の改革が必須だった。その後の四中全会が制定した「農業の発展を加速させるための若干の問題についての中共中央の決定」が25の政策を提起し、農村改革が始まり、生産責任請負制を全面的に推し進めた。**これが中国の経済体制改革が動き始めた段階だった。**なお三中全会に先だって行われた中央工作会議の閉幕式では、鄧小平が「先富論」[5]をはっきりと打ち出していた。

---

[5]　鄧小平は、経済政策について次のように指摘している。「一部の地域、一部の企業、一部の労働者や農民が、こつこつと努力し大きい成果によって先に収入を増やし、先に暮らしを良くすることを許すべきだと私は考える。一部の人々の暮らしが先に良くなれば、当然大きな模範力が生まれ、隣近所へも影響し、ほかの地域やほかの単位の人々が彼らに学ぼうとし始める。こうして、国民経済全体が不断に波状に前へ向かって発展でき、全国の各民族の人民が比較的すみやかに豊かになっていくことができる」(鄧小平「解放思想，実事求是，団結一致向前」1978年12月13日、『鄧小平文選』第2巻2版 人民出版社1994年、152頁)。

第2段階は、1984年の第12期三中全会である。第12回党大会で提起した、経済体制改革を体系的に進めるという任務に基づき、「経済体制改革に関する中共中央の決定」を打ち出し、「全面的な改革へ向けた青写真」を定め、公有制を基礎にした計画的商品経済について初めて打ち出した。その主旨は、生気に満ちた社会主義経済体制の確立だった。**これが中国の経済体制改革が全面的に始められた段階であり**、農村改革が初歩的な成功を収めたことで、やがて都市に重点を置いた全体に及ぶ経済体制改革が始まった。その後、国の企業に対する管理は、直接的なコントロールから次第に間接的なものへと転じ、計画経済の範囲を大幅に縮小した。ただし状況に応じて、指令的計画・指導的計画・完全な市場調節がそれぞれ実施された。価格面などでは「二重制度」を実施し、全人民・集団・個体を含む、多様な経済のあり方を積極的に進めた。国内と国外という2つの資源を大いに利用し、2つの市場を開拓するなどした。これもまた社会主義市場経済体制という道への移行段階だった。この段階での全会決定は、「先に豊かになれる人から豊かになる」という政策をはっきりと後押ししたものであり、社会主義の発展法則に見合った社会全体が豊かさへ向かうために必ず通る道であった。ほどなく、中央は科学技術体制改革と教育体制改革にも着手した。

　第3段階は、1993年の第14期三中全会である。第14回党大会で決まった経済体制改革の目標と基本原則に基づき、50ヵ条からなる「社会主義市場経済体制確立の若干の問題に関する中共中央の決定」を定めた。**これは体制革新という目標を確立した後の「新体制の構築」という段階にあたる。**すなわち社会主義市場経済体制の構築は、これまでの社会主義計画体制の下で行われた改革・再生・整備とは一線を画しており、この決定は社会主義市場経済体制についての初めての全体像と青写真にあたる。ここでは、現代企業制度、全国規模の統一的で開かれた市場システム、マクロ・コントロールをめぐる経済システム、所得分配制度、社会保障制度などの重要任務を新体制の基本的枠組みかつ重要な支柱とし、その後の改革にもこれらが受け継がれていく。全体会議では、まず「効率を優先し、公平にも配慮する」という改革の原則が示され、さらに「先に豊かになれるものから豊かになり、取り残された人を助け、徐々にともに豊か

になっていく」という要求と目標が掲げられた。

　第4段階は、2003年の第16期三中全会である。第16回党大会で提起された「社会主義市場経済体制の整備、より一層活力のある、より一層開放的な経済システムの戦略的配置の確立」に基づく、42ヵ条から成る「社会主義市場経済体制整備の若干の問題に関する中共中央の決定」を打ち出した。この決定の最大のポイントは、「人間本位」の科学的発展観、「人間本位」の改革観、を初めて示し、21世紀の最初の10年の改革を指導するための綱領的文書とされた。**これは、新体制の基礎となる「新体制の整備」の段階が初歩的に確立されたことを示している。**また、全体会議では「効率を優先し、公平にも配慮する」という原則と、「先に豊かになれるものから豊かになる」という考え方が重ねて述べられた。したがって、この決定は改革のオリジナルを更新したバージョン1.5として捉えることができる。

　第5段階は第18期三中全会であり、16の部分、60ヵ条から成る「決定」が採択された（表2-1を参照）。そこでは、「改革の全面的深化」という指導思想と重要原則が示され、「改革の全面的深化」をめぐる総目標と2020年までの段階的目標が定められ、「五位一体」の改革、国防・軍隊の体制改革、党の制度建設の改革、などの配置が示された。また、改革をめぐる戦略的重点・優先順位・主な取り組みの方向・活動の枠組み・推進方法・タイムスケジュール・ロードマップを配置し、**中国が「改革の全面的深化」という段階に入ったことを示した。**第18期三中全会は、先人の事業を受け継ぎつつ将来的な発展の道を切り開くという承継の意味を持った重要な会議であり、また、中国の改革にとっての新たな「一里塚」という意味合いも備えている。ここで言う「新たな」は、習近平総書記が述べた「改革の全面的深化をめぐる新たな青写真、新たなビジョン、新たな目標を描き、改革の全面的深化に関する新たな思想、新たな論断、新たな措置を集約する」[6]ことを指している。本稿では、これらを改革のバージョン2.0 [7]としたい。

---

*　6　習近平「関於〈中共中央関於全面深化改革若干重大問題的決定〉的説明」新華社 2013年 11月15日。
*　7　胡鞍鋼「中国需要2.0改革版本」『光明日報』2013年5月15日。

表 2-1　中国の改革における「トップダウン設計」[8]（1978-2013 年）

	第 1 回	第 2 回	第 3 回	第 4 回	第 5 回
全　会	第 11 期三中全会	第 12 期三中全会	第 14 期三中全会	第 16 期三中全会	第 18 期三中全会
期　間	1978 年12 月 18-22 日	1984 年10 月 20 日	1993 年11 月 11-14 日	2003 年10 月 11-14 日	2013 年11 月 9-12 日
決定名	「すみやかな農業発展における若干の問題についての中共中央の決定（草案）」	「経済体制改革についての中共中央の決定」	「社会主義市場経済体制の確立における若干の問題についての中共中央の決定」	「社会主義市場経済体制の整備における若干の問題についての中共中央の決定」	「改革の全面的深化における若干の問題についての中共中央の決定」
構成と内容		10 の部分	10 の部分・50 ヵ条	12 の部分・42 ヵ条	16 の部分・60 ヵ条
基本的根拠		第 12 回党大会報告の第 2 部分「公有制を基礎とした計画的商品経済」	第 14 回党大会報告の第 2 部分「社会主義市場経済体制」	第 16 回党大会報告の第 4 部分	第 18 回党大会報告「社会主義現代化における『五位一体』の全般的配置」
段　階	始動段階	全面的な開始の段階	新体制の構築の段階	新体制の整備の段階	改革の全面的深化の段階

2.　中国の改革への高い評価と重要な経験についての総括

　第 18 期三中全会では、35 年にわたる改革・開放の偉大な成果と業績が高く評価された。コミュニケでは、「全体会議は、第 11 期三中全会の開催から 35 年にわたる改革・開放の実践と成功と偉大な成果を高く評価し、改革の全面的深化における若干の重大問題について検討し、改革・開放は、党が新たな時代環境において全国各民族の国民を率いて行った新しく偉大な革命であり、現代中国の最も際立つ特色であり、現代中国の運命を決定した要となる選択であり、党と人民の事業が時代に急速に追いつくための重要な思想となったと評価した」と指摘している。

---

* 8　訳注：中国語は「頂層設計」。元々はシステム工学の概念で、全体的で統一的な計画に沿って各部署が効率良く業務を進めることを指す。この場合は、国の政策・立案・管理において、全体性・統一性・連続性・高効率を保持するための考え方を指している。

　これをわれわれはどのように理解すればよいだろうか。1956 年 1 月、毛沢東は「社会主義革命の目的は、生産力の解放である」*9 と指摘している。当時、社会主義革命は「三大改造」*10 を指していた。これは毛沢東が成し遂げた社会変革であり、社会革新だったが、過激主義なやり方で進めたため、本来は 15 年かかるところをわずか 3 年でやり遂げてしまった。1958 年には「大躍進」や「人民公社化運動」が相次いで行われ、多くの人々が抱いていた立ち後れた中国の経済や文化の状況を変えたいという共通の願いを反映していた。しかし、客観的な経済原理を軽視し、過度の（社会主義への）純化・加速化・公有化・拡大化が進み、中国が世界で最も貧しい大国の 1 つという基本的な国情から乖離し始める。さらに、極めて低所得という発展の段階を踏まなかったため、第 13 回党大会報告では、こうしたことへの反省の弁として「幾多の曲折を経て、多大の代価をも支払った」「こうした状況が教えているように、基本的国情を冷静に認識し、わが国社会主義の置かれている歴史的段階を冷静に認識することは、きわめて重要な問題である」と述べている。このように、毛沢東晩年の誤りも鄧小平が行った改革の「成功の母」となった。第 13 回党大会では、「中国はまだ社会主義の初級段階にある」という基本判断を示し、この観点が改革・開放政策における実践的、理論的基盤となった。鄧小平は、最も立ち後れた最も人口の多い農村から着実に改革を始動し、「ちりも積もれば山となる」の漸進的なやり方で革命的な結果をもたらし、10 数億人の生産力を真に解放し発展させるための方法と道筋を探しあてた。1992 年の南巡講話のなかで、鄧小平は「以前は社会主義の条件の下で生産力を発展させることを強調しただけで、改革を通じて生産力を解放することを強調しなかったのは不完全であった。生産力の解放と生産力の発展は、ともに重視しなければならない」*11 と語っている。この意味で、35 年間の改革は「新たな偉大な革命」と言えるだろう。

　中国の現代史には、時代ごとにそれぞれの顕著な特徴がある。まず中国革命

65

＊9　毛沢東「社会主義革命的目的是解放生産力」1956 年 1 月 25 日、『毛沢東文集』第 7 巻　人民出版社 1999 年、1 頁。
＊10　訳注：第 1 章の「一化三改」を参照。
＊11　鄧小平「在武昌、深圳、珠海、上海等地的談話要点」1992 年 1 月 18 日 -2 月 21 日、『鄧小平文選』第 3 巻 1 版 人民出版社 1993 年、370 頁。

の時代、次に新中国成立の時代、その次に社会主義革命・建設の時代、そして改革・開放の時代である。この改革・開放の時代は、今の中国の最も際立つ特徴を作り上げただけでなく、最も長く続く最も偉大な功績を生んだ時代であり、中国が世界の工業化・近代化・グローバル化の歩みに「大きくキャッチアップ」できた時代でもある。為替相場を基準にすると、中国のGDPが世界に占める割合は、1978年は1.75%で世界第10位、2000年は3.75%で世界第6位だったが、2012年には11.5%まで上昇し、世界第2位となった。購買力平価（1990年国際ドル）を基準にすると、中国のGDP（1990年国際ドル価格）は、1978年では世界に占める割合は4.9%で世界第4位、2000年には11.8%で世界第3位だったが、2012年には20.7%まで伸びて世界第1位に躍り出た[12]。

アンガス・マディソンが示す過去のデータによると、1950年までのアメリカの貿易輸出額は世界全体の16.8%を占めていた。一方、中国のそれはわずか0.9%とアメリカの5.3%程度だった。1990年代になると、アメリカはドイツに追い抜かれた[13]。世界銀行のデータベースによると、中国は2007年にアメリカを抜き、2009年にはドイツを抜いて世界第1位となり、2013年には物品の貿易輸出額はアメリカのおよそ140%に相当している。

近代化については、中国とアメリカの国土面積はほぼ等しく、両国の近代化を示す数値を発電電力量から算出すると、1980年の中国はアメリカのおよそ12.1%だったが、2010年には97.2%、2013年にはアメリカを抜いて126.5%まで上昇している（表2-2を参照）。

それぞれの技術革新力について、発明特許出願件数で見ると、1980年の中国はアメリカを基準にすると0に相当してしまう。なぜなら、中国では「特許法」の正式な施行が1985年4月1日だからである。しかし、2012年の中国の出願件数はすでにアメリカを超え、その120.3%にも相当している（表2-2を参照）。経済は立ち後れ、文化水準が低かった中国は、より高いレベルの近代化を実現させた世界の大国へと変貌した。**中国は、今まさに飛躍的な発展を遂げ、これ**

---

* 12　1978年と2000年のデータは、Angus Maddison, World Population, GDP and Per Capita GDP, 1-2008 AD, 2010, http://www.ggdc.net/maddison/ を参照。2012年のデータについては、著者が類推して算出した。
* 13　安格斯・麦迪森（アンガス・マディソン）『世界経済二百年回顧』改革出版社 1997年。

までの遅れを取り戻すかのように、今の世界と人類の今後の発展に極めて大きな影響を及ぼそうとしている。

表 2-2　中国の主な指標の対アメリカ比（1950-2013 年）　　　　　　　（％）

年	GDP (PPP、1990 年米ドル) a	GDP (PPP、名目米ドル) b	GDP (名目米ドル為替換算) c	貿易輸出額 (名目米ドル為替換算) f	発電電力量 d	特許出願件数 e
1950	16.8			5.3	1.2	
1960	21.6				6.8	
1970	20.7			8.2（1973）	6.7	
1980	24.6		6.6		12.1	
1990	36.6	19.1	6.0	18.0（1992）	19.5	5.9
2000	53.8	35.1	11.6	31.9	34.0	17.5
2010	114.1	81.0	39.6	123.4	97.2	79.8
2012	129.3	91.0	50.7	132.4	116.0	120.3
2013	137.0	96.2	55.0	140.0	126.5	

出所：
　a：1950-2008 年までのデータは、Angus Maddison, Historical Statistics of the World Economy: 1-2008AD より。
　b：1990-2013 年までのデータは、世界銀行のデータベース 2014 より。
　c：1980-2013 年までのデータは、世界銀行のデータベース 2014 より。
　d：発電電力量のデータは、1985 年以前は『新帕爾格雷夫世界歴史統計（シュプリンガー世界歴史統計）』より、それ以降は BP Statistical Review of World Energy 2013 より。
　e：特許出願件数のデータは、世界知的所有権機関（WEPO）のデータベース 2013 より。
　f：貿易輸出額（物品）のデータは、1950-1992 年までは安格斯・麦迪森（Angus Maddison）『世界経済二百年回顧』改革出版社 1997 年より。2000-2013 年までは世界貿易機関（WTO）のデータより。

中国の経済体制改革が歴史的な進歩を遂げ、世界から認められ、歴史に記されるようになったにも関わらず、国内外から常にさまざまな疑問が投げかけられる。例えば、西側のメディアや学者などが中国の経済改革を故意に歪曲し、「一党独裁の自由市場経済」「国家資本主義」*14「中国の特色ある資本主義」*15

---

* 14 The Winners And Losers In Chinese Capitalism, by Gady Epstein, forbes. com, Aug. 31 2010. Dyer, Geoff (13 September 2010). "State capitalism: China's'market-Leninism'has yet to face biggest test". *Financial Times*.
* 15 Huang, Yasheng, 2008, *Capitalism with Chinese Characteristics : Entrepreneurship and the State* , Cambridge University Press.

「新儒家資本主義」[16]「政治化された資本主義（politicized capitalism）」[17] などの主張をしている。こうした国外からの「蒼蠅の羽音」のような批判のほか、これに呼応するように国内でも「改革停滞論」「改革後退論」「改革逆行論」「中国の非市場経済論」「強い政府、弱い市場論」、また、国有企業と民営企業とを競わせようとする「国進民退論」[18]、人々と政府の対立を助長する「権貴資本主義」[19] などの主張が現れた。**これらの論点は、改革を進める上で不可避なさまざまな問題や矛盾を故意にフォーカスさせ、その部分をあたかも全体のように捉え、側面的な見方が全面的な見方を装い、傍流を本流とし、さらに中国の社会主義政治の方向性である改革・開放を否定しようとしている。**まさに、毛沢東が「かれらは問題の本質の面、主流の面を見ないで、本質でない面、主流でない面のものを強調している。…しかし、それらを本質や主流と見なして、自分の方向を見失うようなことがあってはならない」[20] と語ったとおりである。**こうした誤った論点には、イデオロギーとしてだけではない「実事求是」の視座が欠落し、最低限の科学性、専門性、深く掘り下げた研究基盤というものが抜け落ちている。**では、過去 10 年間の中国の経済体制改革について、われわれはどのように評価すべきか。

　2003 年の第 16 期三中全会は、第 16 回党大会報告で提起した「社会主義市場経済体制の整備、よりいっそう活力のある、よりいっそう開放的な経済システムの戦略的配置の確立」という方針に基づき、「社会主義市場経済体制整備の若干の問題に関する中共中央の決定」を制定した。この決定はその後の 10 年間の経済体制改革の全体計画と行動綱領として、経済体制改革の目標・基本原則・主要任務を体系化し、具体化し、実現可能にし、2003 年から 2012 年までの改

* 16 Bell, Daniel A. , 2010, *China's New Confucianism: Politics and Everyday Life in a Changing Society* (*New in Paper*) , Princeton University Press.
* 17 Nee, Victor and Sonja Opper, 2007, "On Politicized Capitalism,"in Victor Nee and Richard Swedberg (eds.) , *On Capitalism*, Stanford University Press.
* 18 訳注：国有企業が増進し、民営企業が縮退する現象。市場経済化が後退していることを表す。
* 19 訳注：国と既得権益団体との腐敗関係や縁故関係を表す。縁故市場経済、縁故資本主義（クローニーキャピタリズム）とも呼ばれる。
* 20 毛沢東「関於農業合作化問題」1955 年 7 月 31 日、『毛沢東文集』第 6 巻 人民出版社 1999 年、430 頁。

革・開放を力強く指導した。

　清華大学国情研究院の課題グループは、この決定を10年間の改革・開放の原型として捉えた。そして、「目標の一致（goal congruence）」と「トータル・パフォーマンス・スコアカード」という考え方を初めて取り入れ、設定した目標をスコア別にしたものをひとつの目安とした。それは**6つのカテゴリー、36の項目、227の指標を示し、同決定が掲げる12の部分、42ヵ条で示された詳細な内容と逐次対照させて数値化している**。このように、10年間の中国の経済体制改革（2003-2012年）に対し、科学的・客観的・総合的・定量的に評価を行うことで、その科学性・専門性・総合性を担保している。したがって、これらは事実によって証明され、データによって裏づけされ、実践によって検証されたものである。紙幅の都合上、ここでは課題グループによる主な研究結果だけを示したい＊21。

　われわれは、第16回党大会で確立され、第16期三中全会で定められた「社会主義市場経済体制の整備、よりいっそう活力のある、よりいっそう開放的な経済システムの戦略的配置の確立」という総目標が大きく進展し、その主な任務を基本的に完成させ、総合的な達成率が89.7％となり、総合的な未達成率がわずか10.3％だったことを高く評価している。6つのカテゴリーに分けた改革への評価結果については、以下の表2-3を参照していただきたい。

　われわれの定量評価では、この10年間の経済体制改革は「九分の長所に対して一分の欠点」があると考える。客観的には少なくとも10％の未達率が存在し、それは次のような面に顕著に表れている。

　第1に、改革目標の一部が実現されておらず、そこには現代的な所有権の流動性をめぐる制度の不備が含まれている。この法規や法律についてたびたび議論はされているものの、まだ公布には至らず、こうした制度を具体的に実行する改革の難しさが如実に表れている。第2に、独占業種への改革の強化が待たれる。独占業種市場への参入緩和と自然独占に対する効果的な管理・監督の強化について未だに有力な措置を欠いている。第3に、全体の税負担が高まり、

＊21　詳細は、胡鞍鋼、唐嘯、鄢一龍「中国経済体制改革十年（2003-2012）進展与評估」（『国家行政学院学報』2013年 第5期）を参照。

表2-3　中国の経済体制改革への総合評価（2003-2012年）

項　目	スコア	改革ボーナス	遅れや不足している面
全　体 [1]	89.7		
1.公有制を主体とし、多種多様な所有制の経済がともに発展を遂げるという基本的経済制度の整備 [2]	80.0	●国有企業では現代的なコーポレート・ガバナンスの構造が基本的に確立。 ●非公有制経済が平等に参加できる市場経済の競争制度が基本的に確立。 ●現代的な所有権制度の枠組みを初歩的に確立。	●国有金融資産、非営利性資産、自然資源・資産などへの管理監督制度のいっそうの強化。 ●中央企業や親企業における株式会社化改革の遅れ。 ●所有権の流動化をめぐる制度の立法化の遅れ。 ●独占業種へ市場参入するためのメカニズムの改革の遅れ。 ●独占業種への管理監督の不足。
2.都市部と農村部の二元経済構造を段階的に解消するための体制の確立 [3]	93.0	●農業での税収制度改革を実現。 ●農村の土地制度をさらに整備。 ●農業の社会化サービス、農産品市場、農業の保護システムをさらに整備。	●教育・保健・文化など公共事業の支出が新たに増えたため、主に農村へ支出されるものが未達成。 ●労働力がそれぞれの就業地や居住地で登記できる戸籍制度改革が未達成。
3.統一・開放・競争・秩序ある現代市場システムの構築 [4]	92.0	●全国的、統一的な市場システムを基本的に構築。 ●多層的な資本とそのほかの要素を持つ市場を基本的に確立。	●製品品質への管理監督システムが未整備。 ●信頼性への監督と違反した場合の懲罰に関する制度が未構築。 ●市場の供給によって利息が決まるシステムが完備されていない。 ●対外貿易の動きを監督制御するしくみや国際収支へのアラーム・システムが未整備。
4.マクロ・コントロール、行政管理体制、経済法制の整備 [5]	88.9	●政府のマクロ・コントロール力がさらに強化。 ●経済管理における政府の役割がさらに転換。 ●行政管理体制の改革と経済における法治が加速的に進展。 ●投資システムがより市場化・規範化し、投資における企業の主体的位置づけがさらに強化。	●消費税改革が完全に実現していない。 ●地方の税収管理権をめぐる改革の遅れ。 ●規範的な財産税の税収制度が未確立。 ●都市と農村の税制が完全に統一されていない。 ●政府によるマクロ・コントロールを徹底的に実現させるという面で、現行の税制では限界がある。

項　目	スコア	改革ボーナス	遅れや不足している面
全　体[1]	89.7		
5. 雇用、所得分配、社会保障制度の整備[6]	93.3	●税収制度改革に大きく力が注がれた。 ●労働雇用体制の改革がさらに深化。 ●社会保障システムが加速的に進展。 ●金融企業改革が徐々に深化し、金融コントロールのしくみがさらに整備され、金融監督システムも徐々に整備されつつある。	●個人所得へのモニタリングのしくみが未整備。 ●職務上の消費や福利上の待遇に対する基準の設定。 ●貨幣化に対する一層の改革力の強化。
6. 経済社会の持続的発展を促すシステムの構築[7]	93.5	●人材の確保・管理・モチベーティブをめぐる制度がさらに整備。 ●対外開放の制度的保障が基本的に確立。 ●科学技術・教育・文化面の体制改革が徐々に深化。 ●医療保健システムの改革が加速的に進展し、社会主義市場経済に適した医療保健システムが基本的に確立。	●東部と西部地域における人材分布の不均衡。 ●国を超えた文化的影響力のさらなる強化。

説明：　上記データは 2002 年あるいは 2003 年を基準としている。
注　：　[1] これらの指標は、6 のカテゴリー、36 の項目、227 の指標に分類している。
　　　　[2] 計 6 項目、33 の指標。
　　　　[3] 計 4 項目、24 の指標。
　　　　[4] 計 9 項目、53 の指標。
　　　　[5] 計 9 項目、54 の指標。
　　　　[6] 計 3 項目、25 の指標。
　　　　[7] 計 5 項目、38 の指標。

税種ごとの改革に偏りがあるため、都市部と農村部の税制の一本化、所得税改革、地方税収の管理権改革などの面で、改革の加速化が待たれる。第4に、所得分配が秩序立っておらず、非公開収入や非合法収入といった問題が多々あり、職務上の消費や福利の貨幣化といった面の改革がやや後れ、個人所得へのモニタリングのあり方も未だに確立されていない。第5に、科学的発展を制約する体制メカニズムの障害が多々あり、政府機能の転換が一定のレベルに達しておらず、分野によっては腐敗現象が多発しやすい。**改革分野が狭すぎ、全体性や系統性に欠けている。また、改革のメカニズムの設計の面では、分散化や短期**

化といった問題が存在し、抜本的な対策や効果を長続きさせるメカニズムを欠いている。改革を実施するプロセスの面では、チェック・評定・評価を可能にする具体的措置を欠いている。

これらを踏まえ、次の10年間の「全面的に深化した体制改革」では、以上の点に焦点を絞って着実に解決し、全面的な改革、深い改革を通じて、重点分野で新たな突破口を開いていかなければならない。今日われわれは、また新たな歴史の起点に立ち、大きな政治的勇気で、「五位一体」の改革の全面的深化を鋭意推進していかなければならない。

第18期三中全会の「決定」は、35年間の改革・開放における重要な経験を見事にまとめ上げ、歴史的な総括を行った。それは主に次の4つにまとめることができる。

第1に、改革・開放の政治的方向である。すなわち「最も重要なのは、党の指導を堅持し、党の基本路線を貫徹し、**閉鎖と硬直した古い道を歩むことなく、旗印を変更するという誤った道を歩むことなく**[22]、あくまで中国の特色ある社会主義の道を歩み、一貫して改革の正確な方向を保つ」ということである。改革当初、3つの異なる政治の方向や道が存在していた。1982年の第12回党大会の報告で「重要なことは、全党とりわけ各級党委員会は4つの基本原則を必ず堅持し、**第11期三中全会以来の正しい路線を堅持し、文化大革命への逆行やそれ以前の誤った理論や誤った政策の左の傾向に反対し、また4つの基本原則を疑い、これを否定するブルジョア自由化の右の傾向にも反対することである**」[23]とすでに鋭く指摘している。1984年の第12期三中全会の決定では、経済体制改革の目標は「中国の特色を持つ社会主義は活力に満ちているべきで、過去の硬直したモデルとも異なれば、資本主義とも根本的に異なる」[24]と明確に述べている。1992年、鄧小平は、南巡講話のなかで「わずか10数年で、わが国はこれだけ速い発展を遂げて人民を喜ばせ、世界の注目を集めた。これは、

---

* 22 この太字部分は、正式に「決定」に加えられた。
* 23 胡耀邦「全面開創社会主義現代化建設的新局面—在中国共産党第十二次全国代表大会上的報告」1982年9月1日。
* 24 「中共中央関於経済体制改革的決定」(中国共産党第12期中央委員会第3回全体会議、1984年10月20日に採択)。

三中全会以後の路線、方針、政策の正しさを十分に証明しており、仮にだれかがそれを変えようとしても変えられるものではない。多くを語っても、結局は次の一句に尽きる。つまり、この路線、方針、政策を堅持して変えないということである」＊25と語っている。事実、改革・開放にかぎって言えば、どのような政治の方向を定め、どのような道を歩むかは、常に最も根本的な問題だった。党中央はこれをきちんと自覚し、明確にしていた。そこで、さまざまな干渉を排除しながら、第11期三中全会以来の政治路線を常に揺るぎなく執り行い、閉鎖的で硬直した古い道や資本主義の道を歩むことなく、中国自らの道を切り開いてきた。まさに、毛沢東の「思想上、政治上の路線が正しいかどうかですべてが決まる。党の路線の正しさがすべてである。人がいなければ人を置けばいい。鉄砲がなければ鉄砲を持てばいい。政権がなければ政権を持てばいい。路線が正しくなければ、それがあっても捨て去ればいい。路線は要であり、その要がしっかりしていればすべてうまくいく」＊26と語った通りである。政治方向の選択が正しく、道が正しければ、改革・開放によって大きな成果が得られ、国家転覆を招くような重大な失策を避けることができる。そして旧ソ連の解体によって15ヵ国＊27に分裂したこと、旧ユーゴスラビアの解体によって7ヵ国＊28

＊25 鄧小平「在武昌、深圳、珠海、上海等地的談話要点」1992年1月18日-2月21日、『鄧小平文選』第3巻1版 人民出版社 1993年、371頁。

＊26 毛沢東「在外地巡視期間同沿途各地負責人談話紀要」1971年8-9月、『建国以来毛沢東文稿』第13巻 中央文献出版社 1998年、242頁。

＊27 ソビエト社会主義共和国連邦は69年間存在した。1922年12月30日に成立し、15の共和国から成り、1991年12月25日に解体した。これに先立つ1990年3月、リトアニアが独立を宣言し、ほかの共和国も次々とそれに倣い、15ヵ国(東スラブ3国、バルト3国、中央アジア5ヵ国、ザカフカース3ヵ国、モルドバなど)に分裂した。1991年12月25日、ゴルバチョフは最後の大統領令へ署名し、武力を司る最高司令部の職位を辞任し、武装部隊と「核ボタン」の制御権をロシア大統領のエリツィンへ譲った。その夜、ゴルバチョフは、大統領執務室から国内および全世界へ向けてソ連大統領の職務を辞任することを発表した。12月26日、ソビエト連邦最高会議は最後の大会を開き、代表らの表決を経て宣言を行った。宣言では「ソビエト連邦最高会議は、国家連合体の独立に伴ない、ソ連が一国家および国際法における主体として、その存在を停止することを認める」と述べた。

＊28 1945年以降、ユーゴスラビア民主連邦は再建された。1946年、ユーゴスラビア連邦人民共和国と名称を改め、セルビア、クロアチア、スロベニア、ボスニア・ヘルツェゴビナ、マケドニア、モンテネグロの6つの共和国から成る連邦制を採用した。1991年、スロベニア、クロアチア、マケドニアが独立を宣言した。1992年にはボスニア・ヘルツェゴビナが独立を宣言し、「ユーゴスラビア」は解体し、セルビアとモンテネグロの2つの加盟

に分裂したこと、東欧の激変が引き起こした悪果を避けることもできる。習近平同志も「改革・開放以来、各期三中全会はいずれも改革の深化について検討し、いずれも重要なシグナルを発してきた。すなわち、われわれの党は断固として改革・開放の旗印を高く掲げ、**断固として党の第11期三中全会以来の理論や路線、方針、政策を堅持するということである。とどのつまり、新たな歴史条件のもとでどのような旗印を掲げ、どのような道を歩むかという問いに答えることである」**[29]と語っている。

第2に、改革・開放をめぐる思想路線である。すなわち「思想の解放、実事求是、時代に即した前進、真実を求める姿勢と実務的な態度を堅持し、すべて現実から出発させ、**国内で成功したやり方を総括し**[30]、国外の有益な経験を参照し、理論と実践の革新を勇敢に進めていかなければならない」ということである。**こうした思想路線は、明らかに鄧小平の「思想解放、実事求是」**[31]、**江沢民の「時代に即した前進」**[32]、**さらに胡錦涛の「真実を求める姿勢と実務的な態度を堅持する」**[33]という考え方を段階的に発展させたものである。こうした正しい思想路線を堅持してきたからこそ、われわれは成功を収めることができ、成功し続けることができている。たとえ、(避けようのない) 問題が起きたとしても、その時々やタイミングに応じて臨機応変に調整することもできる。こうしたことについて、わたしは次の2つのことを強調したい。1つは、改革そのものが実践のプロセスであるため、さまざまな問題やズレ、誤りや至らない点、

国によって「ユーゴスラビア連邦共和国」が成立し、2003年にはセルビアとモンテネグロへとそれぞれ名称が変わり、「ユーゴスラビア」という呼び方は廃止された。2008年、コソボがセルビアを離脱して独立した。旧ユーゴスラビアの領土は、スロベニア共和国、クロアチア共和国、ボスニア・ヘルツェゴビナ、セルビア共和国、モンテネグロ共和国、マケドニア共和国、コソボ共和国の7つの主権独立国へと分かれた。

*29 習近平「関於〈中共中央関於全面深化改革若干重大問題的決定〉的説明」新華社 2013年11月15日。

*30 この太字部分は、正式に「決定」に加えられた。

*31 鄧小平「解放思想, 実事求是, 団結一致向前看」(1978年12月13日)『鄧小平文選』第2巻2版 人民出版社 1994年、140頁。

*32 「中国共産党章程」(中国共産党第16回全国代表大会にて一部改正、2002年11月14日採択)。

*33 「中国共産党章程」(中国共産党第18回全国代表大会にて一部改正、2012年11月14日採択)。

異なる主張や観点は常に現れるだろう。しかし、それらにむやみやたらと政治のレッテルを張るべきではない。1984年の第12期三中全会の決定で「政治的レッテルを張るようなことをしてはならない。改革の問題について、異なった主張、異なった理論があれば、討論をしてもよい。幹部や大衆をやれ『改革派』だとか、やれ『保守派』だとか区別してはならず、考え方が、一時、情勢に追いついてゆけないような同志についても、改革の実践のなかで認識は高まるものだということを信じなければならない」[34]とはっきりと指摘している。今はこうしたレッテルが多すぎるため、他人を「保守派」と決めつけ、自らを「改革派」と名乗るようなこともある。およそ「市場派」や「私有化」を掲げれば「改革派」であり、これに反対すれば「保守派」になる。こうした視点は、中国の複雑な問題を単純化し、画一化し、マルクス主義の最も本質である「生きた魂は具体的な問題と具体的な分析にある」[35]ことを忘れている。2つめは、改革とは自らを革新する社会実践である。われわれは、国外の有益な経験に学びながら、それらの負の教訓、特に途上国が西側の政治制度をそのまま持ち込むことで起こる「水が合わない」といった現象や失敗の教訓を総括しつつ回避しなければならない。その一方で、われわれは改革・開放の源泉でオリジナルでもある「中国の事例」や「中国の経験」をさらに総括し、グレードアップさせていく必要がある。このように学習と革新を結びつけることは、他者に学ぶことが自らの革新に繋がる、ということを表している。

第3に、改革・開放をめぐる指導思想である。すなわち「**人間本位を堅持し、人民の主体的地位を尊重し**[36]、大衆の創造的精神を発揮させ、人民を拠り所として改革を推進し、人の全面的発展を促さなければならない」[37]という考え方であり、この核となる観点は「人民主体論」に集約される。この「人民」は、

---

* 34 「中共中央関於経済体制改革的決定」（中国共産党第12期中央委員会第3回全体会議にて、1984年10月20日採択）。
* 35 毛沢東は「レーニンが、マルクス主義のもっとも本質的なもの、マルクス主義の生きた魂は、具体的状況にたいする具体的分析にあるといっている」と指摘している（毛沢東「矛盾論」1937年8月、『毛沢東選集』第1巻2版 人民出版社 1991年、312頁）。
* 36 太字部分は「改革の全面的深化における若干の重要な問題についての中共中央の決定」に正式に加えられた。
* 37 同上。

改革・開放の主体であり、またそれを享受する者でもある。改革の成否は、この人民が民主的な形で関わることができるかどうか、彼らの支持が得られるかどうか、彼らが真に利益を享受できるかどうかにかかっている。したがって、正しい改革の路線とは人民の路線であり、大衆の路線である。かつては「人民戦争」という言い方だったが、今は「人民革命」と言うことができる。かつて「人民戦争」があったからこそ、抗日戦争や解放戦争で勝利することができた。ならば「人民革命」があってこそ、中国の改革や中国の開放で勝利することができるだろう。これは、次の10年間ひいては今後続いていく「改革の全面的深化」に対する1つの基本原則を示している。

　第4に、改革・開放をめぐる方法論である。すなわち川を渡るための「橋」と「船」について解決しなければならないということである。まず求められるのは、「改革・発展・安定の相互関係を正しく処理することを堅持する」ことである。1989年2月から3月にかけ、鄧小平は「何よりも重要なのは安定である」[*38]という見方をはっきりと示し、これが改革のベースラインとなっている。しかし、趙紫陽はこの方針を採らなかったため、1989年の政治的風波の激化を招いてしまった。しかし、第13期四中全会以降、江沢民を中心とする党中央はこの方針を固く守ったため、89年の政治的風波という厳しい試練、さらに東欧の激変やソ連解体という衝撃と影響にも耐え抜いた。1995年の第14期五中全会で、江沢民は「十二大関係」について述べ、なかでも重要なことは、第1の関係、すなわち「改革・発展・安定」それぞれの関係を正しく処理することだと指摘し、改革は動力、発展は目的、安定はそれらの前提、という考え方を次

---

*38　1989年2月26日、鄧小平はアメリカのブッシュ大統領と会談した際、「何よりも重要なのは安定です」と明確に述べている（鄧小平「圧倒一切是穏定」1989年2月26日、『鄧小平文選』第3巻1版 人民出版社 1993年、284-285頁）。3月4日、鄧小平は趙紫陽との談話で再び「われわれが4つの現代化建設に取り組み、改革・開放を進めるにあたっての最重要課題は安定である。私はブッシュ大統領と中国の問題について話した際、何より重要なのは安定であると語った。安定を妨げるあらゆる問題に対処すべきであり、譲歩したり軽視したりしてはいけない」「中国は乱を起こしてはならない。この考えは繰り返し語り、声を大にして強調すべきである。沈黙しているとなんだか理屈に押されてしまうような気がする。われわれは次のようなシグナルを出すべきである。『中国は動乱を許さない』と」と語っている（鄧小平「中国不允許乱」1989年3月4日、『鄧小平文選』第3巻1版 人民出版社 1993年、286頁）。

のように示した。「実践が示しているように、三者の関係を適切に処理できれ
ば、全局をトータルに掴んで、経済社会の順調な発展を保証することができる
が、適切に処理できなければ、ひどい目に遭い、対価を払うことになる」[39]。

　次に「大胆かつ着実に」ということが挙げられる。これについて、「説明」で
は「着実にというのは、統一的に考慮し、全面的に論証し、科学的に政策決定
を行うことである」[40]と述べている。これは、中国の改革が易しいものから難
しいものへ、部分から全体へ、経済体制改革から政治体制改革へ、さらにその
他の体制改革へ、という漸進主義のプロセスを歩んできたことを反映している。
また同時に、重大な改革・開放については歴史的タイミングを逃がさず、機を
逸することなく即断し、時宜にかなうよう進めてきた。例えば、1994 年の財
政・税制体制改革、2001 年の世界貿易機構（WTO）への加盟[41]、2009 年の医
療体制改革など、いずれも長期的な改革ボーナスと開放ボーナスを生んだ成功
例である。

　「トップダウンの設計と『川底の石を探りながら川を渡る』というやり方の結
びつきの強化」[42]について、「トップダウン設計」は、「家を建てるための『大
きな図面』」という毛沢東の言葉に遡る。1941 年、毛沢東は「中国のマルクス
主義者が、中国を改造してから中国を知るのかそれとも中国を知ってから中国
を改造するのかが分かっていなければ、優れた中国のマルクス主義者ではない。
マルクスは、人とミツバチが違う所は、人は建物を建てる前にすでに頭の中に
家屋の図面があることだ、と語った。われわれが中国革命という家屋を建てる
ならば、やはりまずは中国革命の図面が不可欠だ。それには大きな図面や全体
図だけでなく、多くの小さな図面や部分図も必要だ」[43]と述べている。これこ

---

* 39 江沢民「正確処理社会主義現代化建設中的若干重大問題」1995 年 9 月 28 日、『江沢民文
　　選』第 1 巻 人民出版社 2006 年、460-461 頁。
* 40 習近平「関於〈中共中央関於全面深化改革若干重大問題的決定〉的説明」新華社 2013 年
　　11 月 15 日。
* 41 2001 年 12 月、中国は WTO 加盟を果たした。2013 年、中国はアメリカを抜いて物品
　　における世界最大の貿易大国になった。
* 42 太字部分は「改革の全面的深化における若干の重要な問題についての中共中央の決定」に
　　正式に加えられた。
* 43 毛沢東「駁第三次"左"傾路線（節選）」1941 年、『毛沢東文集』第 2 巻 人民出版社 1999 年、
　　344 頁。

そ、これまでの各期の三中全会で打ち出された改革の「トップダウン設計」についての考え方である。目下、中国の改革では、すでに 10 年を 1 タームとした全体計画を形成しつつあり、これはそうした 10 年間の経済体制改革をめぐる全体の青写真とロードマップでもある。2013 年の第 18 期三中全会における「決定」は、10 年にわたる「五位一体」の改革をめぐる全体の青写真とロードマップである。また、「川底の石を探りながら川を渡る」は、試行錯誤しながら進めるやり方を指すが、それは陳雲同志が打ち出した考え方である。1980 年、陳雲は「われわれは改革をしなければならないが、そのテンポは穏やかでなければならない。われわれの改革は、問題が複雑なので、急ぎすぎてはいけない。改革はもとより一定の理論的研究、経済的統計や予測に頼るが、しかし、もっと重要なことは、試験的に着手して、絶えず経験を総括しながら、つまり『川底の石を探りながら川を渡らなければならない』。初めはテンポを小さくし、ゆっくり進まなければならない。これは絶対に改革を必要としないということではなく、改革に有利なように調整するということであり、改革自体を成功させるためである」[44] と述べている。ここから「川底の石を探りながら川を渡る」は、改革をめぐる重要な哲学的方法論となった[45]。そして、「トップダウン設計」と「川底の石を探りながら川を渡る」との結びつきを強めることは、ひとまとまりとなった改革の方法論である[46]。

「全体的に推し進めることと重点的に突破することとを互いに促進させ[47]、改革における政策決定の科学性を高める」ことについては、1993 年の第 14 期三中全会の決定で、「全体的に推し進めることと重点的に突破することを結びつける」というやり方が提起された。重要な改革措置は、異なった状況に基づいて、

* 44 陳雲「経済形勢与教訓」1980 年 12 月 16 日、『陳雲文選』第 3 巻 人民出版社 1995 年、279 頁。

* 45 「川底の石を探りながら」という言葉は、不確かな物事を処理するひとつの方法を含んでいる。それは、フィードバックに基づいた調整を行いながら、振り幅の大きい突発的な事態が起こる可能性をなくしていくことを表している。また「川底の石を探りながら川を渡る」は、経済体制改革全体をめぐる哲学的方法論を含んでいる（王輝『漸進改革：震蕩世界的中国改革之路』中国計画出版社 1998 年、31 頁）。

* 46 胡鞍鋼「頂層設計与"模着石頭過河"」『人民論壇』2012（9）。

* 47 太字部分は「改革の全面的深化における若干の重要な問題についての中共中央の決定」に正式に加えられた。

あるものは先に方案を作り、経済体制の相互関連面と結びつけて展開し、あるものは先に局部的にテストし、経験を得てからさらに広めようとする。改革が順序を追って前進するよう気を配るとともに、機を逸することなく重要な環において突破し、全局の改革をけん引していくようにする*48。改革の難題をいかに乗り越えるかについて、その基本の考え方は「放つための矢を備える」というイメージである。この「矢」は、1本ではなく複数本あり、毛沢東の著名な「十大軍事原則」の1つに倣い、「各方面の力を集中して、改革の難題を各個に殲滅する」*49と言える。これは、「改革の全面的深化」の重要原則とも言える。なぜなら、「準備のない戦いはせず、勝算のない戦いはしない。どの戦いでも、できるかぎり、十分に準備を整え、敵味方の条件を比較したうえで、十分に勝利の確信を持てるようにしなければならない」*50の言葉がそれを示している。「幅広くコンセンサスを結集し、改革の相乗効果を形成しなければならない」という言葉は、中国の改革・開放にとっての治術（国を治める方法）であり、これを解決してこそ「治道（国を治める道）」を実現させることができる。これらの改革・開放をめぐる弁証法や方法論は、いずれも中国のオリジナルであり中国なりの英知でもある。

　こうした成功経験こそが、われわれにとっての「真の知識」である。「真の知識は、実践から生まれる」という言葉のとおり、改革の実践は改革の真の知識を生み、今後の「改革の全面的深化」にとって最も貴重な知の財産となっていく。「知は力なり」という言葉のとおり、改革の「知」は改革の「力」であり、こうした貴重な経験を堅持し続け、重い教訓も含めて、記憶に留めておく必要がある。

3.「決定」の指導思想と「改革の全面的深化」が目指すもの

　「決定」では、「改革の全面的深化」という指導思想を打ち出した。これは、

*48「中共中央関於建立社会主義市場経済体制若干問題的決定」（中国共産党第14期中央委員会第3回全体会議にて1993年11月14日に採択）。

*49 これは、毛沢東が提案した軍事原則「優勢な兵力を集中して、敵を各個に殲滅する」を基にしている（毛沢東「集中優勢兵力，各人殲滅敵人」1946年9月16日、『毛沢東選集』第4巻2版 人民出版社1991年、1197頁）。

*50 毛沢東「目前形勢和我們的任務」1947年12月25日、『毛沢東選集』第4巻2版 人民出版社1991年、1247頁。

改革の指導思想のバージョン 2.0 と捉えることができる。「社会主義市場経済の改革の方向を堅持」することを受け継ぎ、さらに「社会の公平・正義の促進、人民の福祉の増進を出発点および立脚点とする」ことを強調している。そして、さらに「発展の成果がさらに多くさらに公平に全人民に行き渡るようにする」（「決定」第 12 部を参照）ことを強調している。これは、「先富論」や「効率を優先しながら、公平にも配慮する」といった改革のオリジナルの指導思想（バージョン 1.0）とは異なり、確かに「人間本位」であり、10 数億の中国人民の福祉を主軸にしていることが分かる。**またこれは、中国の改革における価値観が向かう先であり、改革の最終目標でもある。**これらが「改革の全面的深化」にとっての成功の基準である。さらなる効率だけでなく、さらなる公平とさらなる持続可能な発展が求められている。生産力の解放と発展だけでなく、社会の活力の解放と増強が求められている。これには社会の生産力に対する理解をより広げ、**単なる物質的な生産力や科学技術の生産力だけでなく、教育の生産力、文化の生産力、環境保護の生産力、国防の生産力なども含まれる。**同様に、社会の活力に対する理解もより広げ、**企業の活力、市場の活力、科学技術の活力だけでなく、社会組織の活力**（「決定」の第 48 条を参照）、**教育の活力、文化の活力なども含まれる。**さらに経済体制のしくみに存在する弊害をなくすだけでなく、他分野の体制のしくみに存在する弊害もなくすことが求められている。

　「決定」は「改革の全面的深化」という総目標を初めて打ち出した。それは、「中国の特色ある社会主義制度をより完全なものにし、さらに発展させ、国家の統治体系と統治能力の現代化を促す」ことである。まさに、習近平総書記の「これは、中国の特色ある社会主義の堅持と発展に当然求められることであり、社会主義現代化の実現にとって然るべきことでもある。この 2 つの話は、要はわれわれの方向性が中国の特色ある社会主義の道であるということだ」*51 という言葉が示すとおりである。

　では、社会主義社会についてどのように捉えればよいのだろうか。また、中国の社会主義社会についてはどうか。世界の発展の歴史で、資本主義と社会主

---

* 51 新華網 2014 年 2 月 17 日。

義は、いずれも人類の発展と進歩が生んだ歴史的産物である。資本主義社会の誕生と発展は、封建社会や伝統的な農業社会からすれば、1つの極めて大きな進歩であり、それは生産力が大きく発展しただけでなく、生産関係と上部構造が大きく進歩したことでもある。そして、社会主義の誕生と発展は、ほぼ資本主義のそれと時代を同じくし、空想的社会主義から始まり、1840年代以降にマルクスとエンゲルスによって科学的社会主義が提唱された。1917年のロシア十月革命でようやく真の社会主義社会が誕生し、世界初の社会主義国家が成立した。近代になると、資本主義と社会主義はともに世界を大きく様変わりさせ、中国も当然その例に漏れることがなかった。1840年、中国は初めて資本主義によって侵略され、清朝政府は極めて厳しい試練を強いられた。これと同時に、資本主義の要素が中国に導入され成長を続けた。国の視点から中国・西洋・日本との関係を見ると、弱国と強国という関係であり、被害国と強奪国という関係でもある。近代化の視点から中国・西洋・日本との関係を見ると、生徒と教師という関係であり、落伍者と先行者という関係でもある。まさに、毛沢東が「中国にブルジョア独裁の資本主義社会を打ち立てようとしても、まず第1に国際資本主義、すなわち帝国主義が許さない。帝国主義が中国を侵略し、中国の独立に反対し、中国における資本主義の発展に反対してきた歴史、それが中国の近代史である」*52と語ったとおりである。つまり、一方では近代化を代表する土着資本主義の要素（私営の商工業など）が育っている時に西洋と日本の資本主義の独占によって排斥され、その一方では、強権を代表する教師が絶えず図体は大きいが弱い生徒をいじめてきた。1949年の中国は、中国の歴史上で最も貧困な時代の1つであり、当時世界で最も立ち後れた国の1つだった。しかし、歴史は最終的に社会主義を選び、100年の苦難と衰亡の歴史に別れを告げ、中国が隆盛と復興を遂げる新たな100年の幕開けを迎えた。

　もちろん、中国の社会主義社会の歴史は、中国数千年の文明史から見れば「指を一度はじくほどの短い時間」*53であり、世界の数百年に及ぶ資本主義の

81

＊52　毛沢東「新民主主義論」1940年1月、『毛沢東選集』第2巻2版　人民出版社1991年、679頁。
＊53　毛沢東「水調歌頭・重上井崗山」1965年5月25日、のなかに「三十八年過去、弾指一揮間」という詩がある。

歴史からすれば、短い方だと言えよう。毛沢東は、1962 年の中央拡大工作会議で「資本主義の発展は数百年を経ている。16 世紀までは数えないが、それでも中世である。17 世紀から今に至るまですでに 360 年余りある。わが国で強大な社会主義経済を建設するには、ざっと 100 年余りかかるだろう」と発言し、また**「社会主義は資本主義に比べて、幾多の優越性を持っており、わが国経済の発展は、資本主義国に比べて、はるかに速い。…300 数十年かけて、強大な資本主義経済が建設されたのだ。わが国で、50 年前後ないし 100 年前後で、強大な社会主義経済を建設するとして、それにどんな文句のつけようがあろう」** [54] と指摘している。

　私は、この毛沢東の戦略構想を「中国の夢」、すなわち「強国の夢」と呼びたい。そして「強大な社会主義を打ち立てるという予言」という毛沢東の偉大な予言を「毛沢東の予言」と呼びたい。今、われわれはこの「毛沢東の予言」を検証し続けている。この意味から言うと、社会主義の道を歩むことこそ、「富民強国（民を豊かにし、国を強くする）」の道を歩むことである。

　では、中国の社会主義社会、およびその発展の法則性について、われわれはどのように認識すればよいだろうか。これに対し、1962 年の中央工作拡大会議で毛沢東は「社会主義を建設する上では、われわれにはなお大きな盲目性が残っている。社会主義経済は、われわれにとっては、なお、多くの認識されていない点のある必然の王国である」と述べている。そして「生産力の面については、私の知識はごくわずかである。社会主義建設についての知識は、わが党全体から言えば、非常に不足している」[55] とも述べている。こうした社会主義の生産力の面での知識の乏しさから、すでに長い間社会主義制度を確立していた中国にとっても、果たして自国が社会主義のどの歴史的段階に置かれているかについては、必ずしも明確ではなかった。しかし、1987 年の第 13 回党大会報告で、ようやく中国の基本的国情が「人口が多く、土台が薄く、1 人あたり GDP が世界の下位」であり、国として生産力が後れ、商品経済が未成

＊54 毛沢東「在拡大的中央工作会議的講話」1962 年 1 月 30 日、『毛沢東文集』第 8 巻 人民出版社 1999 年、301-302 頁。
＊55 同上書、302-303 頁。

熟であるという条件の下、社会主義を建設する上で経なければならない段階、すなわち社会主義の初級段階に置かれている、ということをようやく認識した。

1992年、鄧小平は南巡講話のなかで**「社会主義制度を強固にし、発展させるには、なお非常に長い歴史的段階が必要であり、数世代、十数世代ないしは数十世代の人々が弛まず奮闘努力しなければならない」**[56]と語っている。かりに1950年代から数えると、今に至るまでの60年間でも数世代を数える。これは、**社会主義社会が全く純粋な社会、すべてがすばらしい社会、完全な社会ということではなく、良いところと悪いところ、先進的なものと立ち後れたもの、進歩的なものと朽ち果てたもの、が互いに共存する複雑な社会であることを説明**している。しかし、社会主義社会は、弛まぬ改革・進歩・補完を続ける社会である。良いものが悪いものに打ち勝ち、先進的なものが立ち後れたものに取って代わり、健全な力が邪悪な力を打ち負かす、つまり邪が正に優ることはない。そのため、**中国の特色ある社会主義制度を発展させ完全なものにしていくことは、これを打ち立てることに比べ、はるかに果てしない作業である。「改革の全面的深化」が、社会主義制度（基本的制度と具体的制度を含む）をより完全なものとし、より発展させ、より優位性を備え、より時代に合ったものにしていくのである。**

「決定」の最大の特徴の1つは、「国家の統治体系（ガバナンス）と統治能力（ガバナンス）の現代化を促す」ことを打ち出したことである。**これは、中国の特色ある社会主義現代化が包摂するものに対する新たな重大な認識であり、重大な革新である。**

10年前、わたしと王紹光氏、周建明氏が主編した『国家制度建設』（清華大学出版社 2003年）は、こうしたことについて研究した一書である。われわれは、国の現代化には少なくとも2つの極めて重要な面を含んでいると考える。1つは、経済の現代化である。例えば、農業・工業・科学技術・国防等の現代化である。2つめは、**制度の現代化**である。国の基本制度を現代化し、優れた**ガバナンスを実現し、国の根本的利益と人民全体の福利を最大化させること、**

---

* 56 鄧小平「在武昌、深圳、上海等地的談話要点」1992年1月18日-2月21日、『鄧小平文選』第3巻 1版 人民出版社 1993年、379-380頁。

すなわち、国家の安全と領土の保全、経済の発展と経済の安定、社会の公正と人類の安全、清廉な政治と社会の安定、生態系のバランスと環境の保護、を実現させることである。国の制度建設とは、現代国家にとっての基本制度であり、国の「インフラ」でもある。それは、国の経済建設と強い関連性と相互補完性を有している。こうした国の制度の現代化は、現代国家としての最も重要な目標というだけでなく、典型的な全国に及ぶ公共財でもある。国家制度の現代化なくして、国家経済の現代化も成しえない。制度建設は必ずしも経済建設そのものではなく、むしろ経済建設を進め、その持続的発展を保証する基礎の条件である。国の基本制度には、少なくとも８つのメカニズムが含まれる。すなわち、強制・吸収・合意・規制・調和・表出・整合・再分配の各メカニズムである。また、社会主義民主制度を構築するためには、４つの政治改革が求められる。すなわち、党・全人代・政府・司法体系の各改革である。また、**制度建設は中国共産党の執政のあり方の大きな転換**だと考える。党と国の体制改革は、中国の政治制度建設における核心であり、中国の現代化（経済と制度の現代化）における根本的な重要計画でもあり、党の中心的工作のうちの最も重要なものとするべきである。当時、現代化に対する認識に理論的な限界があったため、「五位一体」という社会主義現代化について認識するには至らなかった。しかし、やがて「第11期５ヵ年計画」「第12期５ヵ年計画」「2020年中国」を検討するなかで、次第に「四位一体」「五位一体」＊57、そして「六位一体」の現代化（国防と軍の現代化を含む）＊58という基本的な考え方を提起するようになった。

　今日の視点から見ると、**国の現代化には確かに２つの異なる面がある。１つは、目で見ることができる、形を伴った現代化建設であり、経済・政治・文化・社会・生態文明など多くの分野の建設を含んでいる。もう１つは、形を伴わない現代化建設、すなわち国の制度建設である。**

　改革の理論的基盤は、マルクス主義の基本原理である。すなわち、生産関係がいかに生産力の発展に適応できるか、また、上部構造がいかに経済的土台の

＊57　胡鞍鋼、鄢一龍『中国：走向2015』浙江人民出版社 2010年。
＊58　胡鞍鋼『2020中国：全面建成小康社会』清華大学出版社 2012年。

発展に適応できるかである。これが、一国家・「2つの維持」という現代化である。うち1つは形を伴った現代化の維持であり、もう1つは形を伴わない現代化の維持である。そして、中国の道に最も適した道筋を「45度」と私は呼んでいる。それは、両者が互いに影響・促進・適応することができる状態を指す。なかでも「形を伴わない現代化」について、最も典型的な「国の公益品」と呼んでいる。これは、目に見える国の公共品とは異なり、例えば教育や保健などの公共サービスといった、まさに新鮮な空気のように見ること触れることはできないが、常に誰にとっても必要不可欠なものである。ただし、こうした自然の新鮮な空気とは違い、この典型的な「国の公益品」は、自然が勝手に与えてくれるものではなく、中国共産党とその指導者の政府によってこそもたらされるものである。これと対照的な例が、今日われわれが目にするリビアとエジプトが直面している「国家の失敗」──すなわち国が公益品や公共品をともに提供できない状態──である。

　かつて、われわれはマルクス主義の原理から出発し、生産関係と生産力、上部構造と経済的土台、が互いにかみ合った発展の道を求めてきた。これには、毛沢東も極めて大きな努力と模索に努め、その様子は1957年の「人民内部の矛盾を正しく処理する問題について」にも見受けられる[59]。彼はこの問題をうま

＊59　毛沢東は最高国務会議の第11回拡大会議の講話で、「社会主義社会においても、基本的な矛盾は、やはり生産関係と生産力との間の矛盾、上部構造と経済的土台との間の矛盾である。ただ、社会主義社会におけるこれらの矛盾は、その性質と状況が旧社会における生産関係と生産力との矛盾、上部構造と経済的土台との矛盾とは、根本的に異なっているのである。わが国の現在の社会制度は、旧時代の社会制度に比べて、はるかにすぐれている。すぐれていなければ、旧制度が覆されるはずはなかったし、新制度が打ち立てられることはありえなかっただろう。社会主義の生産関係が旧時代の生産関係に比べて、よりよく生産力発展の性質に照応することができるというのは、それが旧社会には見られなかった速さで生産力の急速な発展を許し、したがって、生産を絶えず拡大し、それによって、人民のたえず増大する需要をしだいに満たしていくことができる、という状況をさすのである。帝国主義、封建主義、官僚資本主義の支配の下にあった旧中国は、一貫して生産力の発展がひじょうに緩慢であった。解放前の50数年間、東北地方を除いて、全国の鋼鉄生産高は終始数万トン止まりであり、東北地方を入れても、全国の最高生産高は90数万トンにすぎなかった。1949年には、全国の鋼鉄生産高はわずか10数万トンであった。ところが、全国が解放されて7年しかたたないのに、鋼鉄生産高は400数10万トンに達している。旧中国には、機械工業がほとんどなく、自動車工業や航空機工業はなおさらなかったが、いまでは、これらがみな建設されている。人民が帝国主義、封建主義、官僚資本主義の支配を覆したのち、中国はどこへ行くのか。資本主義へか、それとも社会主義へ

く解決することはできなかったが、後世の人々へ深い歴史的記憶を刻み、貴重な歴史的財産として残している。

1978年の第11期三中全会のコミュニケでは、「4つの現代化を実現する具体的な過程、方針、措置を正しく解決し、生産力の急速な発展に照応しない生産関係と上部構造を正しく改革することができるのである。こうしたすべての管理のあり方、活動のあり方、思想のあり方を変えていく。よって、これは広範かつ深い革命である」と述べている。**こうしたマルクス主義の理論は、中国の改革・開放を動かす理論的基盤となった。**しかし、当時の中国共産党は、生産力と生産の関係、上部構造と経済的土台の関係、経済体制改革、に関する知識と経験がやはり乏しく、数々の成功と失敗を経て、正解と誤りを繰り返しながら中国の国情を再認識し、「川底の石を探りながら川を渡る」というやり方で試行錯誤しながら、模索と実践と総括を続けてきた。今日、われわれは、「**五位一体」の改革の全面的深化と国家制度の現代化という道を探しあてた、と自信を持って言うことができる。**

わたしは、中国共産党が10数億の人口と56の民族を効果的に統治する力を有していることが改革・開放の35年間の歴史によって証明されているからこそ、今日のような認識、さらに自覚・能動性・創造性を備えることができたと考える。**これは、中国共産党における社会主義現代化建設と制度建設をめぐる理論と実践の大きな革新である。これは、偉大な社会実践のなかで革新された理論であり、またその革新された理論的指導の下で行われた偉大な社会実践でもある。**とりわけ、国家制度の現代化と改革の全面的深化は、社会主義市場経済をすみやかに発展させ、社会主義民主政治を発展させ、社会主義先進文化を促進させ、社会主義調和社会を構築し、社会主義生態文明を建設した。

こうした角度から見ると、「決定」が言う「改革の全面的深化」という総目標の発想は、**現代化とは何か、中国の現代化とは何か、中国の国情という条件の**

か。この問題については、考え方のはっきりしない人がたくさんいた。事実はすでにこの問題に回答を与えている。中国を救えるのは社会主義だけである、と。社会主義制度はわが国の生産力の飛躍的な発展を促進しており、国外の敵でさえこの点を認めないわけにはいかなくなっている」と指摘している（毛沢東「関於正確処理人民内部矛盾的問題」1957年2月27日、『毛沢東文集』第7巻 人民出版社 1999年、214頁）。

下でいかに現代化を実現させるか、といった知識や理論に対してまったく新しい認識をもたらした。ここに至るまで、かなり長い学習と模索という歴史のプロセスを経てきた。乏しい知識から豊かな知識へ、浅い知識から深い知識へ、一面的な知識から全面的な知識へと変化を遂げてきた。このため、実質的には、この目標が提起されたことは、少なくとも半世紀に及ぶ指導を経て、21世紀前半へ向けたひとつの先見性と戦略性を備えた全般的計画・全般的配置・全般的設計と言えるかもしれない。

党中央は、「改革の全面的深化」という総目標のほかに、特に2020年へ向けた目標を打ち出している。第18回党大会報告で述べた主要な目標に基づき、「決定」では「2020年までに、重要な分野と鍵となる部分の改革において決定的な成果を上げ、本決定で提起された改革の任務を達成し、系統的で整った、科学的で規範的な、効果的な運用が可能な制度体系を形成し、各方面の制度をさらに成熟し、さらに形の定まったものにする」と明確に打ち出している。これも鄧小平の戦略構想であり、彼は1992年の南巡講話のなかで「今後30年もあれば、われわれは各方面で一連のより成熟した、もっと形の整った制度を作り上げることができるだろう。この制度の下で作られる方針、政策も、いっそう形の整ったものとなるだろう」[60]と指摘している。

こうしたことは、中国の国家制度建設と体制改革がトップダウン設計と「川底の石を探りながら川を渡る」というやり方が結びついた過程であること、またそれ自体が低いレベルから中レベルへ、より高いレベルへ、最終的にはよりいっそう高いレベルへ、という段階的な発展の法則に則っていることを確かに示している。このような変遷のプロセスのなかで、弛まぬ革新と模索と調整が続けられ、1978年のスタートから1992年に戦略構想が定められるまで、さらに今日に至るまで一歩ずつ歩を進め、次は2020年の目標へと向かっている。これは、宏大で極めて困難な目標ではあるが、努力を重ねることで実現できる目標でもある。

---

*60 鄧小平「在武昌、深圳、珠海、上海等地的談話要点」1992年1月18日-2月21日、『鄧小平文選』第3巻1版 人民出版社 1993年、372頁。

4. 「五位一体」の制度建設と体制改革

　こうした改革のキーワードは「全面」である。「全面」とは何か。わたしは、「全面」とは「決定」でトップダウン設計について打ち出された「五位一体」の制度建設と体制改革に体現されていると考えている。そこには、経済制度建設と経済体制改革、政治制度建設と政治体制改革、文化制度建設と文化体制改革、社会制度建設と社会体制改革、生態文明制度建設と生態体制改革、が含まれる。

　「全面」とは、制度建設と体制改革という2つの側面を体現している。事物には常に2つの面がある。それらは対立しながらも統一され、ある一定の条件下で互いに転化しあう。これは、社会主義制度とは何か、国の統治体系と統治能力とは何か、という現代化についての認識をわれわれに与えている。それは抽象的なものではなく、具体的なものであり、空疎ではなく、実在のものである。いわゆる制度建設は、いわば「立」であり、常にさまざまな制度を完全なものにし、発展させ続けることである。いわゆる体制改革は、いわば「破」であり、常にさまざまな体制に潜む弊害を取り除き続けることである。「立」が先に置かれるのは、まず「立」があり、その後に「破」があるからであり、「立」がなければ「破」もなく、「立」のために「破」が行われるからである。これが、改革・開放時代の「立」と「破」をめぐる考え方だった。これは、文革中の「五一六通知」で言われた「まず破壊せよ、建設はそこから生まれる」＊61といった観点とは異なり、むしろ1949年3月の中共第7期二中全会で毛沢東が話した「われわれは古い世界＊62を破壊することができるだけでなく、新しい世界＊63を建設することもでき

＊61　この通知では、「毛主席は常に、打ち破らなければ打ち立てられない、と言っている。打ち破るとは、批判することであり、革命を行うことである。打ち破るには、道理を説かなければならず、道理を説くことが打ち立てることであり、打ち破ることを前面に押し出していけば、打ち立てることもそのなかに含まれることになるのである」と指摘している（「中国共産党中央委員会通知」1966年5月16日）。

＊62　旧中国を指す。

＊63　新中国を指す。

る」*64という考え方に立ち返ったものである。60余年を経て、われわれはよう
やく真の新中国を作り上げる道を探しあてることができた。それは、中国の歴
史上だけでなく、今の世界においても未だかつてないものである。

「五位一体」の制度設計は、「決定」の最大の目玉と言える。それは、第18回
党大会報告で打ち出した、経済建設・政治建設・文化建設・社会建設・生態文
明建設という「五位一体」の社会主義現代化建設をめぐる全般的配置と補完関
係を作り出している。客観的に見ると、**制度建設と体制改革は、「五位一体」と
いう大きな目標を実現するための制度・体制・システムの各保障を与えている。**
わたしは、これを党中央による大計画、大戦略、大配置と呼んでいる。

戦略とは何か。1936年、毛沢東は「中国革命戦争の戦略問題」のなかで「戦
争があるかぎりは、戦争の全局というものがある」「**全局的な戦争指導法則を
研究することが、戦略学の任務である**」*65と指摘している。発展も戦争と同様
に、発展があるかぎりは発展の全局というものがある。いかに発展させるかと
いう戦略についても、戦争の戦略と同様に、発展の全局と法則性を研究するこ
とが不可欠である。つまり、国の発展戦略を正しく制定することは、その成果
を勝ち取るための卓越した技術とイコールでもある。

**中国の社会主義現代化における戦略とは何か。それは、中国の社会主義現代
化における全局的な法則性というものを研究することである。中国共産党のこ
うした認識は、現代化の実践と進展に伴って絶えず豊かさと広がりと高まりを
見せながら、「必然の国」から「自由の国」へ向かい続けている。**

1950年代から70年代にかけて、毛沢東は、20世紀末に実現すべき「4つの現
代化」の戦略構想を打ち出し、国を強くすることをその中心目標とした。1980
年代、鄧小平は、中国の社会主義現代化をめぐる「2歩目」「3歩目」となる戦
略構想を次々と打ち出し、国を強くするという目標も考慮しながら、民を豊か
にすることをその中心目標とした。21世紀に入ると、第16回党大会では、社
会主義現代化の「三位一体」――経済建設と経済体制改革、政治建設と政治体

＊64 毛沢東「在中国共産党第七届中央委員会第二次全体会議上的報告」1949年3月5日、『毛
　　沢東選集』第4巻2版 人民出版社 1991年、1439頁。
＊65 毛沢東「中国革命戦争的戦略問題」1936年12月、『毛沢東選集』第1巻2版 人民出版
　　社 1991年、175頁。

制改革、文化建設と文化体制改革——という大きな配置を打ち出した。また第17回党大会では、そこに「社会建設と社会体制改革」を加えた「四位一体」の配置を打ち出した。

2012年の第18回党大会では、21世紀前半に迎える「2つの100周年」*⁶⁶という総目標をより明確にし、より完成された社会主義現代化へ向けた経済建設・政治建設・文化建設・社会建設・生態文明建設という「五位一体」の全般的配置を打ち出した。

この第18回党大会での提起に基づき、2013年の第18期三中全会では、社会主義の制度面での現代化と体制改革をめぐる「五位一体」の全般的配置を発表した。その中身が、経済制度建設と経済体制改革、政治制度建設と政治体制改革、文化制度建設と文化体制改革、社会管理制度建設と社会管理体制改革、生態文明制度建設と生態体制改革である。

第18期三中全会の「決定」では、「改革の全面的深化」という「総目標」だけでなく、各分野における改革の具体目標が発表され、経済体制・政治体制・文化体制・社会体制・生態体制を全面的かつ統一的に進める、「五位一体」という全方位的な体制改革の必要性が打ち出された。各分野の具体目標は、①社会主義経済体制の完成と経済体制の改革では、経済のさらなる効率化・公平化・持続可能な発展を進める。②社会主義政治民主制度の完成と政治体制の改革では、さらに広範・充実・整備された人民民主を発展させる。③社会主義文化制度の完成と文化体制改革では、社会主義文化の大きな発展と繁栄を進める。④社会主義社会管理制度の構築と社会体制改革では、社会全体の活力・調和・秩序を確実に保つ。⑤社会主義生態文明制度の建設と生態体制改革では、人と自然との調和的発展という現代化建設における新しい局面を作り出す。これらが「五位一体」の改革におけるそれぞれの目標であり、また、破壊は建設のためであり、社会主義制度を絶えず完成させ発展させていくという新しい「立破観」を体現している。

---

* 66 訳注：習近平が掲げる2つの目標。1つは、2021年の中国共産党結成100周年までに全面的な小康社会（ややゆとりのある社会）を実現すること。もう1つは、2049年の新中国成立100周年までに、富強・民主・文明・調和をかなえた社会主義の現代化を実現させ、中レベルの先進国へ成長すること。

　これらは、中国の国家制度の現代化が市場経済の原理だけでなく、社会発展の原理、文化伝承の原理、自然の原理なども尊重していることを示している。また、市場の革新や所有権の革新だけでなく、さらに教育の革新（「決定」第42条を参照）・科学技術の革新（「決定」第13条）・生態文明の革新（「決定」第14条）・文化の革新・社会の革新などへのモチベーションを引き出す役割も果たしている。そして、経済における生産力だけでなく、科学技術・社会管理・文化・教育・エコロジー分野における生産力をも解放している。また、経済体制のメカニズムに存在する弊害だけでなく、政治・文化・社会・生態文明といったそれぞれのメカニズムに存在する弊害をなくそうとしている。社会主義市場経済のみならず、社会主義民主政治を発展させ、社会主義先進文化を繁栄させ、社会主義調和社会と生態文明を構築しなければならない。経済的財や物質的財だけでなく、文化的財、知的財、精神的財、生態的財を生み出すよう奨励しなければならない。**こうしたことによって、西側の自由市場経済だけでなく、物質面の現代化や政治の民主化を大きく突破し***67**、さらに社会主義市場経済体制を革新しながら、中国の特色ある社会主義経済制度以外の他の制度とも互いに協調・補完させた。**こうした意味で、中国はまさに弛まぬ革新と全面的な革新の途上にあり、「外国のものを中国に役立てる（洋為中用）」だけでなく、さらに（外国の）書物によらず、外国（人）によらず、ただ実際がどうであるかによって立つ「不唯（洋）書、不唯洋（人）、只唯実」の姿勢で、果敢に西側を超えていかなければならない。「昔のものを今に役立てる（古為今用）」だけでなく、時代に応じた形を採りながら、自らを塗り替えて超えていくことが必要である。

　「決定」に含まれる情報を見ると、このような「五位一体」の制度建設と体制改革のほかにも、今回の三中全会は国防と軍隊の体制改革について初めて言及している。それを国家制度建設と体制改革をめぐる全般的配置のなかへ初めて組み込み、トップダウン設計と全体計画として初めて扱った。わずか3条ではあるが、その各条がいずれも改革における「難しい任務」であり、これにつ

─────────────────

＊67　伝統の現代化をめぐる西側の理論では、主に国の政治レベルでの民主化と経済レベルでの工業化が注目され、それに比べて社会建設・文化建設・生態文明建設などが注目されることが少ない。

いては許其亮同志＊⑱が詳しく説明している＊⑲。わたしは、こうしたことも「決定」の重要な一つの特徴だと考える。

　この全体会議では、「改革の全面的深化」に対する体系的配置と全般的配置を示し、多方面へ言及しながらも、何をいかに変えるかについてきちんと答えている。「決定」の構成は、16 の部分、60 ヵ条、15 の分野に及び、うち経済体制改革については 5 つ、政治体制改革が 3 つ、社会体制改革については 2 つの部分をそれぞれ割いている。60 ヵ条のうち、55 ヵ条が「改革をめぐる重要任務」についてである。そして、330 項余りにわたって「改革をめぐる措置」について述べられている。2003 年の第 16 期三中全会の決定と比較すると、「改革をめぐる重要任務」については 19 項、「改革をめぐる措置」については 100 項余りも今回の方が多く言及されている。これは、これまでの三中全会で発表された「主な改革分野」「改革をめぐる重要任務」「改革をめぐる措置」についての言及を明らかに超え、**最大の範囲で、最も全面的で、最も力強い「改革の全面的深化」**の壮大な青写真であり、国際社会からも「**雄々しい勇気にあふれ、深く熟慮された中国の改革についての計画**」と称された。

　「改革の全面的深化」を実現させるため、今回の全体会議ではかなり重要な制度的配置が行われた。それは、中央によって「改革の全面的深化の指導グループ」が結成され、改革の全体設計・統一協調・全面推進・実施の監督と管理にあたることになった。

　ここで、この 35 年間の改革のプロセスを振り返ってみたい。1980 年初頭、経済体制改革の実施にあたり、1982 年 5 月に元国務院体制改革弁公室を母体とした「国家経済体制改革委員会」が成立し、当初は国務院総理（趙紫陽、李鵬）が主任を兼任し、その後は国務委員（李鉄映）が主任を務めた。1998 年に行われた機構改革のなかで、「国家経済体制改革委員会」は正式に廃止され、「国務院経済体制改革弁公室」と名称を変えた。2003 年 3 月、国務院の機構改革により、同弁公室と国家発展計画委員会を合併し、「国家発展改革委員会」として成

＊68 訳注：1950 生。中華人民共和国の軍人。第 18 期中国共産党中央政治局委員、党中央軍事委員会副主席、国家中央軍事委員会副主席。

＊69 許其亮「堅定不移推進国防和軍隊改革」『人民日報』2013 年 11 月 21 日。

立し、これが今日まで続いている。

　中央は「改革の全面的深化の指導グループ」を発足させ、中央政治局とその常務委員会の指導下で活動を行っている。その主な職責は、全国的な重要な改革を統一的に配置し、各分野の改革を統一的に計画して推進し、各方面の力を協調させて改革推進の相乗効果を生み出し、督促・検査を強化し、改革目標の任務を全面的に達成させることを推し進めることである*70。これは、今後の中国が全面的な改革という新時代へ踏み出すために、経済体制改革だけでない「五位一体」の改革を行う必要があるからである。まさに、習近平総書記が「改革の全面的深化はひとつの複雑なシステム・エンジニアリングであり、ただ1つの部門やいくつかの部門だけに頼っては力不足で、そのためにはよりハイレベルの指導システムを確立する必要がある。これは党の全局を統括し、各方面の協調をはかる指導的中核としての役割をより良く発揮させ、改革の順調な進捗と各項目の改革任務の実行を保証するためである」*71と述べたことに示されている。こうした制度的配置によって、「決定」で打ち出した各条項の実施を組織の上で保証している。

　このほか、「決定」では、各級の党委員会が確実にやり遂げるべき改革における指導責任についても提起している。すでに中央は「改革の全面的深化の指導グループ」を発足させているが、私は、地方の各級党委員会でも同様の指導グループを設置することで、それぞれの地方レベルでの経済体制改革・社会体制改革・文化体制改革、特に生態体制改革を進めていくことができると考えている。私は、これまで一貫して、**中国の改革における大きな革新は地方に端を発した革新が元となり、それらはまた末端の小さな革新から生まれ、さらにそれらは大衆のごく小さな革新から生まれた、と考えている。それには、中央が地方の革新を総括・支持・保護することが必要である。なぜならば、制度を革新するにはリスクやコストが伴うからであり、時には成功しないまま失敗する場合もあるからであり、そうした成功と失敗はいずれも全国から見れば貴重な財**

＊70 習近平「関於〈中共中央関於全面深化改革若干重大問題的決定〉的説明」新華社 2013年
　　 11月15日。
＊71 同上。

産となるからである。

　今回の全体会議では、「五位一体」という制度建設と体制改革のための主な任務・重点分野・ロードマップ・タイムスケジュールが提起された。よって、今後も引き続き追跡研究を行い、専門的な中間評価と事後評価を行う必要があるだろう。今、10年前の「決定」に89.7点という評価を与えているように、10年後にもこのように評価されていることを信じ、できれば中国の改革が90点を超えていることを願いたい。

5　むすび——制度に対する自信と改革の全面的深化を揺るぎないものへ

　中国の改革は、社会主義現代化のプロセスに伴い、量の変化から部分的な質の変化を生み、その後に再び量の変化を遂げ、さらに再び部分的な質の変化に至った。この部分的な質の変化が、最後には量の変化そのものに転じたように、われわれの社会主義制度は、改革の全面的深化によって次第に完成され、強固になり、より成熟し、より定まったものへと形作られていく。

　中国では、改革・開放や現代化のためのすぐに採り入れられるモデルや経験がなかった。「中国というこの客観世界は、全体として言えば、中国によって認識されるもの」[72]と言われるように、中国の社会主義現代化の全局と法則について知るには、長い歳月をかけた社会実践のプロセスが不可欠だった。それは、乏しい知識から豊かな知識へ、浅い知識から深い知識へ、不完全な知識から完全な知識へと歩んできたプロセスでもあり、また「必然の国」から「しだいに盲目性を克服し、客観法則を認識し、それによって自由を獲得し、認識のうえで、一つの飛躍が現れ、自由の王国に到達するようにしなければならない」[73]という道筋でもある。これこそ、中国の社会主義現代化が常に成功をお

*72　毛沢東「在拡大的中央工作会議上的講話」1962年1月30日、『毛沢東文集』第8巻　人民出版社 1999年、299頁。
*73　1962年、毛沢東は中央工作拡大会議で講演し、中国革命の紆余曲折の歩みを回想しながら「わたしは、われわれ中国共産党のものは、段階の歴史的情況（を説明する）の目的は、同志たちを次の点の理解に導こうとするにある。すなわち、社会主義建設の法則について

さめ、またこれからも成功を続ける所以である。

　第18期三中全会の「決定」の起草から制定に至るプロセスは、中国の社会主義現代化の全局と法則性を絶えず知るプロセスであり、「改革の全面的深化」という戦略を定めるために熟慮を重ねたプロセスでもあり、全党と全国から知恵を結集させた民主的で科学的な政策決定のプロセスでもある。

　わたしは、習近平同志が「説明」のなかで、「決定」の起草にまつわるすべてのプロセスを初めて公に紹介している[74]ことに特に注目している。それは、次に挙げる大切な手順と段階を経ているからである。①幅広く意見を募る段階、②特定テーマについて論証を展開する段階、③中央政治局常務委員と委員を含めた調査と研究の段階、④「決定」の初稿作成の段階、⑤党内から（一定範囲で）意見を募る段階、⑥民主諸党派などから意見をヒアリングする段階、⑦討議を重ねて修正する段階、⑧中央政治局による審議の段階、⑨中央委員会全体会議による審議の段階、といった各段階を経ている。このため、「決定」起草グループの発足から7ヵ月近くが費やされている。さらに第17期六中全会からの第18回党大会報告の起草準備に費やした時間を含めると（なぜならこの報告は、第18期三中全会の「決定」の大綱だと考えられるため）、およそ2年を費やしたことになる。「決定」はわずか2万字余りだが、そこには全党と全人民の願い、意見、提言、知恵が集約され体現されている。わたしは、これを中国の特色ある政策決定メカニズムの成功例と呼んでいる。

　周知のとおり、13億の人口を抱える大国では、30を超える省級、330を超える地級、2800を超える県級という、各行政区における発展の格差が著しく、発展をめぐる条件・段階・要望・目標・制約的要素をそれぞれが有している。そ

　　の認識には一つの過程が必要であり、実践から出発し、経験のない状態から経験を掴んだ
　　状態に進み、比較的わずかの経験を積んだ状態から比較的多くの経験を積んだ状態に進み、
　　社会主義建設というまだ認識されていない必然の王国から、しだいに盲目性を克服し、客
　　観法則を認識し、それによって自由を獲得し、認識のうえで、一つの飛躍が現われ、自由
　　の王国に到達するようにしなければならないのだ」と強調している（毛沢東「在拡大的中
　　央工作会議上的講話」1962年1月30日、『毛沢東文集』第8巻　人民出版社　1999年、
　　300頁）。
　＊74　習近平「関於〈中共中央関於全面深化改革若干重大問題的決定〉的説明」新華社　2013年
　　　　11月15日。

のため、中国は世界で最も発展の格差が著しい国と見られている。また、各社会階層や人々の間の格差が非常に大きく、社会の叫び・求め・期待もそれぞれ異なるため、中国は世界で最も利益格差が大きい国と見られている。これらが中国の最も基本の国情であり、また中国が直面している最も突出した現実問題でもある。このような特殊な国情という条件下で、世界における最大の難題に対していかに効果的に対処するかについては、それ自体に「棚からぼたもち」といった状況や万病に効く「妙薬」のようなものも存在しない。それゆえに、中国は中国式の民主的・科学的・効率的な政策決定メカニズムを新たに生み出すのであり、その極めて厖大で複雑な利益構造の下で、「改革の全面的深化」という政治主張・コンセンサス・政策決定・行動案を作り出そうとしているのである。習近平同志も「決定」の起草プロセスについての「説明」の中で、われわれへひとつの詳細な回答を示し、さらに中国において重要な政策決定のメカニズムとプロセスをいかに民主化・科学化・制度化*75させるかについての答えを示しているとも言える。むろん、これは初めてのことではなく、実際は1981年に第11期六中全会で採択された「建国以来の党の若干の歴史問題についての決議」で、党中央の重大決定の「三化」がスタートしてはいるものの、その起草プロセスを正式に発表することはなかった。そのため、ここで**習近平による「説明」が初めて発表されたことは、長い間存在していた中央による政策決定プロセスに見られる「神秘感」を打ち破り、極めて大きな政治的民主と透明度を示そうとしたと言えよう。**

　事実、清華大学国情研究院は、大学のシンクタンクとしてこれに積極的に携わってきた。政策決定の各段階において、われわれはそれぞれの関連する面で「決定」のメインテーマと特定テーマの研究に関わる数々の『国情報告』を提供してきた。このため、中央の関連部門はわざわざ清華大学で行われる会議に「足を運び」、専門家の意見や提案を直接聴取してきた。私自身も第18回党大会の代表として、「決定」の意見収集会に参加し、具体的な修正意見を書面で提出した。このように、私自身、**中国は中央の重大な政策決定を民主化・科学化・**

＊75　監訳注：三化

制度化させ続けていることを肌で感じており、それによって衆望を担う重要な決定を下すことが可能となり、全党としての政治的コンセンサスを作り上げるだけでなく、全国としての社会的コンセンサスを作り上げることもできると考えている。つまり、第18期三中全会は、改革・開放の道のりに新たな時代を切り開き、それは「改革の全面的深化の時代」と言うことができる。

これと対照的なのが、アメリカの「オバマケア」である。これは昨今のアメリカにおける最大の改革だったが、「粗悪な改革」に成り果てている。2007年10月の大統領選以前から、すでにオバマ氏は医療保険制度改革を打ち出し、この改革が政治的に受け入れられたことも大統領選で当選を果たした大きな理由でもあった。当選から2年後の2010年3月、この公約に応じた法案が採択された。しかしこの改革は、常に次のようなさまざまな苦境に直面する。**第1に、「オバマケア」がすでにその原型とは異なる法案になっていた。**法案が最終的に政治的妥協の産物となった。共和党が「オバマケア」に強く反対したことで、大幅に譲歩せざるをえなかったため、その原型である「国民皆保険」の構想を大きく割り引いたものになった。**第2に、政治的コンセンサスを形成できなかった。**2010年3月、この法案が採択されると、またたく間に全米の26州で違憲裁判が起こり始めた。これは、同法案がアメリカの半数以上の州できちんと実施されないことを意味している。2012年6月、連邦最高裁判所が同法案を合憲として最終判決を下すが、同年7月には米下院で同法案の廃止をめぐる提案が再び採択されている。**第3に、社会的コンセンサスを形成できなかった。**アメリカは、分化が進んだ社会の典型というだけでなく、分裂が進んだ社会の典型でもある。そのため、こうした改革は貧困層にとって有利であり、いずれの医療保険にも未加入のおよそ3000万のアメリカ人に対して医療保険を提供し、およそ300万の若年層に対して保険負担の大部分を軽減しようとしたが、これに多くの人々から反対の声が上がった。アンケート調査の結果では、50％以上の人々が同法案へ不満を抱いており、なかでもその相当数にあたる雇用主や富裕層が強烈な不満を抱いていることが分かった。「オバマケア」が多くの支持を得られず、8年間の任期中での成立が難しくなったことから、任期の終了とともに頓挫し、途中で廃止に追い込まれる可能性も出てきた。ここに見られるよう

に、アメリカでは、いずれの大きな改革でもそれが各所の利害へ及ぶと、常に合意よりも対立が勝り、団結よりも分裂が勝り、妥協よりも対峙が勝り、成功よりも失敗が勝ってしまう。まさに、かつてアメリカのブルッキングス研究所の研究員が語った「オバマ大統領が改革に乗り出すと、アメリカの体制は助けるどころか横槍を入れようとする。あなたがたの胡錦涛主席が改革に乗り出すと、中国の体制は常にそれを助け、常に目標を実現している」という言葉のとおりである。彼は、2009 年の中国の医療保険制度改革が 10 億人規模をカバーしたことに感服していた。

　このように、同じ 1 つの世界で 2 つの大国が同時に医療保険制度改革を行ったが、その結果はそれぞれ異なった。これは、中国がアメリカに比べて制度・政策決定・実施の面で優位であることの現れであり、アメリカに比べてより良く、より効果的に改革を進めていくことができるだろう。これを踏まえて、われわれは制度に対する自信と「改革の全面的深化」を堅持していかなければならない。

第 3 章

国家統治の現代化 *1

確固とした制度への自信がなければ、改革を全面的に深める勇気を持てない
し、絶え間ない改革から離れれば、制度への自信をどこまでも持つことができ
ないし、持ち続けることもできない。われわれが改革を全面的に深めるのは、
中国の特色ある社会主義制度が良くないからではなく、これまで以上に良くす
るためである。われわれが制度への自信を固めるということは、現状に甘んじ
て進歩を求めないのではなく、絶えず体制・仕組み上の弊害を取り除き、われ
われの制度が成熟して長く続くようにするためである。

——習近平（2014 年）

　国家統治体系（ガバナンス）・統治能力（ガバナンス）は、国家の制度と制度の執行能力を集中的に具現
化したものである。両者は相互に補完し合っている。

——習近平（2014 年）

　国家制度の現代化とは、制度と法律を現代政治の要素とし、低いレベルから
高いレベルへと突破性の変革を不断に連続して起こすプロセスである。

　制度があっても能力がなければ、飾り物にすぎない。能力があっても制度が
なければ、乱用されるだけである。制度体系の下で、常にその執行能力を高め、
執行のプロセスのなかで、常に制度体系を完成させるために改善しなくてはな
らない。

　現代化は西側化とイコールでなく、同様に国家統治の現代化も西側化とイ
コールでなく、むしろ西側化とはまったく異なる。これまで、非西側諸国が西
側化したことで自然に西側国になったケースを見たことがなく、むしろ「アラ
ブの春」は「アラブの禍」に成り果てた。

＊1　本章は、2014 年 2 月 19 日に北京市党委員会が開催した区・県級指導幹部向けの習近平
　　総書記の一連の講話をめぐる精神を学習、貫徹するための交代訓練班（第 3 期）での胡鞍
　　鋼教授の講義原稿をベースにしている。2 月 25 日に修正を加え、『国情報告』（2014 年
　　特集号 第 5 期 2 月 25 日）に掲載された。

2014年2月17日、中国共産党中央総書記、国家主席、中央軍事員会主席である習近平は、第18期三中全会の精神「改革の全面的深化」の学習、貫徹について省・部級の主要幹部向けのセミナーの開講式で重要講話を行った（以下、「講話」と省略）。習近平は、総目標の「改革の全面的深化」というテーマに対し、より掘り下げた議論をしている。その全文は報じられていないものの、当日の新華社報道でそのポイントを見ることができる。「講話」では「（われわれは）**国家の現代化の総プロセスに適応し、党の科学的な執政、民主的な執政、法律に基づく執政のレベルと、国家機関が機能を果たす能力、人民大衆が法律に基づいて国家や経済・社会・文化、それに自身に関する事柄を管理する能力を高めるとともに、党、国家、社会に関する諸般の活動に対する管理の制度化・規範化・手続き化を実現し、中国の特色ある社会主義制度を運用して効果的に国家を管理する能力を絶えず高めなければならない**」と指摘している。

「講話」は、第18期三中全会の精神をさらに貫徹、実行するという意味だけでなく、習近平の総書記としての党中央の執政綱領、また中国が国の統治体系（ガバナンス）と統治能力を現代化させるための重要文書としても非常に重要な意味合いを持つ。したがって、国情研究と学術的考察の視点から、「講話」に対して詳細な分析と客観的評価を行い、ひとつの学習理解として共有、議論できればと考える。

101

1. 国家の現代化について

第18期三中全会の最大のポイントとなる目標は何か。最大の革新点は何か。それは、「改革の全面的深化」の総目標を打ち出した点である。これは、中国の特色ある社会主義現代化に対し、新たに重大な認識と重大な革新の意味づけを与えている。

講話のなかで、習近平同志は「第18期三中全会が打ち出した改革の全面的深化の総目標は、中国の特色ある社会主義制度を充実、発展させ、国家統治体系・統治能力の現代化を推し進めることである。これは、中国の特色ある社会主義を堅持、発展させるための必然的な要求で、社会主義の現代化を実現させ

るためにしかるべきである」*²と指摘している。

　私の基本的な評価としては、このような総目標を提起したことは60余年にわたる党の執政、とりわけ30余年にわたる改革・開放の実践に対する総括と昇華であり、習近平同志の総書記としての党中央の執政綱領でもあると考える。さらに、中国の社会主義現代化が新たな段階、新たな目標、新たな歴史任務に入ったことを示した。こうした提起は、中国の指導者による中国の現代化への新しい認識と主張であり、「国家の統治体系と統治能力の現代化」という重要なテーマを初めて掲げている。

　現代化は、現代の人類の発展における歴史的な流れであり、現代中国の発展における歴史的な任務でもある。新中国の成立以降の中国の歴代指導者は、常に次のようないくつかの基本問題について認識し、議論してきた。① 現代化とは何か。② 中国の現代化とは何か。③ 中国の現代化における長期目標と戦略をどのように設計するか。④ 現代化の戦略をどのように段階別に実施するか。⑤ 中国は果たして中国の特色ある現代化の道を作り上げることができるか。こうした事柄は、国の統治体系と統治能力の現代化の概念に関わるが、その理論的基盤はあるのか。あるとすれば、それは何か。

　まず、現代化とは何かを知らなくてはならない。特により広い意味合いで、西側の伝統的な現代化の視点を超えて認識し、そこから中国の現代化とは何か、国の統治体系と統治能力の現代化とは何か、という問いに対して、学術的基礎と理論的基礎を提供したい。

　ここでは、過日、亡くなられた張培剛教授*³の工業化についての定義*⁴を参考にした。現代化について、私は「社会全体の範囲で、一連の現代的要素およびその結びつき方が、低いレベルから高いレベルへと突破性の変化あるいは変

---

*　2　新華網 2014年2月17日。
*　3　訳注:1913-2011年。湖北省出身の経済学者で、中国における発展経済学の草分けの人物。
*　4　張培剛氏は、「工業化」について「一連の経済活動に関する生産関数が連続的に変化を起こすプロセス」と定義している（張培剛『農業与工業化：農業国工業化問題初探』華中工学院出版社 1984年、70頁）。その後、同氏はまた「工業化」について「国民経済のなかの一連の経済活動に関する生産関数（あるいは生産要素と結びついた）が低いレベルから高いレベルへと突破性の変化（あるいは変革）を連続的に起こすプロセス」と定義している（張培剛『発展経済学通論—第1巻—農業国工業化問題』湖南出版社 1991年、190頁）。

革を連続して起こすプロセス」と定義している。われわれの現代化理論に対する認識は、中国人学者（張培剛氏のような）をルーツにしていると言える。なぜなら、これらは西側の教科書からでなく、中国の現代化の実践によってもたらされ、今に至るまで世界最大の人口で最も成功を収めた現代化の実践として、西側の現代化を超えた極めて豊かな意味合いを持つからである。現代化が包摂する意味をどう理解するか。また、それは中国の現代化に対してどのような啓発的意義と指導的意義を備えているのか。こうしたことについて、次の５つの面から解説したい。

第１に、**現代化とは歴史の概念であり発展の概念である**。現代化とは固定的で不変的な概念でなく、人々の現代化の実践と認識に伴い、その中身を豊かに完成させ続ける概念である。これは、**現代化とは決して固定化されたモデルや唯一の道ではなく、西側化とイコールでもなく、国によってそれぞれの現代化の道がある、ということを意味している**。例えば、中国の現代化の道は、西側の模倣やコピーでなく、それらを学び参考にしながら、さらに革新、超越することである。

第２に、**現代化とは社会全体を範囲とした現代化である**。これには２つの面がある。１つは、経済の現代化、社会の現代化、政治の現代化、文化の現代化、人の現代化、そして生態文明の建設である。このほかに、国防と軍隊の現代化があり、それは単なる経済の現代化ではない。もう１つは、都市と農村の現代化、沿岸部と中・西部の現代化、少数民族地域とその地域の人口の現代化、中国の人口全体の現代化、である。こうした意味では、**中国の現代化はまぎれもない社会主義現代化であり、すべての人々が分かち合うために、さらに包容、公平、共有へ向かう現代化でなければならない**。

第３に、**現代化とは現代的要素やそれらが結びついた形である**。それは、土地、資源、エネルギー、資本、労働、教育、科学、技術、文化、情報、知識・制度、法律などの現代的な要素、またこうした現代的な要素の結びつき方にも関連している。それぞれの要素がそれぞれの結びつき方をし、あるものは市場メカニズムの配置を利用する必要があり、あるものは政府による有効な提供を必要とし、またあるものは両方のメカニズムによって提供される。

第4に、**現代化とは連続し累積した発展と建設のプロセスである**。低レベル
から中レベルへ、さらに高レベルへ、量の変化が部分的な質の変化を生み、さ
らなる量の変化がさらに部分的な質の変化を生み、最終的に質そのものの変化
を生み出す。これは、現代化が進む上での段階性と変質性を示している。例え
ば、この30余年、中国は「絶対的貧困」から「衣食問題の解決」を経験し[5]、
「小康（いくらかゆとりのある）レベル」に達し、いよいよ「全面的な小康社
会」へ歩み出そうとしている[6]。同時に、**現代化は弛まぬ積み重ねのプロセス
であり、特にいかなる破壊や中断も食い止めなければならない。まさに「遅い
ことは構わないが、立ち止まることが心配で、いわんや途中で投げ出すのは禁
物」**という言葉のとおりである。こうした意味で、現代化のレベルは時間の関
数である。

　第5に、**現代化とは全方位的な変革のプロセスである**。これは、意識、経済、
社会、文化などの変革を含むが、その本質は現代国家としての制度建設と体制
改革である。

　こうした5つの面に符合してこそ、中国の現代化は、発生、発展、進化、変
遷、蓄積を遂げることができる。実際には、中国の現代化は中国共産党が指導
するため、その発展、方向性と党指導者の現代化に対する認識が極めて強く関
わっている。

　ここでは、中国の指導者が中国の現代化をどのように捉えているか、またそ
れをどのように設計してきたかについて見ていきたい。それは、「必然の国」か
ら「自由の国」へ向かうサイクルを繰り返した認識のプロセスであり、50余年

＊5　1992年の第14回党大会報告では「11億人民の衣食問題（最低限の生活を保証する問題）
　　は基本的に解決され、今、まずまずの生活を目指して前進しつつある」と指摘している（江
　　沢民「加快改革開放和現代化建設歩伐，奪取有中国特色社会主義事業的更大勝利―在中国
　　共産党第十四次全国代表大会上的報告」1992年10月12日）。
＊6　2002年の第16回党大会の報告では「人民の生活は、全般的にいくらかゆとりのあるレ
　　ベルに達した。現在到達したいくらかゆとりのあるものはまだ低いレベルのものであり、
　　全面的なものではなく、発展が非常にアンバランスである。今世紀の最初の20年に力を
　　集中して、10数億の人口に恵みをもたらす、よりいっそう高いレベルのいくらかゆとり
　　のある社会を全面的に築き上げていく」と指摘している（江沢民「全面建設小康社会，開
　　創中国特色社会主義事業新局面――在中国共産党第十六次全国代表大会上的報告」2002
　　年11月8日）。

に及ぶ歴史のプロセスでもある。

　当初は、主に「経済の現代化」を中心に置いていた。1956 年の第 8 回党大会で「4 つの現代化」を打ち出し、中国が強力な現代化した工業、農業、交通運輸業、国防を備えることが掲げられた[*7]。1964 年に打ち出した「4 つの現代化」は、20 世紀の内に農業、工業、国防、科学技術の現代化を全面的に実現させることを提起した[*8]。1975 年も再び「4 つの現代化」について触れ、中国の国民経済を世界の前列に立たせることを掲げた[*9]。これらの時期における指導者の現代化に対する理解は、基本的にはやはり経済の現代化のカテゴリーに留まっている。

　改革・開放以降、現代化に対する認識は徐々に広がりを見せ、経済建設を主とした現代化から、やがて「五位一体」の現代化の全般的配置を徐々に作り上げた。1982 年に行われた第 12 回党大会の報告では、経済建設・思想建設・政治建設の三大建設、さらに「二段階論（両歩走）」の構想を打ち出した。

　1986 年の第 12 期六中全会では、社会主義の全般的配置をめぐる構想について初めて打ち出した。そこで、経済建設を中心とした揺るぎない経済体制改革・政治体制改革・精神文明建設の全般的配置を示した。

　2002 年の第 16 回党大会報告では、経済建設と経済体制改革、政治建設と政治体制改革、文化建設と文化体制改革という「三位一体」の全般的配置について提起した[*10]。

　2007 年の第 17 回党大会報告では、経済建設・政治建設・文化建設・社会建設の「四位一体」の全般的配置を打ち出した。

　2012 年の第 18 回党大会報告では、経済建設・政治建設・文化建設・社会建

＊7　第 8 回党大会で「中国共産党規約」が採択され、そこで「中国共産党の任務は、計画的に国民経済を発展させ、できるだけすみやかに国の工業化を実現し、系統的に、順序を追って国民経済の技術的改造を行い、中国が強大な現代的工業、現代的農業、現代的交通運輸業および現代的国防力を持つようにすることである」と指摘している。

＊8　周恩来「発展国民経済的主要任務」1964 年 12 月 21 日、『周恩来選集』下巻 人民出版社 1984 年、439 頁。

＊9　周恩来「向四個現代化的宏偉目標前進」1975 年 1 月 13 日、『周恩来選集』下巻 人民出版社 1984 年、479 頁。

＊10　江沢民「全面建設小康社会，開創中国特色社会主義事業新局面——在中国共産党第十六次全国代表大会上的報告」2002 年 11 月 8 日。

設・生態文明建設という「五位一体」の全般的配置を全面的に打ち出した*11。

このようにして、党中央が示した21世紀前半（2000年から2050年までを指す）の中国の現代化をめぐる全般的配置が基本的に築き上げられた。

ここから、これらが1度で作り上げられたものでなく、認識を繰り返しながら常に完成を目指し、50余年（1956年からを指す）の実践、模索、革新を経てようやく築き上げられたものだと分かる。それは、経済の現代化から全面的な現代化へ、さらに各分野の現代化の全面的協調へ移行したと言える。また、単なる経済の現代化から、各分野の現代化へと広がり、21世紀に入る頃には現代化の全面的推進と全面的協調が求められるようになった。こうした角度から、**中国の「五位一体」の現代化は、すでに経済や物質の現代化を目指した西側の現代化を追い抜き、途上国の全面的現代化の革新、実現のための貴重な経験を提供しているとも考えられる***12。

2. 国家統治の現代化について

国家の統治体系（ガバナンス）と統治能力（ガバナンス）とは何か。また両者はどのように関係するのか。これについて、習近平同志は次のように説明している。

習近平同志は「党の第18期三中全会の精神と思想をしっかりと統一しよう」と題した重要講話のなかで「**国家の統治体系とは、党の指導の下で国家を管理する制度体系である。それには、経済・政治・文化・社会・生態文明・党建設など各分野の体制メカニズムや法整備が含まれ、ひとまとまりの緊密に関わりつつ互いに協調した国家制度でもある**」*13と指摘している。

「党の指導の下」は、中国の統治体系の最重要ポイントでありながら、西側の政治学者から一貫して「党国体制」*14「独裁政権」「一党独裁」と見られてきた。例えば、エコノミスト・インテリジェンス・ユニット（Economist Intelligence

---

＊11 胡錦涛「堅定不移沿着中国特色社会主義道路前進 為全面建成小康社会而奮闘—在中国共産党第十八次全国代表大会上的報告」2012年11月8日。
＊12 胡鞍鋼『中国道路与中国夢想』浙江人民出版社 2013年、89-90頁。
＊13 『人民日報』2014年1月1日。
＊14 訳注：党と国家の関係を指す。

Unit）が発表した「民主主義指数」では、中国を０〜10のなかで３、世界 167 ヵ
国中で 142 位とし、「独裁政権」に属する国と評価している。その理由として、
１つは中国が社会主義制度を採っていること、もう１つは中国が一党制を敷い
ていることを挙げている。しかし彼らは、「中国共産党の指導」がまさに中国の
制度革新の拠り所であり、また中国の制度の力強い生命力であることを必ずし
も理解していない。この国の統治体系は、新中国の成立期に、伝統的な農業社
会という果てしない大海と極めて低い発展レベルに置かれた中国人民を中国共
産党が指導するところから始まり、またたく間に全国に広がり、独創的で効率
的な現代国家としての統治体系を築いてきたのである。こうした統治体系の成
り立ちと発展は中国共産党の指導と不可分であり、まさに党の指導によってこ
そ中国の統治体系の現代化が大きく加速したのである。中国共産党は、典型的
な学習型政党として弛まず学ぶことに長けた党で、また典型的なイノベーショ
ン型政党として弛まず革新することにも長けた党であり、このようにして統治
能力を大きく向上させてきた。

　では、国家の統治能力とは何か。国家の能力の優劣はどのように現れるのか。
1993 年、王紹光氏と私は『中国国家能力報告』という著書のなかで、「国家の
能力とは、国家（中央政府を指す）がその意思や目標を現実へ転化していく能
力」と定義した。国家の能力には、財政を司る能力、マクロ・コントロールの
能力、合法化する能力、強制力、の４つが含まれる[15]。では、国家の統治能力
について、より深く理解するにはどうすればよいか。上述の「国家の能力」の
定義を参考にするなら、国家の統治能力とは、国家の統治目標を実現させるた
めの実際の能力である。ここでは、次のいくつかの点を強調しておきたい。

　第１に国家の統治目標の多様化についてである。国によってそれぞれ目標が
あり、１つの国でも各段階や各時期で統治が目指すそれぞれの目標がある。し
たがって、国家の統治能力とはそれらの目標へ導いていくことである。国家の
目標が不明確ならば「統治の乱れ」となり、国家の目標が不正確ならば「統治
の誤り」となる。中国には、社会主義現代化をめぐる「三段階」戦略、「国民経

＊ 15 王紹光、胡鞍鋼『中国国家能力報告』遼寧人民出版社 1993 年、２頁。

107

済と社会発展の5ヵ年計画」「国家中長期発展特定計画」があり、指導部が世代交代しても国家の統治目標の連続性が確保されている。アメリカ大統領による就任演説や一般教書に見られる大統領個人の目標や公約のように、人が変われば目標まで変わるしくみとは異なる。

　第2に国家の統治の実際の能力についてである。これは国の目標を予定通りに達成させることを指す。それには、統治のパフォーマンスを「目標の一致（goal congruence）」と対照させ数値化した検証が求められる。中国は、1981年から2000年までの20年間ですでに現代化の「三段階」戦略の1段階目と2段階目の目標を予定通り実現し、2001年から2010年までの10年間の目標である「第10次5ヵ年計画」と「第11次5ヵ年計画」の主要目標も予定通りに達成している。これによって、中国がすでに極めて高い統治能力を備えていることが証明された。

　第3に国家制度運用の統治能力についてである。まさに、習近平同志が「国家の統治能力とは、国家制度を運用して社会の各方面の事務を管理する能力である」[16]と述べた言葉が示すとおりである。国家制度がなければ、国家統治の基盤もない。国を効果的に統治するのは、大統領個人の能力に頼ることではない。中国では、党・国・軍隊など各方面を統治する指導的な人材と集団に頼り、ひとまとまりの国家制度を運用しながら国のさまざまな事務を共同で管理する能力をともに集める。

　習近平同志は「国家統治体系・統治能力は、国家の精度と制度の執行能力を集中的に具現化したものである。両者は相互に補完し合っている」[17]と指摘している。では、中国の統治体系と統治能力を客観的かつ総合的に評価するにはどうすればよいか。習近平同志は、「われわれの国家の統治体系と統治能力は総合的には良好で、独自の優位性を持ち、わが国の国情と発展の要求に見合ったものである。またわれわれには国家統治体系・統治能力の面で急いで改善すべきところがたくさんあるため、国家の統治能力の向上にはさらなる力が求められる。党の執政能力の向上に重点を置き、各級幹部、各方面で管理にあたる

---

* 16『人民日報』2014年1月1日。
* 17 新華網 2014年2月17日。

者の思想・政治面での資質、科学・文化面の素養、仕事の能力を高め、できる
だけ早く党と政府機関、企業・事業体、人民団体、社会組織などの活動能力を
高めてこそ、国家統治体系がいっそう効果的に機能するのである」*18 と考えて
いる。こうした評価は実事求是の姿勢に則ったもので、「一分為二論」*19 や「主
流支流論」*20 にも符合している。事物には常に2つの面があり、あらゆる制度
に優劣、長短、ベネフィットとコストが存在する。両者は必ずしも対立するも
のでなく、むしろ1つのものとして、一定の条件下で互いに転化する場合もあ
る。事物には常に2つの異なる面があるが、それらは相等しいのではなく、そ
れぞれに多寡または主流と支流がある。ただ、ベネフィットがコストに、主流
が支流に、進歩が後退にそれぞれ勝るならば、その制度は適切で実行に移すこ
とができる有用で実用的なものである。そうした制度は、必ずその土地で生ま
れ、その文化に根差し、自らの歴史に由来し、試行錯誤を重ね、柔軟性を備え
たものでなければならない。つまり、多くの後発途上国が西側の民主制度を導
入したものの、「見かけだおし」だったためにまたたく間に倒れ、現代化の歩み
が中断しただけでなく大きく後退した根本的な原因になった。世界にはこれま
で最良の制度はなく、より良い制度があるだけである。

　では、統治体系と統治能力の現代化とは何か。それは、述べてきたように**国家
制度の現代化であり、すなわち制度と法律を現代政治の要素として、低いレベ
ルから高いレベルへと突破性の変革を不断に連続して起こすプロセスである。**
その1つは、国家の制度体系をさらに整備、成熟、形の定まったものにするこ
とで、そこには、政治・経済・社会・文化・生態環境に関わるあらゆる制度が
含まれる。もう1つは、こうした制度体系の下で、その制度をより**効果的、透
明性、公平性を備えた形で行うことで、**そこには、政治・経済・社会・文化・
生態環境・科学技術・情報を現代化する手段が含まれる。この2つが補い合い

*18 同上。
*19 1963年11月8日、毛沢東は、周揚の検閲修正のための中国科学院哲学社会科学部委員
　　会第4回拡大会議での講話で「およそ世界の事物は2つに分かれる。学説も然りで常に
　　分かれる。科学と科学史とは、こうした対立と統一、対立と闘争について説明したもので、
　　こうして発展を遂げていく」と指摘している（『毛沢東年譜（1949-1976）』第5巻 中央
　　文献出版社 2013年、278頁）。
*20 訳注：人や事物を一面的な見方でなく、プラスとマイナスの両面から捉える考え方。

ながら1つの有機的な全体を構成している。**制度は能力がなければ、飾り物に
すぎない。能力は制度がなければ、乱用されるだけである。**制度体系の下で、
常にその執行能力を高め、執行のプロセスのなかで、常に制度体系を完成させ
るために改善しなくてはならない。

　市場経済では、取引コストがあり、ここから取引をめぐるルール、契約やそ
の履行、組織や制度設計が生まれる。市場経済を効果的に動かすには、市場の
取引コストを抑えることである。これこそ、さまざまな形の所有制企業が誕生
し、特に現代企業制度の下、効果的なミクロ経済組織体として、十分に競争が
できる市場環境のなかで生存し発展する所以である。同様に国家統治の角度か
ら見ると、統治コストを伴い、**国家の制度設計を効果的に行うには、それらを
低く抑えることである。**このため、**国家制度の現代化とは、本質的には国家の
統治コストを低く抑え、そのベネフィットを高めていくことである。**例えば、
国の経済制度を現代化するには、さまざまな経済活動主体の取引コストを大幅
に抑え、全国統一市場を形成するうえで存在する弊害を大幅になくし、巨大国
家の規模の効果を提供してこそ経済成長を大きく後押しすることができる。**国
際競争から見ると、国家間の競争の本質は国家の統治の競争であり、国家の統
治の競争の本質は国家の統治制度と統治能力の競争である。**

　国家の統治と市場の統治にも関連性がある。**市場の効果的な統治は国家の統
治を促し、また国家の効果的な統治は市場の統治も促し、特に統一的、競争的、
効率的、大規模な現代市場システムの構築に繋がる。**したがって中国は、ミク
ロ経済の視点から現代企業制度、現代市場システム、現代契約制度を構築する
だけでなく、マクロの視点からも国家の統治体系と統治手段を確立しなければ
ならない。**これこそ、効率の高い「見えざる市場の手」だけでなく、効率の高
い「見える政府の手」が求められる所以であり、これによって市場の取引コス
トを抑え、国家の統治コストを軽減し、ミクロ経済だけでなくマクロでの効果
と利益も最大化させることができる。**

　同様に、国家統治と社会統治の目標も国家の社会統治コストを抑え、末端社
会の管理コストを抑え、マクロ社会での効果と利益を最大化させながら、さら
にミクロ社会での効果と利益も最大化させなければならない。

　では、国家の統治パフォーマンスはどのように測ることができるのか。数値化された指標を見出し、主観に基づかない客観的な評価ができるのだろうか。ここ数年、われわれは清華大学のシンクタンクとして、国家の統治パフォーマンスに対する第三者の独立した評価、専門性のある評価の研究方法と実践を模索してきた。

　2003年、われわれは国の財政部の委託を受け、初めて世界銀行やアジア開発銀行など国際金融機関による対中借款プロジェクト援助に対する第三者評価を行った。その後、『援助与発展──国際金融組織対中国貸款援助績効評価（1981-2002）』（清華大学出版社 2005年）として出版した。われわれは、借款プロジェクトのパフォーマンスに対し事後評価で高く評価している。国際比較では、中国が受けた国際援助の借款額と1人当たりの借款額が途上国のなかで最も低いながらも、発展と貧困を減らす面で最も高い効果を上げていた。

　2005年、われわれは、初めて第三者として国の「第10次5ヵ年計画」の目標達成度に対する評価を行い、国務院の指導者同志から重視された。また「国家『第11次5ヵ年計画』綱要」が初めて次のように定めた。本計画の中期段階で、実施状況について中間評価を行わなければならない。その中間評価の報告は、全人代常務委員会で審議に懸ける。

　2008年、国家発展改革委員会の委託により、われわれと国務院発展研究センター、世界銀行駐中国代表処が、それぞれ独立した形で「第11次5ヵ年計画」の中間評価を行った。

　2011年2月、われわれは「第11次5ヵ年計画」に対して事後評価を行い、国民経済と社会発展をめぐる22項目の主要指標の内、19項目の目標が計画どおりに達成できたことから、実際に86点の評価を与えた。

　2013年7月、われわれは「第12次5ヵ年計画」の中間評価を行った。その結論は、経済発展のパターン転換をすみやかに行い、科学的発展の新しい局面を切り開き、「綱要」の実施は全体として順調で、7つの大きな目標のうち6つが順調に進み、24（実際には28）の主な指標の内4分の3が前倒しで達成されていた。

　2013年9月、われわれは、中国の10年間の経済改革（2003-2012年）に対す

る事後評価を行った。その結論は、第16回党大会で確立し、第16期三中全会で立てられた「完全な社会主義市場経済体制とよりいっそう活力のある、よりいっそう開放的な経済システムが構築されるようにする」という総目標が大きく進展し、主要任務が基本的に完成し、その総合的な達成率は89.7%、総合的な未達率は10.3%だった。

このように、統治における実際のパフォーマンスを数値化して測るだけでなく、評価、改善することも可能になった。**こうしたこと自体、統治をめぐる学習曲線に沿って「目標設定 – 計画実施 – 中間評価 – 実施強化 – 事後評価」というサイクルを繰り返し、ひたすら改善と進歩を目指し続けていくことでもある。この意味から言うと、国の統治とは理論ではなく、むしろ実践の問題であり、あるいは統治パフォーマンスを向上させるための実践をめぐる具体的指導と言うこともできる。**

3. 国家の統治能力の現代化について

習近平同志の「講話」は、国の統治体系と統治能力の現代化というテーマに集中している。では、国家の統治能力とは何か。それはどのように測ることができるのか。また、それはどのように高めることができるのか。

これについて、「講話」では次の3つの能力が述べられている。

第1に、国家機関が機能を果たす能力である。周知の通り、中国の国家機関は極めて特殊で、ほかの世界の大国に見られる3つの行政レベルではなく5つの行政レベルから構成されている[21]。こうした各級機関のそれぞれの役割の区別については、中国の具体状況に基づいて革新、分業、分権しなければならない。

第2に、人民大衆が法律に基づいて国家や経済・社会・文化、それに自身に関する事柄を管理する能力である。これは、全人代代表として国の事務に携わ

---

* 21 中国の行政区画と管理レベルは、中央級・省級（34）・地級（333）・県級（2,852）・郷鎮級（40,446）に分けられている（国家統計局編『中国統計摘要2013』中国統計出版社2013年、1-2頁）。

り全国の公共財をいかに効果的に提供するか、また地方人代の代表として地方の公共財をいかに効果的に提供するか、さらに社区（コミュニティー）や末端の代表として各組織のサービスをいかに効果的に提供するか、が含まれる。このように、10数億の人口を擁する大国のなかでこうした3タイプの事務統治を実現させていることは、世界でも例を見ないケースである。

　第3に、中国の特色ある社会主義制度を運用して効果的に国家を統治する能力である。

　社会主義国の基本の経済制度、政治制度、社会制度など、統治のための良好な制度プラットフォーム、また社会主義の優位性を発揮できる可能性を提供しながらも、その可能性を現実化させるための国の統治能力を高めていかなければならない。

　習近平同志の「講話」は、**中国の特色ある3つの統治**について明確に打ち出している。これが他国と異なる点は、国家統治と社会統治のほかに、中国では執政党の統治が存在し、このため国家統治や社会統治も他国のあり方とは異なっている。

　第1に、党の統治である。中国共産党の執政党としての統治（「党の統治」と省略）は、他国の執政党を含めた政治政党による統治とは異なる。それは、1921年に中国共産党が成立し、28年間の悲惨な戦争に淘汰されたことで中国共産党はひとまとまりの組織制度を構築したからである。1949年の新中国の成立以降は、さらに執政党として統治制度体系を発展させ続けてきた。これは極めて稀なことにも関わらず、これまで西側からは「異類」の「一党独裁」や「まやかしもの」のように見られ、中国共産党による制度革新の本質的な特徴が軽視されてきた。当然、その独自の強みや生命力についてもかなり過小評価されてきた。

　特に指摘するべきは、2004年の第16期四中全会で出された「党の執政能力の建設強化についての決定」であり、党の執政能力（party's governance capacity）について、「（党の執政能力とは）党が正しい理論・路線・方針・政策・戦略を提起し、活かし、憲法と法律の制定と実施を指導し、科学的な指導制度と指導方式をとり、人民を動員・組織し、法に基づいて国家と社会の事務、経済と文

化の事業を管理し、党・国・軍を有効に治め、社会主義を現代化させた国を建設する能力である」*22と初めて明確に定義している。

第2に、社会主義国家統治である。これは資本主義国家の統治とは異なる。国の基本制度がまったく異なるため、その統治体系や統治手段にも違いがあり、統治におけるパフォーマンスも異なる。本書の後ろで過去10年間（2000-2012年）の中国とアメリカの統治パフォーマンスについて詳細に比較しているので、そこで中国がアメリカを大きく上回っている理由について、とりわけ世界金融危機という「世界的試練」に直面した際の独自の対峙の仕方について、掘り下げて説明したい。

第3に社会主義社会統治である。中国は、一般的な意味での近代公民社会（「憲法」によってさまざまな権利が賦与される）というだけでなく、かなり典型的な中国なりの意味での人民社会でもある。そのため、その社会統治は西側が意味する社会統治には収まりきらず、人民を主体とする社会統治であり、人民が社会の主人公であり、人民が国の主人公であり、人民は法に基づいた社区統治、末端統治、地方統治（地方人代など）、国家統治（全人代など）に携わらなければならない。

これらのほかに、地域統治やグローバル統治にも携わる必要がある。2004年、中国は日本に取って代わりアジア最大の貿易国となり、アジア地域の貿易と経済の一体化をリードしてきた。2010年、中国は日本に取って代わりアジア最大の経済国となり、東アジアの復興とアジア地域の崛起（くっき）を最も牽引し、地域統治の面で重要な役割あるいは指導的役割を果たし、多くの公共財をアジア地域へ提供してきた。中国は、国連常任理事国の1つで、世界第2位の経済大国で、世界第1位の物品貿易国で、また世界第1位のエネルギー生産国でありエネルギー消費国であり、世界第1位の温室効果ガスと二酸化炭素の排出国でもある。そしてグローバル統治の面で、中国は重要な役割と指導的な役割を果たしている。事実、1978年以降、中国では対外開放政策によってローカリゼーション、インターナショナリゼーション、グローバリゼーションが進み、21世紀に入る

---

*22「中共中央関於加強党的執政能力建設的決定」（2004年9月19日に中国共産党第16期中央委員会第4回全体会議で採択）。

とまさに世界が「中国化」し、すでに中国は全地球的規模でグローバル統治に積極的に携わり、徐々に多くのグローバルな公共財を全世界へ提供している。例えば、世界銀行と国際通貨基金（IMF）における中国の出資割当額と発言権は世界第3位に入り、新興経済国を代表して発言することで、グローバルなマクロ経済の安定に重要な役割を果たしている[23]。

中国の国家統治（ガバナンス）の成否が、すでにアジア地域ないし世界の統治へ直接の影響を与えるようになった。近年の例として、2008年以降の世界金融危機で、中国は最も重要な（まさしく正のエネルギーと正の外部性）役割を果たした。というのは、2009年に世界がマイナス成長に陥った際、折よく中国が「中国版ニューディール政策」を実行したことで、国内需要を刺激しただけでなく世界経済を救い[24]、世界経済と世界貿易の回復を促した。そのため、確かに1929年の世界恐慌のような状況は世界で見られなかった。

習近平同志は「党・国家・社会に関する諸般の活動に対する管理の制度化、規範化、手順化を実現する」[25]と初めて明確に示した。私は、これを中国の3つの統治における「三化」と呼んでいる。つまり、これらは中国の統治の革新であり、民主化を核とした西側諸国の統治の概念と実践をすでに超えている。

こうした「三化」について、常に認識を深めそれを豊かにしていくプロセスも経てきた。私は、2002年6月の「『第16回党大会』と中国が向かう先（党的"十六大"与中国走向）」と題した国情報告の中で「社会主義民主政治の制度化、規範化、手順化について、とりわけ党と国の指導体制の制度化、規範化、手順

---

* 23 2度の世界的な金融危機によって、2010年4月25日に（世界銀行の国際通貨基金の）合同春季会議で投票権をめぐる改正案が採択され、世界銀行全体での途上国の投票権は3.13ポイント上昇し、47.19%に達した。調整後の最新の投票権は主に新興経済国や移行経済国に移り、中国は最大の上げ幅を見せ、その投票権は2.77%から4.42%まで上昇し、アメリカと日本に次ぐ世界銀行における第3位の出資国となった。2010年11月6日、国際通貨基金の理事会で改正案が採択され、中国の出資割当額が元の4%から6.39%を占めるようになった。

* 24 世界金融危機の勃発後、北京のある国際機関のなかで「1949年には社会主義こそが中国を救った。1979年には資本主義こそが中国を救った。1989年には中国こそが社会主義を救った。2009年には中国こそが資本主義を救った」というジョークが語られた。Jonathan Watts, 2010.*When a Billion Chinese Jump : How China Will Save Mankind − Or Destroy It* , Faber and Faber Limited, Bloomsbury House.

* 25 新華網2014年2月17日。

化が基盤である」と提起した。これは2つの意味を含んでいる。1つは、「三化」は現行の「ゲームルール」に基づく。つまり党の指導体制の「三化」は「中国共産党規約」に基づき、国の指導体制の「三化」は「中華人民共和国憲法」に基づく。そのことによって、党規約と憲法がそれぞれ定める党内の民主制度と国の民主制度が「名実相伴う」ようになり、現実の党と国の政治生活でそれぞれの真の役割を発揮させることができる。もう1つは、「三化」は合法的手順を経た現行の「ゲームルール」に対する法で定められた修正と補完に基づく。そのことによって、新たな規定は党と国の指導体制の「三化」に寄与できるものとなる。これは党中央の考えと期せずして一致した。 2004年9月1日、江沢民同志は「中国共産党中央政治局に宛てた書簡」のなかで「党と国家の長期的な安定に立って、党と国家の最高指導者の世代交代の制度化・規範化・手続きの法制化を実現することを考慮に入れて、わたくしは中央での指導職を辞め、中央委員会から退くことを第16回党大会が開催される前にも中央に申し出た」* 26 と述べている。その後、第16期四中全会と第10期全人代第3回会議を経て、江沢民同志は中央軍事委員会主席と国家軍事委員会主席の職務を辞した。

　この10数年、党と国の指導者の世代交代における「三化」は大きな進展を遂げ、後の第18回党大会がその重要な旗印となった。習近平同志は、党中央総書記と中央軍事委員会主席を兼任し* 27、これを契機に中国はさらに3つの統治における「三化」を進める段階を迎えている。

　なぜこうした3つの統治を「三化」させる必要があるのか。その本質は、統治にかかるコストを抑え、ベネフィットを高めるためである。中国は、極めて大規模な大陸型国家で、また極めて大規模な人口（中国の総人口は約13億5000万とアメリカの約3億1000万に比べておよそ10億多く、EU27ヵ国の約5億に比べておよそ8億多い）を擁し、さらに極めて大規模な社会を持った超大規模国家（アメリカには3つの行政レベル、EUが4つの行政レベルが置かれて

＊26 江沢民「致中共中央政治局的信」2004年9月1日、『江沢民文選』第3巻 人民出版社 2006年、600頁。
＊27 「如何実現領導人的新老交替」胡鞍鋼『中国道路与中国夢想』第3編 浙江人民出版社 2013年。

いるのに対し、中国では5つの行政レベルが置かれている）である。そして、極めて大規模な執政党（中国共産党は約8500万の党員、アメリカの民主党は約4300万で共和党は約3000万）を有し、このため独自の統治体系と統治手段を革新する必要に迫られたため、効率的な統治を実現させることができた。このように、3つの統治における「三化」を実現させていくことこそ、中国の天下泰平を実現し、持続的な発展、社会進歩、文化の繁栄、長期にわたる太平と安定をもたらすことができる。

こうした「三化」のキーワードは「化」という文字である。つまり、この目標は一足飛びに成し遂げられるものでなく、それ自体がひとつの発展プロセス、変遷プロセス、不断の適応プロセスである。これは、「社会主義の『五位一体』をめぐる全般的配置の現代化」で言う「化」と歩調を合わせながら、時代に応じて変化していかなければならないことを示している。

4. 国家の統治体系の現代化について

中国は、世界の現代化においては落伍者であり、西側資本主義国のような数百年にわたる自然変化のプロセスを経るための時間は持ち合わせていない。また、西側の現代国家制度を容易に移植するわけにもいかないため、特殊な国家制度を選ばざるを得ないだけでなく、国家制度を新たに創設する必要がある。それが非常にレベルの低いところからスタートして工業化、都市化、現代化を成功させるための前提条件である。これについて、1949年3月に毛沢東は「われわれは古い世界を破壊することができるだけでなく、新しい世界を建設することもできる」[28]と述べている。ここで言う「新しい」世界こそ「新中国」である。

まず、毛沢東の指導の下、中国は旧中国から新中国へ転換を果たした。同時に伝統国家から現代国家への転換、つまり「四分五裂」の状態から「高度な統一」へ、「ばらばらの砂」から「高度な集中」へ、「無秩序な分権」から「高度

117

* 28 毛沢東「在中国共産党第七届中央委員会第二次全体会議上的報告」1949年3月5日、『毛沢東選集』第4巻 2版 人民出版社 1991年、1439頁。

な集権」へと転換を実現させてきた。これは、北洋政府（1912-1928年）や南京国民政府（1928-1949年）では全く成し遂げられなかった。次に毛沢東は執政党制度を革新し、その最大の旗印が第8回党大会で定められた「中国共産党規約」である。これにより、党の指導制度を確立しただけでなく、党内の民主集中制をさらに強化した。また毛沢東は現代国家制度を革新し、その最大の旗印が1949年の「共同綱領」と1954年の「中華人民共和国憲法」である。そこでは「人民民主哲学」に基づく人民民主主義独裁、人民代表大会制度、「協商民主」に基づく多党が参加し協力する政治協商制度、「一体多元」に基づく単一制国家構造およびこの制度的枠組みの下での民族区域自治制度、「2つの積極性」に基づく中央の集中統一と地方の級別管理、などが定められている。

　中国共産党が指導するこの国は、工業化、都市化、現代化をスタートさせただけでなく、それらの推進者であり、参加者でもある。高度に集中した計画経済を採用し、極めて限られたさまざまな社会資源を動員、配分し、ソ連の大きな支援の下で「第1次5ヵ年計画」を成功させ、100年前には急落していた中国を経済面でテイク・オフの段階へ導いた。やがて、GDPの年平均成長率が9.2%へ達し、工業生産成長率を20%近くに伸ばし、中国の経済規模（GDP、購買力平価、1990年時点のドル換算）が世界全体に占める割合は1950年代の4.6%から5.5%に達した。ちなみに同時期のインドのGDP年平均成長率が3.2%で、世界全体に占める割合は1950年の4.2%から3.7%へ下落している[29]。このように**中国は、西側資本主義（おもにイギリス）をそのまま取り入れたインドよりもすでに制度の優位性を大きく示している**。1947年、インドは現代民族国家として独立を果たした。しかし、その基本の政治制度は自ら独立して作り上げたものでなく、長いあいだ植民地主義を採っていたイギリスから無理やり押しつけられたものだった。イギリスの議会モデルに倣い、インドも議会民主制を採り、連邦制を樹立し、立法・行政・司法の「三権分立」の政治制度を実施し、大統領制を敷いた。しかしそれは名目上の形式的な「国家統一の象徴」にすぎず、実際は議院内閣制が行われ、イギリスの政治モデルにかなり似通っている。た

＊29 Angus Maddison, Historical Statistics of the World Economy: 1-2008 AD.

だイギリスの多党制と異なる点は、インドには全国に700を超える政党があり、国政レベルでインド国民会議派が長く政権に就いているにすぎず、地方レベルでは多元化した状況が見られる[*30]。

　毛沢東時代に一連の国の制度が樹立された後、毛沢東自身も「国家のパラドックス」を経験する。それは、国家機関や国家公務員（党と政府の幹部）は「サービスの担い手」「人民の公僕」であるが、その一方で「略奪の担い手」「人民の主人」になりかねない場合もあるということである。後者のように、彼らが大衆から乖離した役人気質の官僚主義という過ちを犯さないよう、毛沢東は一連の政治運動によってそれらを駆逐しようとしたが、全く問題の解決には至らなかった。その結果、彼が当時の中国の階級の情勢や党と国の政治状況に対して誤った判断をし、自ら「文化大革命」を発動、指導し、青年学生や紅衛兵が「党内で資本主義の道を歩む実権派」と批判するように仕向け、党と国の「暗部」を勇んで露呈させ、ひいては「新たなやり直し」を考え、国の機関をことごとく粉砕し、とうとう彼自身が目を覆いたくなるほどの「すべてを打ち倒した全面的な内戦」のような状態にまで変えてしまった[*31]。こうしたことは、国の制度を現代化させるための新たな道を探しあてなければならないという極めて深刻な歴史的教訓を後世の人々に与えた。

　習近平同志は、「改革・開放以来、わが党は全く新しい視点から国家の統治体系（ガバナンス）の問題を考え始め、指導制度と組織制度の問題がさらに根本的、全局的、安定的、長期的な性質を持つことを強調している」[*32]と指摘している。ここでは、改革・開放当初の鄧小平がどのように考え、どのように実践してきたかについて見ていきたい。

　1980年、鄧小平は、中央政治局拡大会議で「党と国家の指導制度の改革について」と題した講演を行い、そのなかで「指導制度、組織制度の問題がもっと根本的、全局的、安定的、長期的な性格を持つと言うのである」「こうした制度が良ければ、悪人も勝手気ままなことはやれないが、制度が良くなければ、良

＊30　李雲霞『中印現代化比較研究』社会科学文献出版社 2010年、243-251頁。
＊31　詳しい分析については胡鞍鋼『中国政治経済史論 (1949-1976)』清華大学出版社 2007年を参照。
＊32　新華網 2014年2月17日。

い人でも良い事を十分にやることはできず、逆の方向へ走ってしまうことすら
ある」と話している。また「党と国家の現行の一部の具体的制度には、まだ少
なからぬ弊害があって、社会主義の優位性発揮の障害となっている」＊33 とも考
えていた。これらはまさに「文化大革命」の失敗に根差した深刻な教訓である。
鄧小平は、党と国家の基本制度、指導制度、組織制度の再建にあたり、政治体
制改革を通じてさまざまな弊害を一掃し、社会主義制度の優位性を十分に発揮
できるようにしてきた。

　鄧小平は高い政治意識を備え、西側の国家政治制度を絶対にそのまま取り入
れることはしないと初めから明言し、主に中国の国情に即しながら、特に毛沢
東時代の成功経験（1954年の憲法や1956年の党規約のような）を総括し取り
入れ、毛沢東時代の政治体制に見られた政治的な強みを受け継ごうとし、また
その失敗の教訓（文化大革命のような）を取り入れることで毛沢東時代の体制
に見られた弊害を変革し克服しようとした。こうした正と負の両面の経験と教
訓があったからこそ、「制度再建」と「体制改革」という2本足で国の制度の現
代化を歩み始めたのである。

　まず執政党としての制度建設である。1982年に改正された党規約は、中国共
産党の制度化にとって大きな旗印であり、中国共産党が「党規約による党内統
治」の道へ歩み出したことを示した。それは、党の重要会議の開催を制度化し、
党の重要会議で重要な政策決定を行い、中央政治局や書記処など指導機関の活
動規則を整備し、集団による執務と政策決定を堅持し、中央指導者の革命化、
若年化、知識化を進め、世代交代をすみやかに実施し、次世代集団へのバトン
タッチを行う、ということなどに表れている。

　次に現代国家としての制度建設である。1982年に改正された憲法は、中華人
民共和国の制度化にとって大きな旗印であり、中国が「法による国家統治」の
道へ歩み出したことを示した。それは、全国人民代表大会やその常務委員会の
役割を強化すること、またこれらの制度を国家政治システムのなかで中核的な
位置に置くことなどに表れている。

＊33 鄧小平「党和国家領導制度的改革」1980年8月18日、『鄧小平文選』第2巻 2版 人民
　　出版社 1994年、327頁、333頁。

次に政治協商制度を再び強化することである。1982年に制定された「中国人民政治協商会議規約」は、協商民主の制度化にとって大きな旗印である。これは、まず憲法の「中国共産党の指導する多党協力と政治協商制度は長期にわたり存在、発展する」に基づき、次に同規約の「中国人民政治協商会議は、中国人民愛国統一戦線の組織であり、中国共産党が指導する多党協力と政治協商の重要な機構であり、わが国の政治生活のなかで社会主義民主を発揚する重要な形態である」に基づいている。「両院制」ではなく政治協商会議制を、「一党制」ではなく多党協力制を、野党や反対党ではなく参政党の形を、「大いに意見を出し大いに議論する（大鳴大放）」ではなく、調査研究や知恵を結集させた建策というやり方を採っている。

そして民族区域自治制度を建設することである。新中国の建国以来、この制度は続いている。1984年に憲法に基づいて「中華人民共和国民族区域自治法」が制定され、憲法が定める民族区域自治制度を実施するための基本法となった。民族区域自治制度は、少数民族の集住地域で行われる重要な政治制度である。民族自治地方には自治機関が設置され、憲法と法律の規定にそって地方国家機関の職権と区域自治権が行使され、中国の特色ある自治地方政府として、二重の役割を兼ね備えている。それは、少数民族自治の最高機関に位置づけられ、その所在地は「首府」と呼ばれ、さらに中央政府の指導下に置かれた地方行政機関であり、中央政府の統一的指導を受けながら、それなりの自治権も備えている。

最後に末端の大衆自治制度を建設することである。1982年に村民委員会と居民委員会がともに憲法に盛り込まれ、村民委員会の性質、任務、組織原則が具体的に定められた。こうしたことは、人民が法に基づいた民主的権利を行使し、末端の公共事務と公益事業を管理し、自らに関わる管理、サービス、教育、監督を行い、人民を主人公にしていくための最も効果的で広範な手段である。

鄧小平時代、中国は、比較的整った執政党制度と現代国家制度を作り上げ、そこには根幹の政治制度と3つの基本の政治制度が含まれていた。根幹の政治制度は人民代表大会制度で、基本の政治制度は、中国共産党が指導する多党協力と政治協商制度、民族区域自治制度、末端の大衆自治制度である。

毛沢東が中国の国家制度を築いた初代だとすれば、鄧小平はその2代目にあたる。このように、**中国の現代国家としての制度は、一足飛びに作られたものでなく、2度にわたってその基本的枠組みが構築され、後の指導者はこれらの基本的枠組みのなかでその完成と強化を弛まず続けてきた。**

　西側が進めるいわゆる民主化、自由化、私有化の波とこうした背景の下で、社会主義国にも改革の道筋として2つの選択肢が現れた。

　1つは鄧小平が選択した、社会主義の道を堅持することである。1986年、鄧小平は、中国の政治体制改革と社会主義制度の関係を深く考えた時に、将来を見据えた政治体制改革の総目標を打ち出した。それは、「第1は社会主義制度を強固にすること、第2は社会主義の生産力を発展させること、第3は社会主義の民主を発揚し、広範な人民の積極性を引き出すこと」[34] として示された。これは、**中国の政治体制改革の本質はやはり社会主義制度の完成、社会主義の生産力の発展、社会主義民主の発揚、であるということを表している。その政治の方向性は、社会主義の道へ向かうことで、政治的風波を乗り越えただけでなく、なお依然として中国の道を揺るぎなく進むことを目指している。**

　もう1つはゴルバチョフの選択である。ゴルバチョフは政治改革として「新思考」を掲げながらもマルクス主義や科学的社会主義やソ連国民の根本的な利益に背き、最後には総書記の名義でソ連共産党の自発的な解散を宣言し、ソ連大統領の名義でソ連の解体を宣言した。それにより旧ソ連の共和国が歴史的な分裂と大きな後退を余儀なくされ、深淵へと入り込んでしまった。

　1992年、鄧小平は30年の歳月を費やし、各方面で一連のより成熟し、より形の整った制度を打ち出した[35]。これは、将来を見越した国の制度建設についての戦略構想だった。まさにこの構想に基づき、第14期三中全会、第16期三中全会、第18期三中全会での決定は、いずれも具体的なトップダウン設計によ

＊34 鄧小平「関於政治体制改革問題」1986年9月-11月、『鄧小平文選』第3巻 1版 人民出版社 1993年、178頁。

＊35 鄧小平は「今後30年もあれば、われわれは各方面で一連のより成熟した、もっと形の整った制度を作り上げることができるだろう。この制度の下で作られる方針、政策も、いっそう形の整ったものとなるだろう」と指摘している（鄧小平「在武昌、深圳、珠海、上海等地的談話要点」1992年1月18日-2月21日、『鄧小平文選』第3巻 1版 人民出版社 1993年、372頁）。

る国家制度建設と体制改革を掲げ、段階的な目標を次々と実現させてきた。われわれは、2022年には鄧小平のこうした戦略構想が予定通りに実現されていると確信できる。

このように、**改革・開放の本質は、国の制度建設を弛みなく進めることで、そのイメージは国の制度を現代化させていくプロセスに例えられる。制度の現代化なくして、経済の現代化もなく、社会主義の現代化という偉大な成果を勝ち取ることもできない。**

では、国にとって制度が必要な理由、そして制度の現代化が必要な理由は何か。経済学や政治学の角度からどのように解釈できるだろうか。また、制度の現代化の理論的基礎とは何か。

1949年、張培剛氏はすでに『農業と工業化』のなかで、制度の工業化に対する役割について考察している。同氏は「社会制度とは、人や物という生産要素の所有権の分配である。それは発動の要素を持ちながら制約の要素も持っている」[36]と指摘している。後に彼は、国の工業化を進める発動の要素を、企業家の創造精神、技術進歩、制度革新、の3つに帰結すると述べている。そして、最も変えやすくかつ社会と経済に直接の影響を生み出すものは、経済を動かすさまざまなやり方をルール化する制度のあり方だと考えた。それは、例えば市場制度、企業制度、信用制度などである。憲法の秩序や規範となる行為基準にいたっては、むしろ一般的な制度のための制度環境を提供している。とりわけ憲法の秩序は、新たな制度を作り出す需要を生むだけでなく、さらに新たな制度を供給する場合もあり、そうした変遷や革新が経済社会の発展と工業化の進展を根本的に変えてしまうことがある[37]。

ここでは、**制度を形のないひとつの重要な現代的要素として捉え、それが現代化にとっての重要な発動の要素と推進力になったと捉えることができる。また、制度建設と体制改革はそれ自体が制度革新であり、ここから改革は経済発展と社会進歩を生む最大の原動力だと説明することができる。制度革新がなければ現代化はなく、現代化の進展は制度革新を反映している。**ミクロの市場制

* 36 張培剛『農業与工業化：農業国工業化問題初探』華中工学院出版社 1984年。
* 37 張培剛主編『新発展経済学』増訂版 河南人民出版社 2001年、127頁、145頁。

度や企業制度を革新する主体は企業家や投資家で、マクロの国家制度や経済体制を革新する主体は政府や政治家である。これらミクロ制度とマクロ制度の関連性、相補性、相互依存性から、企業と政府の協力、企業家と政治家の協力が不可欠となる。したがって、中国の改革にかぎって言うと、それは必ず「ボトムアップ」と「トップダウン」の革新が結びついた改革モデルであり方法論である。

5. 中国における統治の現代化は西側化ではない

　人によっては、国の統治^{ガバナンス}という概念は西側から来たものだから、統治の現代化とは西側化であり西側のモデルに学ぶべきだ、と考える人もいるだろう。しかし実は、**現代化が西側化とイコールではないように、統治の現代化も西側化とイコールではないどころかむしろまったく異なる。**これまで非西側国が西側化によって自然と西側国になったケースを見たことがなく、むしろ「アラブの春」が「アラブの禍」に成り変わってしまった。これと同じく、**中国が国の統治を西側化しようとするならば、再び「ばらばらの砂」「四分五裂」「一に貧しく二に空白」**[38]**「一に大きく二に弱い」というあの20世紀前半の状態に逆戻り**するだろう。

　習近平同志は「**ある国がどのような統治体系を選ぶかは、その国の歴史の伝承、文化伝統、経済・社会の発展水準によって、その国の人々によって決められるものである。わが国の今日の国家統治体系は、わが国の歴史の伝承、文化伝統、経済・社会の発展を基に長期にわたって発展し、徐々に改善し、内生的に進化した結果である**」[39]と強調している。

　アメリカやEU諸国などの資本主義国と比べ、中国はその統治体系と統治手段にどのような違いがあるのか。そして、どのような面で「中国の歴史」「中国の道」「中国の特色」「中国の強み」を示してきたのか。

　第1に統治体系の成り立ちの違いである。国の発展と統治の成り立ち、特に

＊38　訳注：経済は立ち後れて文化は白紙の状態ということを指す。
＊39　新華網 2014年2月17日。

近現代の歴史的発展の経緯がまったく異なっている。かつて中国も、イギリスの立憲君主制、アメリカの大統領制、ヨーロッパの国会制や多党制、といった西側の制度を学び、倣い、採り入れようとしてきた。しかし「水が合わない」ことから、結果として上手くいかずにすべて失敗に終わった。やがてそれが国民党のファッショ的独裁へと変わり、最後には中国共産党が人民民主独裁、人民民主社会、人民共和国、人民政府といった制度を選択し、社会主義の道を歩み出した。このように、当初は中国もさまざまな発展の道や基本制度を試みていた。**今日の中国は、1840年から1949年までの中国、1949年以降の中国の内から生まれ変化してきたもので、決して外から持ち込まれたものではない。**こうしたことが、中国の統治体系を「中国的」あるいは「中国の特色」をいっそう備えたものにし、それは歴史の伝承、文化伝統、歴史的経緯、歴史的選択などによって決まったものだった。

第2に統治における基本制度の違いである。アメリカやEUは典型的な資本主義制度を採り、中国はイノベーション型の社会主義制度を採っている。これは経済社会の発展レベルの違いによって決まる。もちろん、現代国家制度が作られた時期も異なり、中国は現代化だけでなく現代国家制度においても後発国である。**そうした後発国にとって、一般的に2つの選択肢がある。1つは、先発国を手本にした「拿来主義」**[40]**を良しとし、盲目的にそっくりそのまま取り入れるやり方である。**しかし、実際は「橘、淮南に生ずれば則ち橘と為り、淮北に生ずれば則ち枳と為る。葉はただ似るも、その実は同じからず」[41]の言葉のようになってしまう。**もう1つは、それらを意識的に学び手本にしながら、自主的に革新していくやり方である。**これは、ある面では後発の優位性を活かしながら先発国の経験と教訓を学び、むだな回り道を避けることができる、いわゆる「制度学習」の効果を持つ。しかしある面では、やはり制度のあり方を革新していく必要がある。これについて、アメリカの経済学者であるガーシェンクロン（Gerschenkron）は「（国の経済後進性における6つの特徴の1つとし

* 40 訳注：魯迅の言葉。外国の良いところを取り入れて自国に役立てることを指す。
* 41 訳注：橘は、淮南（淮河の南側）では甘くおいしい橘に育つが、淮北（淮河の北側）では枳として酸っぱく育つため食べられない。それは淮河を境に、その南北では水質や土壌が異なるためで、同じものであっても、環境によって大きく変わることを例えている。

て）ある国の経済が後進的なほど、幼弱諸産業への資本供給の増加を図り、特殊な諸機関の要素が、ますます大きな役割を演ずるようになった[42]」[43]と指摘している。しかしガーシェンクロンは、この「特殊な諸機関の要素」とは具体的にどのような制度かについては説明していない。一方、**毛沢東などは、新民主主義制度や社会主義制度といったある種の新しい特殊な制度をわりあい意識的に選択している。また、鄧小平などは、さらに意識的に改革・開放を推し進め、絶えず社会主義制度を完成させた。それによって後発国の中国をすみやかに成功裏に先発国（特にアメリカや EU 諸国）にキャッチアップさせている。**制度を比較すると、中国の場合は、若々しく活力と変革性を備えているのに対し、アメリカの場合は、年を経た安定性と保守性を備えている。憲法の成立年代をそれぞれ比較すると、両者には 100 年余りの開きがあり、中国の憲法改正の頻度はアメリカを大きく上回り、その柔軟性、適応性、革新性を表している。これは、**制度が優れていても上手く機能しなければ、やはり改革や調整、また柔軟かつ適度に制度を変え続ける必要がある**ことを示している。中国はこうした制度変化という歴史の論理に符合している。

　第 3 に国の統治構造と統治モデルの違いがある。アメリカは、典型的な三権分立と三権のチェックアンドバランスという統治モデルを採っている。しかし一旦「否決のメカニズム」が生じると、大統領案が議会で否決され、議会では民主党案が共和党に否決され、また共和党案が民主党に否決される。それぞれの機関や党派が互いに対峙、攻撃、排斥し合い、まさにオバマ前大統領が語った「ワシントンがバラバラならば、ワシントンは何 1 つ成功しない」[44]という言葉のとおりである。中国は、スーパー国家機関（中国共産党政治局常務委員会）と他の国家機関（党中央、国家主席、国務院、全国人民代表大会、中国人

＊42　これは、経済後進国は往々にして特殊な制度を設けることでその後進性を補う必要があり、通常はこうしたやり方で目標を達成するための方法を見つけ出すことができることを指している。詳細は亜歴山大・格申克龍（アレクサンダー・ガーシェンクロン）『経済落後的歴史透視』商務印書館 2009 年を参照。

＊43　訳注：アレクサンダー・ガーシェンクロン著、池田美智子訳『経済後進性の史的展望』日本経済評論社 2016 年より引用。

＊44　貝拉克・侯賽因・奥巴馬（バラク・フセイン・オバマ）『国情諮文』白宮新聞秘書弁公室 2012 年 1 月 24 日。

民政治協商会議全国委員会、中央軍事委員会）という統治モデルを作り上げた。中央政治局常務委員会は、「全局を総覧し、各方面を協調させる指導の中心的役割」を発揮し、「集団指導、民主集中、個別検討、会議決定」という民主集中制の原則を堅持し、鄧小平が打ち出した「政策や方針に属する重大な問題については、国務院も全人代もその他でも、いずれも党員で責任を担う幹部が党の中央政治局常務委員会に提起してそこで討議され、討議で決定したら、もう一度各方面と相談してから貫徹執行する」[*45]というやり方に沿っている。このように、中国は極めて特殊かつ効果的な統治・政策決定メカニズムを形成している。その1つが「共治」のメカニズムで、中央政治局常務委員が各国家機関を代表し、民主集中制の原則に基づいてともに政策決定を行う。2つめが「分治」のメカニズムで、中央政治局常務委員会の政策決定に基づいて、各国家機関が工作を分担して統治を行う。3つめが「協治」のメカニズムで、中央政治局常務委員会が各国家機関の調整を行い、調整の統治を行っている。4つめが「合治」のメカニズムで、国の統治の面で各国家機関が力を結集させて統治にあたる。同様に各級の党委員会や機関でも、上述した統治モデルとメカニズムで地方統治を進め、普遍的で高効率な地方統治を作り上げている。

　第4は国の統治の主なメカニズムと基本手段の違いである。アメリカやEU諸国は資本主義経済を実施し、私有制に基づいている。中国は社会主義市場経済を実施し、公有制と非公有制の混合経済という基本制度に基づいている。それは「東洋の巨人」が「2つの足で歩む」イメージで、1つの足で歩むライバルよりも安定してスムーズに早く進むことができる。また、中国は「1つの手」ではなく「2つの手」の統治メカニズムを採り、「両手をしっかり」させる、すなわち資源分配で市場が決定的な役割を果たしながら、さらに政府の役割をよりよく発揮することを強調している。中国は国防と軍事戦略だけでなく、経済発展と社会発展などの面でも総合的な戦略を備えている。しかしアメリカの場合、国防と軍事戦略はあっても国としての発展戦略は持ち合わせておらず、「大砲」ばかりに力を注ぎ、軍事支出は世界の40％を占め、世界全体の過剰な軍備

＊45 胡鞍鋼『中国集体領導体制』中国人民大学出版社 2013年、133-134頁（監訳注：翻訳書は胡鞍鋼『中国集団指導制』科学出版社東京 2014年）。

拡張はアメリカの衰退が大きな原因でもある＊46。中国はまず5ヵ年計画を採用し、その後に改革しながら5ヵ年長期計画に革新し、さらに国家特定発展長期計画を設けてきた。一方のアメリカは国の特定長期計画しかなく、なかでも国防・軍事長期計画がより多くを占めている。「比較してこそ見極めることができ、見極めてこそ優劣を知り、優劣を知ってこそ『中国の自信』が生まれる」＊47のである。こうした国際比較を通じて、われわれは根拠と自覚に裏打ちされた制度への自信を揺るぎなく持つことができる。

　第5は国の統治体系における基本目標の違いである。アメリカやEU諸国の統治体系には明確な長期目標がなく、憲法や施政綱領にもはっきりと表明されていない。中国の場合は、まず「党規約」で長期目標についてはっきりと表明されている。2012年に改正された「党規約」は、「党創立100周年の際には、10数億の人口にメリットをもたらす、より高いレベルの小康社会を築き上げ、さらに建国100周年の際には、1人当たりのGDPが中程度の発展を遂げた国のレベルに達し、現代化を基本的に実現する」「わが国を富強・民主・文明・調和のとれた現代化した社会主義国に築き上げるために奮闘することである」と明記している。また、「憲法」でも長期目標について表明し、2004年に改正された「憲法」には「工業、農業、国防および科学技術の現代化を徐々に実現させ、物質文明、政治文明および精神文明の調和のとれた発展を推進し、わが国を富強・民主・文明の社会主義国へと建設する」と記している。2014年2月17日、習近平同志は講話のなかで、「（国家の統治体系の基本目標をよりはっきりと定めるのは）党と国家の事業の発展、人民の幸福や安泰・健康、社会の調和・安定、国家の長期的な安定のため」と表明している。このように、統治体系や統治手段はどちらも上述の目標を実現させるための制度体系であり基本手段である。

　中国独自の歴史的経緯、独自の文化伝統、独自の基本国情、独自の人民大衆、これらが中国共産党を選び、運命的に社会主義制度とそうした中国の道を選んだ。これが社会主義現代化を成功に導く道であり、真に「人の世の正しい道」

＊46 胡鞍鋼「美国為何衰落」『国情報告』2013年 第21期。
＊47 胡鞍鋼「"中国貢献" 是世界之福」『人民日報海外版』2013年3月8日。

であることが社会の実践によってすでに示されている＊48。

6. むすび——未来の重要な歴史的任務

　中国は世界最大の発展途上国だが、60年余の実践を経て、すでに独自の特色
ある現代国家としての統治体系と統治手段を作り出してきた。ここから先進国
との経済格差をすみやかに縮め、世界が刮目する社会の変遷と進歩も成し遂げ
た。しかしそれは、必ずしも中国の統治体系と統治手段が完全無欠であること
を意味しない。習近平が「わが国の国家統治体系は改善し、充実させる必要が
あるが、どのように改善し、どのように充実させるかについて、われわれは自
らの考えを持ち、確固たる決意を持つべきである」＊49と語った言葉のとおりで
ある。

　ここには、確かに制度への自信と自覚の認識がある。この制度への自信は、
制度への自覚という基礎のうえに成り立っている。**いわゆる制度への自信とは、
社会主義制度が資本主義制度よりも優れていると考えることである。**毛沢東が
言う「社会主義制度建設の成果によって、すばらしい将来がわれわれの目の前
に開けている」＊50という言葉が示すとおりである。このように、われわれは制
度への自信を持っている。たとえ中国が世界最大の途上国だとしても、60年余
の実践を経て、すでに独自の特色ある現代国家としての統治体系と統治手段を
作り出し、最大の先進国であるアメリカとの経済格差と総合国力のギャップを
すみやかに縮め、世界が刮目する社会の変遷と進歩を成し遂げてきた。**いわゆ
る制度への自覚とは、中国の統治体系と統治手段が必ずしも完全無欠でなく、
社会主義制度は未だに不完全で疎漏もあり、発展が進むにつれてさまざまな思
いどおりにいかない面も現れることを認識していることである。**社会主義社会
は、これまで決して純粋無垢な社会でもすべてが素晴らしい社会でもなく、良

129

＊48　詳細な分析については、王紹光、周建明、韓毓海著、韓毓海『人間正道』中国人民大学出
　　　版社 2011 年を参照。
＊49　新華網 2014 年 2 月 17 日。
＊50　毛沢東「関於正確処理人民内部矛盾的問題」1957 年 2 月 27 日、『毛沢東文集』第 7 巻
　　　人民出版社 1999 年、226 頁。

いことと悪いこと、先進と後進、健全と腐敗、進歩と後退、正義と悪、とが併存する複雑な社会だった。事実、1956 年に毛沢東は「**われわれは、社会主義国のなかではすべてが上手くいくと考える迷信を捨てなければならない。物事には常に、良い面と悪い面の両面がある。われわれの社会には、良いものもあれば悪いものもあり、善人もいれば悪人もおり、先進的なものもあれば立ち後れたものもある。そのわけは、われわれは改造することで悪いものを良いものへ作り変えなければならない。…しかしわれわれはすべてを良くすることはできない、さもなければわれわれの子孫はやることがなくなってしまう**」＊51 と語っている。したがってわれわれは、**弛まぬ改革と弛まぬ完成をめざす制度への自覚と自信を持たなければならないし、社会主義社会と社会主義制度という条件の下で、常に良いことが悪いことを上回り、先進が後進に取って代わり、健全が腐敗に打ち勝ち、進歩が後退を食い止め、正義が悪に勝利することを信じている。**

　では、こうした統治体系を改革、完成し続けるにはどうすればよいのか。これについて、習近平同志は「**中華民族は、異なるものやさまざまなものを大きく受け入れる民族で、長い歴史のなかで常に他人の良いところに学び、それを自らのものにするということを、われわれ民族の特色としてきた。**確固とした制度への自信がなければ、改革を全面的に深める勇気を持てないし、絶え間ない改革から離れれば、制度への自信をどこまでも持つことができないし、持ち続けることもできない。われわれが改革を全面的に深めるのは、中国の特色ある社会主義制度が良くないからではなく、これまで以上に良くするためである。われわれが制度への自信を固めると言うのは、現状に甘んじて進歩を求めないのではなく、絶えず体制・仕組み上の弊害を取り除き、われわれの制度が成熟して長く続くようにするためである」＊52 という現実的な考えを打ち出している。

　これは、制度への自覚と自信について中国の指導者が示した最高の表現である。

＊51 毛沢東「不要迷信在社会主義国家里一切都是好的」1956 年 6 月 28 日、『毛沢東文集』第 7 巻 人民出版社 1999 年、226 頁。
＊52 新華網 2014 年 2 月 17 日。

新中国の成立後、中国共産党の人々は、社会主義現代化を指導する歴史のなかで、中国の特色ある社会主義現代国家としての基本制度と体系を十分に自覚しながらそれらを独創的に作り上げてきた。当然、こうしたプロセスのなかで大きな誤りや紆余曲折があった。毛沢東の誤りは「制（度）」ではなく「政（策）」にあった*53。つまり、彼が創設した執政党や社会主義国家の制度自体は中国の国情と合致していたが、晩年の「大躍進」や「文化大革命」の路線は中国の経済事情や政治状況からかけ離れ、発展段階を飛び越えたために当然の失敗を迎えたのである。

まさに、1981年の「建国以来の党の若干の歴史問題についての決議」で「わが党は自分の誤りを正視し、是正する勇気を持ち、これまでのような重大な誤りの繰り返しを防ぐ決意と力を持っている。史的発展の長い目で見ると、わが党の誤りと挫折は、結局、一時的な現象にすぎない。わが党と人民がこれによって鍛えられたこと、長期の闘争を経て党の中核的隊伍がさらに成熟したこと、わが国の社会主義制度の優位性がさらに顕著になったこと、祖国の隆盛を求める党と軍隊と人民がいよいよ意欲を燃え上がらせていること、これこそ長期的に作用する決定的な要因である」と述べたとおりである。

改革・開放以来、鄧小平は制度体系の再建にあたり、体制に潜む弊害と現実的に対峙しながら中国自身の改革と大胆な改革を行い、さらに将来を見据えた30年にわたる制度建設をめぐる戦略を構想し、後世のために確固とした制度基盤を作り上げた。今日、われわれの目前にある重要な歴史的任務は、まさに習近平同志が「**中国の特色ある社会主義制度をより成熟し、より形の整ったものになるよう推し進め、党と国家の事業の発展、人民の幸福や安泰・健康、社会の調和・安定、国家の長期的な安定に繋がる一連のより完備した、より安定的な、より役立つ制度体系を築き上げることである**」*54と語った言葉のとおりである。これは、中国の制度建設と制度の現代化の目標と方向性は「4つのため」であることをいっそう明確にし、それらはまさに国にとっての核心的利益、根

131

* 53　唐代の柳宗元は、『封建論』のなかで「周が失われるは制にあり。秦が失われるは政にありて制にあらず」と記している。
* 54　新華網 2014年2月17日。

本的利益、長期的利益である。また、この言葉にはこうした制度体系の基本的な特徴、そしてそこに求められるのは、より完備した、より安定的な、より役立つ、ということを明確に示している。このようにして、「国家統治体系・統治能力の現代化の面で、総体的な効果を作り出さなければならない」[*55]のである。ここに、中国の国家統治をめぐる理論と実践の独自性と目的性が反映されている。

このように、習近平同志の重要講話は、旗印の意味合いを持った中国の統治についての施政綱領であり、また中国が制度と統治の現代化を目指す時代に入っていることを示している。具体的に述べると、「講話」は思想の深さを有し、全党と全国から寄せられた知恵を集め、統治をめぐる新しい理念を作り上げている。**政治の正確性**については、われわれの政治の方向性は中国の特色ある社会主義の道であることを明確にしている。**理論の独創性**については、西側の統治をめぐる理論を超えた中国なりの統治の理論の枠組みを構築している。**実践の指導性**については、「講話」が創出した国家の統治理論は改革・開放の実践に根差し、改革・開放の実践を指導することを通じて、その統治体系をより完成させ、その統治能力をより強化し、その統治パフォーマンスをより卓越したものにしている。

---

* 55 新華網 2014 年 2 月 17 日。

第 4 章

政府と市場の関係 [*1]

計画と市場のどちらが多いのかは、社会主義と資本主義との本質的な区別ではない。計画経済は社会主義とはイコールでなく、資本主義にも計画はある。市場経済は資本主義とイコールではなく、社会主義にも市場はある。計画と市場はいずれも経済における手段である。

——鄧小平（1992年）

　市場の役割と政府の役割という2つの問題では、弁証法と二面論*2、「見えざる手」と「見える手」のどちらも適切に運用すべきである。市場の役割と政府の役割との有機的統一、相互補完、相互協調、相互促進といった枠組みの構築に努め、経済・社会の持続的かつ健全な発展を推し進めていかなければならない。

——習近平（2014年）

　政府と市場は、今の中国の発展にとって2つの中心的手段で、両者はそれぞれの分野と側面でそれぞれの役割を果たしている。イメージとしては、これらは中国という東洋の巨人が持つ「2つの手」であり、すなわち「政府の見える手」と「市場の見えざる手」である。

　この「形のある政府の手」と「形のない市場の手」を上手く使いこなす必要があり、これらの手は、それぞれの役割を果たし、それぞれの所を得ているため、両方をしっかりと活かさなければならない。「両手はどちらも硬くなければならない」*3というのは、頑なにならず、市場の役割をさらに尊重しながら、政府の役割をよりよく発揮させることを意味する。「両手をどちらも活かす」というのは、活かしながらも乱れることなく、「2つの手」がそれぞれの強みを発

---

* 1　本章の内容は、「改革の全面的な深化における若干の重大な問題についての中共中央の決定」について解説したシリーズ原稿の1つとして唐嘯氏が整理にあたり、『国情報告』（2014年特集号 第1期1月13日）に掲載されたものである。

* 2　訳注：物事を見る場合に、主要な面とそうでない面、長所と短所など2つの視点を持ち、「対立の統一」をはかるという唯物弁証法の観点。

* 3　訳注：鄧小平の言葉。

揮し、互いに結びつき、補い合い、促し合い、またそれぞれの弱みをカバーし合いながら、抑制と均衡を保ってリスクを打ち消し合うことを表している。

1. 政府と市場は、重要な関係であり大きな矛盾である

　第18期三中全会で採択された「改革の全面的深化における若干の重要な問題に関する中共中央の決定」（以下、「決定」とする）は、「市場に資源配置における決定的な役割を果たさせるように、経済体制改革を深化させる」という重要な理論的観点と実践的指導思想を打ち出した。これは、中国の経済体制改革がまったく新しい時期に差し掛かったことを意味する。この「政府と市場」の新たな位置づけと解釈について、どのように理解すればよいか。改革の全面的深化の時代における政府と市場の関係をどう理解するのか。政府と市場に関係する改革がどのような面に及ぶのか。それが中国の将来にどのような影響をもたらすのか。

　経済体制改革は、改革の全面的深化のポイントである。習近平同志は、「『改革の全面的深化における若干の重要な問題に関する中共中央の決定』についての説明」（以下、「説明」という）のなかで「経済体制改革の核心的問題は依然として政府と市場の関係を上手に処理することである」[4]と述べている。というのも、**「政府と市場」は今の中国の発展の2つの中心的手段で、これらはそれぞれの分野と側面でそれぞれの役割を果たしている。そしてそれは、中国という東洋の巨人が持つ「政府の見える手」と「市場の見えざる手」という2つの手をイメージしている**[5]。

　では、この2つの手は、どのようにそれぞれの役割を発揮させるのだろうか。

---

*4　習近平「関於〈中共中央関於全面深化改革若干重大問題的決定〉的説明」新華社 2013年11月15日。
*5　李克強は「国内外の環境が非常に複雑でマクロ・コントロールが極めて難しい舵取り選択を迫られる状況の下、われわれは根底に力を入れ、改革・開放を発展の根本的な方策とし、市場の『見えざる手』を解き放つ一方で政府の『見える手』をうまく使って、経済の安定した成長を促した」と述べている（「2013年政府活動報告」2014年3月5日）。

またどうすれば、互いに作用し、補い合い、ひとつになり、力を合わせ、発展を促すことができるのか。はたまた、退け合い、衝突し、対立し合うのだろうか。これらは中国の経済発展に直接の影響を及ぼすだろう。「2つの手」の役割をどのように発揮させるか、そのポイントは政府の役割をいかに理解、発揮するかに懸かっている。さらに言えば、具体的な実践と政策のなかで、政府と市場の良好なインタラクティブな関係をどのように構築できるかに懸かっている。特に指摘したいのは、**政府と市場の関係、政府と市場の境界線は固定化した不変のものとはかぎらず、政府の機能と市場の役割の本来の位置づけだけでなく、国の発展における段階と歴史によっても決まってくる。**広大な国土を持つ中国は、地域間の格差が大きく、その発展段階も異なる。そのため、政府と市場を上手く線引きしながらそれぞれの地域、時期、事案に応じて処理する必要がある。

　事実、**建国以来、政府と市場は重要な関係であり、大きな矛盾でもある。また中国の指導者が「いかに認識し、いかに処理するか」について頭を悩ませてきた中心問題でもあり、この問題をめぐって長いあいだ試行錯誤してきた経緯がある。**改革・開放後はさらに大きな転換を迎え、トップデザイン設計と「川底の石を探りながら川を渡る」やり方で模索しながら、社会主義市場経済体制の弛まぬ革新と完成を続けてきた[6]。

2. 「政府と市場」をめぐる歴史の過程

　第1の段階は、新中国の成立後に計画経済体制を採り、「第1次5ヵ年計画」がスタートしてから1978年までの期間である。実践のなかで体制の弊害に気づき、指導者が何度も改革を試みながら、計画と市場の関係を常に調整し、両者の境界線は常に変化していた。

　新中国の成立当時、毛沢東や劉少奇などが「新民主主義経済は計画を持った経済」と打ち出した[7]。毛沢東は、自由貿易や自由競争にはっきりと反対してい

＊6　胡鞍鋼「頂層設計与“模着石頭過河”」『人民論壇』2012 年第 6 期。
＊7　董輔礽主編『中華人民共和国経済史』上巻 経済科学出版社 1999 年、228-229 頁。

た[8]。劉少奇は、1948年10月から12月にかけて「新民主主義経済が普通の資本主義経済と違うのは、新民主主義における国民経済はある程度の具体的な組織性と計画性によって成り立つ点にある」と話している。彼は、例えば大規模な工業、運輸業、商業、銀行、金融機関、対外貿易といった国のあらゆる経済の命綱はひとしく国の掌中に収め、それによって国民経済の組織性と計画性を実施しなければならないと考え、また計画経済の範囲を制限することも打ち出していた[9]。**これは「大計画、小市場」という混合経済のモデルで、大工業は計画経済へ、小工業は市場経済へ組み込むことで、互いが補い合い、大が小をリードしながら互いに調和することを目指していた。つまりこうした形は、中国の国情にわりあい適した経済体制モデルだったと言える。**補足しなくてはならないのは、こうした劉少奇の観点は毛沢東のチェックと修正を経たものだということである[10]。

「中国人民政治協商会議共同綱領」は、中国が計画経済を行うことを定めている。その第33条では「中央人民政府は、すみやかに全国の公私経済における各主要部門を復興・発展させるための総合計画を制定し、経済建設上における中央と地方の分業・協業の範囲を規定し、中央各経済部門と地方各経済部門の相互関連を統一・調整することに努力しなければならない」[11]と定めている。当時の中国にはまだ自由な市場経済があったため、計画経済は1953年まで「大計画、小市場」というやり方を続けた。

実際、新中国の成立以来、中国政府は政府と市場の関係をいかに処理するかについて常に直面していたが、その実質は、計画管理の位置づけ、手段、範囲を定めることだった。これについて、武力等は、1953年以前は計画管理を国が

*8　毛沢東は1949年1月に行われた中央政治局会議で「ある面で、新民主主義経済は計画経済や社会主義の発展へ向けたものではなく、自由貿易や自由競争、資本主義の発展へ向けたものとして考えるのは極端な誤りである。…もう一方の面で、注意と慎重を期して、社会主義化を焦ってはならない」と述べている（薄一波『若干重大決策与事件的回顧』上巻中共中央党校出版社1991年、24頁）。
*9　『劉少奇論新中国経済建設』中央文献出版社1993年、30頁。
*10　董輔礽主編『中華人民共和国経済史』上巻　経済科学出版社1999年、229頁。
*11　「中国人民政治協商会議共同綱領」（1949年9月29日、中国人民政治協商会議第1期全体会議で採択）中共中央文献研究室編『建国以来重要文献選編』第1巻　中央文献出版社1992年、8頁。

経済を管理する1つのやり方としていた、と考えている。それは、指令性計画と指導性計画の2つに分かれる*12。実際には「二重制度」として、国営の大中型企業や国の基本建設では指令性計画を行い、個体経済、私営経済、合作社経済では指導性計画を行った*13。武力等は、国営経済の指導の下でさまざまな経済成分が併存、発展するという所有制の構造と市場経済による調節を基盤としたやり方が政府の計画管理という経済メカニズムを強化し、国民経済のすみやかな回復を促した、と考えている*14。

　1952年、国民経済の回復に伴い、党中央は国家計画委員会の創設に着手し、同年11月に正式に成立した。同年12月、党中央は「1953年の計画および5ヵ年建設計画の綱要の編制に関する指示」を発表した。その後、ソ連の国家計画委員会と経済学者の助けを得て「第1次5ヵ年計画」を修正した。1955年7月の第1期全人代第2回会議で同計画は正式に認可された*15。

　1953年以降、中国は計画経済体制を正式に打ち立て、計画管理の範囲を広げただけでなく、市場調節の範囲を大幅に縮めた。1952年末、国の計画経済の範囲に金融業が組み込まれた。1953年10月と11月には、穀物と油糧に対して国の統一買付と統一販売が行われるようになる。1954年にはそこにさらに綿花が加わった。このように、1953年以降、重要物資については統一の配給制度が実施されるようになった*16。

　1954年に制定した最初の憲法の総綱で、中国は計画経済を実施することが正式に定められた。その第15条で「国家は、経済計画により国民経済の発展と改造を指導して、絶えず生産力を高め、これによって、人民の物質的生活と文化的生活を改善し、国家の独立と安全を強固にする」*17と定めている。劉少奇は「中華人民共和国憲法草案についての報告」のなかで「わが国は、1953年から社会主義の目標に沿って計画的経済建設の時期に入った」と述べてい

---

*12　武力主編『中国発展道路』下 湖南人民出版社 2012年、821頁。
*13　同上書、851頁。
*14　同上書、843-844頁。
*15　同上書、851、912-914頁。
*16　同上書、851、922頁。
*17　「中華人民共和国憲法」(1954年9月20日、第1期全国人民代表大会第1回会議で採択)
　　　中共中央文献研究室編『建国以来重要文献選編』第5巻 中央文献出版社 1993年、524頁。

る*18。つまり、1953年を起点に中国が計画経済を樹立することが正式に決定した*19。単一の公有制経済でも、当然計画経済が行われた。したがって、1949年から56年にかけては、新民主主義経済から社会主義計画経済への過渡的段階と考えることができる*20。

しかし中国の指導者は、決してソ連の計画経済をそっくりそのまま採り入れたわけではなく、これら体制の問題についても認識し、彼らなりの実践に即して混合経済を採り入れることを打ち出した。1956年9月、陳雲同志は、第8回党大会で「大計画、小自由」の構想と「3つの主体、3つの補充」を打ち出した*21。同会の「政治報告に関する決議」はこれらの提案を採り入れ、**社会主義の統一市場では、国家市場がその主体であるが、一定範囲で国家指導の自由市場が付帯し、国家市場の補充とする、**ことを打ち出した*22。また李富春は、第

---

*18 劉少奇「関於中華人民共和国憲法草案的報告」1954年9月15日、『劉少奇選集』下巻 人民出版社 1986年、144頁。

*19 董輔礽主編『中華人民共和国経済史』上巻 経済科学出版社 1999年、230-245頁。

*20 武力主編『中国発展道路』下 湖南人民出版社 2012年、821頁。

*21 陳雲は「我々の社会主義経済の状況は次のようである。商工業経営の面では、国家経営と**集団経営が商工業の主体**であるが、一定数の個人経営を付帯している。この種の**個人経営は国家経営と集団経営の補充**である。生産計画の面では、全国の農工業産品の主要部分は計画に従って生産されるが、同時に一部の産品は市場の変化に従って国家計画の許す範囲内で自由に生産するものである。**計画生産は農工業生産の主体**であり、市場の変化に従って国家計画の許す範囲内での**自由生産は計画生産の補充**である。従って、我が国の市場は決して資本主義の市場ではなく社会主義の統一市場である。社会主義の統一市場では、**国家市場がその主体**であるが、一定の範囲内で国家指導の自由市場が付帯する。この種の**自由市場は国家の指導の下に、国家市場の補充**とし、社会主義統一市場の構成部分である」と指摘している（陳雲「社会主義改造基本完成以後的新問題」1956年9月20日、『陳雲文選』第3巻 人民出版社 1995年、13頁）。

*22 「政治報告に関する決議」では「社会主義改造の勝利につれて、全国の工農業生産品のおもな部分はすべて国家計画に入れられ、その計画に基づいて生産単位によって生産される。しかし、社会の多方面にわたる需要に応えるため、**国家計画の許す範囲で、一部の製品は国家計画のなかにいれず、直接、原料と市場の状況に基づいて生産単位によって生産され、計画的生産の補いとする。**国家は、これらの製品の生産については、ただ需給関係の面から調節したり、参考的な目標数字を決めたりするだけである。もし、この部分の製品を無理に国家計画のなかに入れたり、参考的な目標数字を正式な計画の目標数字にしたりしてこれらの製品の生産に不必要な制限を加えると、経済の発展と人民生活の需要に合わなくなってくる。同様に、**社会主義経済の主体は集中経営を実行するものであるが、しかし、その補いとして一定範囲の分散経営も必要である**」と指摘している（「中国共産党第八次全国代表大会関於政治報告的決議」1956年9月27日に中国共産党第8回全国代表大会で採択。中共中央文献研究室編『建国以来重要文献選編』第9巻 中央文献出版社 1994年、346頁）。

8回党大会で「およそ国家計画のなかにいれられるさまざまな指標は、3つに分けることができる。指令性指標、調整可能な指標、参考性指標である」*23と発言している。こうした観点は、高度に集権化された計画経済体制を大きく修正している。

　1957年5月、劉少奇同志はさらにこれを精錬し、より多様性と柔軟性を備えたものにするべく「われわれは、必ず資本主義よりもさらに多様で柔軟にしていかなくてはならない。われわれの経済がまだ資本主義の経済ほどの柔軟さと多様さがなく、ただ堅苦しい計画性だけだとすれば、どこに社会主義の優位性があるというのか。われわれは、必ず社会主義経済の多様性と柔軟性で資本主義を超え、われわれ人民の経済生活を豊かで色鮮やかな、より便利でより柔軟なものにしていかなければならない」*24と述べている。こうした観点は中国の指導者の大胆な発想で、資本主義経済よりもさらに多様で柔軟になることを目標にしていた。当時、それがどういった経済体制かは分からなかったが、今日の中国の社会主義市場経済体制はすでにこうした優位性を表している。

　1949年から57年にかけては、新民主主義から社会主義への過渡期であるだけでなく、計画管理を持った混合経済体制から計画経済体制へと転換を遂げた時期でもあり*25、新中国が発展した最初の黄金期でもあった。1952年から57年にかけて、GDPの年平均成長率は9.2%に達し、特に工業付加価値の年平均成長率は19.8%にも達した。しかし、農業付加価値の年平均成長率はわずか3.8%とかなり低かった*26。中国のGDP（1990年の購買力平価換算ドル）が世界で占める割合は、1950年は4.6%だったが1957年には5.5%へ上昇している*27。

＊23　武力主編『中国発展道路』（下）湖南人民出版社 2012年、981-982頁。

＊24　劉少奇は「社会主義経済の研究はある問題に特に注意しなければならず、それは社会主義経済が計画性を備えながら多様性と柔軟性のあるものにしていくことである。ソ連のこうした面での教訓は注意に値する。彼らは社会主義経済の計画性や計画経済にのみ終始し、頑なにそれを守ったために多様性や柔軟性がなかった」と指摘している（「関於高級党校学員整風問題的談話」1957年5月7日、中共中央文献研究室編『建国以来重要文献選編』下、湖南人民出版社 1994年、253-254頁）。

＊25　武力主編『中国発展道路』（下）湖南人民出版社 2012年、820-821頁。

＊26　国家統計局国民経済総合統計司編『新中国六十年統計資料匯編』中国統計出版社 2010年、12頁。

＊27　安格斯・麦迪森（アンガス・マディソン）Historical Statistics of the World Economy 1-2008 AD。

当時の計画経済体制に多くの弊害や歴史の限界があったとはいえ、やはり中国の発展段階に見合ったものでかなり成功したことを実践が証明している。中国の指導者もまたこれらの体制改革に実務的に取り組んでいた。

　1958 年、毛沢東は「社会主義商品生産」という新しい概念を打ち出した。「わが国は商品生産がかなり立ち後れ、インドやブラジルよりも遅れている」「今は商品生産、商品交換、価格原理を役立つ道具として、社会主義に役立てなければならない」*28「商品生産を資本主義と混同してはいけない。なぜ商品生産を恐れるのか。ただ資本主義を恐れているだけのことだ」「恐れるな。商品生産を大きく発展させなければならない」「商品生産がどの経済制度と関連するかを見なければならない。資本主義制度と関連するなら資本主義の商品生産であり、社会主義制度と関連するなら社会主義の商品生産である」*29 と述べている。これらの観点が、第 12 期三中全会の「社会主義商品経済」や第 14 回党大会の「社会主義市場経済体制」に見られる重要思想のルーツになっている。

　ソ連型モデルの影響と現実の国情による制約のため、とりわけ「大躍進」「文化大革命」の「左」傾化したイデオロギーの影響から、計画と市場の関係に対する弁証的認識や改革構想は功を奏することなく、むしろかなり長い間、中国は市場経済を制限し、果ては市場経済を基本的に取りやめ、一部地域に限って成果を上げていた自由市場を残した。しかし、1960 年代の国民経済調整期には、すみやかに効果的な供給を高めるために、中国は応急措置として「地下工場」の存在を認め、農村部では「三自一包、四大自由」、つまり「自留地、自由市場、自負盈虧、包産到戸」*30 と「土地の小作や売買の自由、賃借の自由、雇用の自由、交易の自由」が進み、高度に集中した計画経済のなかに制限つきで市場の力を導入した*31。これは極めて特殊な条件下での短い期間の市場経済だった。こうした農村改革は後に摘み取られてしまったが、農民の記憶、指導者の歴史の記憶に残り、1978 年以降の農村改革の重要なルーツになった。

＊28　毛沢東「関於社会主義商品生産問題」1958 年 11 月 9 日、10 日、『毛沢東文集』第 7 巻　人民出版社 1999 年、435 頁。
＊29　同上書、439 頁。
＊30　訳注：自負盈虧は損益の自己負担、包産到戸は請負生産を指す．
＊31　武力主編『中国発展道路』（下）湖南人民出版社 2012 年、814 頁。

1961 年から 64 年にかけて、国家計画委員会は、指令性・指導性・参考性という多元的な計画管理を打ち出した。国営の企業と事業に対しては直接的に計画が実施され、集団所有制の農業と手工業に対しては間接的に計画が実施された*32。

　第 2 の段階は、主に計画経済体制の枠組みの下で常に計画と市場の関係を調整していたが、その基本的な趨勢は市場の要素を取り入れ、価格原理を用いながらも、計画の範囲を大幅に縮めていった。

　1978 年から 1992 年は、改革・開放政策がスタートし全面的に実施された段階で、計画経済体制から市場経済体制への過渡期にもあたる*33第 2 の黄金期であった。計画と市場をどう捉えるかは、この時期にとって重要な理論問題であり実践問題だった。

　1979 年 3 月 8 日、陳雲は計画経済の弊害について「ソ連にせよ、中国にせよ、60 年来、計画体制に見られる主な欠陥は、『計画性のある、均衡を保たせる』という 1 ヵ条はあっても、社会主義制度の下ではさらに市場調節がなくてはならないという 1 ヵ条がなかったことである」と述べている*34。また、「社会主義の全時期には、2 種類の経済がなくてはならない。1 つは計画経済の部分、2 つめは市場調節の部分。……今後、経済の調整と体制の改革では、計画経済と市場調整という 2 つの部分は、一方を追求すれば他方を犠牲にせざるをえない関係ではなく、むしろ互いに呼応しながら増えていく」と指摘している*35。これらの考え方は、のちに「計画経済を主とし、市場調節を補とする」と言われる。

　1979 年 11 月 26 日、鄧小平は「**社会主義でも市場経済を行うことができる**」というこれまでにない観点を提起した。彼は、市場経済が資本主義社会にだけ存在するならば資本主義の市場経済であり、これは絶対に正しくないと考えた。そして「**社会主義でも市場経済を行うことができる。われわれは計画経済を主**

＊32　武力主編『中国発展道路』(下) 湖南人民出版社 2012 年、823 頁。
＊33　武力などは、1978 年から 1992 年を計画経済から市場経済へ向かう移行段階であり、1992 年になってわが国が市場経済を基本の経済制度としてからは、計画管理は言うまでもなくひとつの手段になった、と考えている (同上書、821 頁)。
＊34　陳雲「計画与市場問題」1979 年 3 月 8 日、『陳雲文選』第 3 巻 人民出版社 1995 年、244-245 頁。
＊35　金沖及、陳群主編『陳雲伝』下 中央文献出版社 2005 年、1637 頁。

としながら市場経済とも結びつくが、これは社会主義市場経済である。社会主義はこうしたやり方で社会の生産力を発展させることができる」[36]と考えた。この鄧小平の提案は1958年の毛沢東のそれと見かけは違うが内容は同じで、社会主義商品経済から社会主義市場経済へと、毛沢東よりもさらに一歩進んだものだった。鄧小平は、社会主義は決して市場経済を退けるものではなく、むしろ市場経済を行うことができ、それによって中国の社会生産力を伸ばし、貧困で立ち後れた状況からの脱却を目指そうとした。

1981年11月から1982年1月にかけて、「計画経済を主とし、市場調節を補とする」について、陳雲は次々と言及を重ねている[37]。1981年6月に採択された「建国以来の党の若干の歴史問題についての決議」は、起草のプロセスで陳雲の意見に基づき、「公有制を土台として、計画経済を実行し、同時に市場メカニズムによる調節の補助的役割を発揮させなければならない」と記されている。また、「社会主義における生産関係の発展には、固定したモデルがあるわけではない。われわれの課題は、わが国の生産力発展の要求に基づき、各段階でそれに適した、また前進を続けるのに役立つ生産関係の具体的形態を作り出していくことである」と指摘している。これは、陳雲の先見の明であり政治の知恵である。確かに、中国の経済体制改革が始まると、その総設計者の1人として陳雲は非常に実務的だった。そして、中国の経済体制はひとつの固定化したモデルではなく、弾力性と適応性に富み、改革の各段階で具体的な体制のあり方を創造してきた。

1982年1月25日、陳雲は、国家計画委員会の責任者と計画経済の強化について話し合うことを取り決めた[38]。陳雲は「われわれの国は計画経済で、工業は計画経済を主とし、農業が生産責任制を実施してからも、なお計画経済を主としなければならない。国が計画を行うのには、必ず先後があり軽重があるのを考慮しなければならない。…第1にご飯を食べさせること。食べるご飯の質は悪すぎても良くないが、あまりに良すぎてもいけない。第2に建設を進める

＊36 鄧小平「社会主義也可以搞市場経済」1979年11月26日、『鄧小平文選』第2巻2版　人民出版社 1994年、236頁。
＊37 金冲及、陳群主編『陳雲伝』下 中央文献出版社 2005年、1637頁。
＊38 姚依林、宋平、柴樹藩、李人俊、房維中、王玉清らがこの話し合いに参加した。

こと。ご飯を食べることだけにかまけ、すっかり食べつくし、使いつくしてしまったら、国家として希望がなくなる。逆に、食べられたうえで、まだ生産建設を進める余力があれば、それこそ国家に明るい前途があると言える」*39と述べている。後に陳雲は、計画経済と市場調節の関係を「鳥かごと鳥」の関係に例えて説明している*40。

　1982年9月、陳雲の「第1にご飯を食べること、第2に建設を進めること」「計画経済を主とし、市場調節を補とする」という主張が第12回党大会の大会報告に盛り込まれ、経済建設をリードする重要原則また経済体制改革初期の目標モデルに定められた*41。

　1984年9月、当時の国務院総理の趙紫陽は、多方面から寄せられた意見をヒアリングした後、胡耀邦、鄧小平、李先念、陳雲ら4名の中央政治局常務委員に対して、書簡の形で中国の計画体制について次のようにまとめた意見を提出している。①中国は市場経済ではなく、計画経済を行う。②個人経営経済は、国民経済全体のなかで補助の役割を果たす。③計画経済は、指令性計画を主とすることと同じではない。当面と今後のかなり長い期間内で、われわれの方針は徐々に指令性計画を縮小させ、指導性計画を拡大させる。④指導性計画は主

＊39 譚宗級、葉心瑜主編『中華人民共和国実録―改革与巨変―開創現代化建設新局面 (1977-1983)』第4巻 上 吉林人民出版社 1994年、515頁。
＊40 陳雲「実現党的十二大制定的戦略目標若干問題」1982年12月2日、『陳雲文選』第3巻 人民出版社 1995年、320頁。
＊41 胡耀邦は、第12回党大会報告のなかで「わが国は、公有制を基礎として計画経済を実施している。計画的な生産と流通は、わが国の国民経済の主体をなすものである。同時に、一部生産物の生産と流通については、計画を立てず、市場の調節にまかせることを認めている。この部分は計画的な生産と流通を補足するもので、従属的、副次的なものではあるが、また、必要かつ有益なものでもある。社会主義の国営経済は、国民経済全体のなかで主導的地位を占めている。農村と都市のいずれにおいても、勤労者による個人経営経済が国家の定めるワク内で、しかも商工業行政部門の管理の下に、公有制経済の必要かつ有益な補完物として適宜に発展するよう奨励すべきである。計画経済を主とし、市場調節を従とする原則を正しく貫徹することは、経済体制を改革するうえでの根本的問題である。われわれは指令的性格の計画、指導的性格の計画および市場調節のそれぞれの範囲と限界を正しく区分し、物価の基本的安定を前提として、価格体系と価格管理法を段取りを追って改革し、労働制度と賃金制度を改革し、わが国の状況にあった経済管理体制を確立して、国民経済の健全な発展を保証しなければならない」と指摘している（胡耀邦「全面開創社会主義現代化建設的新局面――在中国共産党第十二次全国代表大会上的報告」1982年9月1日）。

に経済的手段で調節し、指令性計画も経済原理とりわけ価値法則の役割を考慮する必要がある。**社会主義経済は公有制を基礎とした計画を持った商品経済である。**計画は価値法則を通じて実現され、計画のために価値法則を機能させなければならない。「計画が第１、価値法則が第２」という表現はやや不正確なため、今後そのまま使うに適さない[42]。**このように、当時の党内トップレベルの政治的コンセンサスは、依然として「市場経済」ではなく「計画経済」だった。しかし、彼らは第３の道を懸命に模索し、それが「社会主義商品経済」であり、やがて「社会主義市場経済」へと移行していく。**その後、第12期三中全会で採択された「経済体制改革に関する中共中央の決定」では上述の観点が盛り込まれ、計画経済体制から市場経済体制への転換がスタートし、「二重制度」が実施された。１つは計画二重制度であり、指令性計画の指標を大幅に減らし、指導性計画の指標を増やした。２つめに価格二重制度であり、計画価格の範囲を大幅に減らし、指導価格を増やしながら徐々に市場価格を広げていった。３つめに所有制の「二重制度」であり、一方で国営企業の放権譲利（権限の委譲と利益の譲渡）を行い、もう一方で市場メカニズムに基づいて、郷鎮企業、外資企業、個人経営の商工業者が発展することを認めた。1987年の第13回党大会報告では、郷鎮企業が大きく発展したことで、都市部と農村部の市場経済がかつてないほど活気づいたことが認められた。

　第３の段階は、主に社会主義市場経済体制の枠組みの下で、政府と市場の関係に絶えず調整が行われた。

　1992年、鄧小平が南方視察を行った際、「**計画が多いか、それとも市場が多いかどうかでは、社会主義と資本主義の本質的な区別にはならない。計画経済イコール社会主義ではなく、資本主義にも計画はある。市場経済イコール資本主義ではなく、社会主義にも市場がある。計画と市場はどちらも経済手段である**」[43]と述べている。この考え方は、第14回党大会報告の基調となった。報告は、「われわれが社会主義の市場経済体制を打ち立てるのは、社会主義の国家によるマク

---

* 42　中共中央文献研究室編『十二大以来重要文献選編』中 人民出版社 1986 年、535 頁。

* 43　鄧小平「在武昌、深圳、珠海、上海等地的談話要点」1992 年 1 月 18 日-2 月 21 日、『鄧小平文選』第 3 巻 1 版 人民出版社 1993 年、373 頁。

ロ・コントロールの下、市場に資源配分の基礎的役割を果たさせ、これによって経済活動を価値法則に従わせ、需給関係の変化に適応させるためである」「市場にもそれなりの弱みと消極面はあるので、経済に対する国のマクロ・コントロールを強化し、その改善に努めなければならない」*44 と指摘している。

1993年に開かれた第14期三中全会は、第14回党大会で定められた経済体制改革の目標と基本原則にそって、「社会主義市場経済体制確立の若干の問題に関する中共中央の決定」を打ち出した。これは、体制革新という目標を定めた後の「新体制を打ち立てる」段階にあることを表しており、既存の社会主義の計画体制下での改革、修復、完成ではなく、社会主義市場経済体制を確立する段階に入ったことを示している。この決定が、社会主義市場経済体制をめぐる初めての全体設計と青写真だった。決定は、社会主義市場経済の理論を創造的に打ち出し、「姓社姓資」*45 の混迷を払いのけ、社会主義と市場経済は共存できるという旗印を初めてはっきりと掲げ、中国の特色ある社会主義の理論を大きく豊かにした。社会主義市場経済が初歩的に確立したことで、中国人民の創造力が大きく奮い起こされた。

では、市場メカニズムの発揮とマクロ・コントロールの強化の関係をどう扱えばよいか。当時、経済が過熱しインフレが激化した状況下では、これは抽象的な理論ではなく、具体的な実践の問題だった。これについて、江沢民同志は、「時期によって工作のポイントが違っても構わない。それぞれの実際状況に応じて、市場の役割をより強調する時もあれば、国のマクロ・コントロールをより強調する時もある。しかし一方を強調して決してもう一方を軽視しおろそかにしてはならない」*46 と述べている。客観的に見ると、社会主義市場経済が確立される初期には、市場がまだ成熟しておらず、市場システムは不完全で、市場競争は不公平で不透明だった。このため、ミクロ経済を開放し活発にさせると同時に、マクロ・コントロールを適度に強化、改善することが求められた。こうして、まずマ

146

＊44 江沢民「加快改革開放和現代化建設歩伐，奪取有中国特色社会主義事業的更大勝利—在中国共産党第十四次全国代表大会上的報告」1992年10月12日。

＊45 訳注：改革・開放政策をめぐって起こった「姓社姓資」（社会主義か資本主義か）論争。

＊46 江沢民「更好地組織和推進社会主義市場経済体制的建立」1993年11月14日、『十四大以来重要文献選編』上 人民出版社 1996年、555頁。

クロ・コントロールのソフトランディングを初めて成し遂げ、次にアジア通貨危機による外からのインパクトに上手く対応することができた。

　2003年に開かれた第16期三中全会は、第16回党大会で提起された完全な社会主義市場経済体制とよりいっそう活力のある、よりいっそう開放的な経済システムの構築という戦略的配置に基づいて、「社会主義市場経済体制の構築における若干の問題に関する中共中央の決定」を打ち出した。この決定の最も重要な革新点は、「人間本位」の科学的発展観を提起したことだった。ここで「人間本位」の改革観を初めて表明し、21世紀の初めの10年間を指導する改革の綱領的文献となった。また、新体制の初歩的な確立を基礎とした「新体制の完成」という段階に示された指導的綱領でもあった。三中全会では「効率を優先し、公平にも配慮する」原則が重ねて述べられ、「ともに豊かになることを目標とする」という考え方も示された。**これは、社会主義市場経済のバージョン1.0をバージョンアップしたものである。このバージョンでは、主に社会の公平性、社会サービス、環境保護などの面で市場経済固有の欠陥を修正し、すでにこれまで行ってきた放権譲利といった「純粋市場化」のプロセスから脱却し、政府本来の機能に対する調整と刷新が始められ、市場のいくつかの弊害と問題に調整が行われた。そのため、これを社会主義市場経済のバージョン1.5と言うことができる。**

　こうした改革プロセスを通じて、第11期三中全会以来、経済体制改革は一貫して計画と市場、政府と市場の関係をめぐって調整を行ってきた。第11期三中全会では、依然として計画に即してさまざまな比例の関係を調整することが強調されるなど、計画経済体制が多く見られた。第12期三中全会から、計画を主とし、市場を補とするやり方へ徐々に移行した。1993年の第14期三中全会で、社会主義市場経済の改革の方向性が正式に決まった。当時、政府と市場の関係は「国家のマクロ・コントロール下で、市場に資源配分の基礎的役割を果たさせる」とされていた。**このように、計画は、国の経済発展を支配する主要な方式から、政府のマクロ・コントロールというひとつの手段へとすでに変わった。こうしたことは、社会主義計画経済から社会主義市場経済へ向かう歴史の転換、また社会主義を堅持し続けるという政治の方向を意味していた。ここから資源配分の基本手段が根本的に変わった。**第16期三中全会では、社会主義市場経済

に関連する体制をいっそう整備し、同時に市場の失敗や弊害を修正することにもいっそう重点を置いた。「計画経済」から「計画を持った商品経済」へ、さらに「社会主義市場経済」へと、市場の力が少しずつ大きくなった。まさに、認識を絶えず深化させてこそ、実践のなかでいっそう市場の役割を重視することができ、経済の持続的ですみやかな発展を力強く促すことを可能にする[47]。

3. 市場原理をより尊重する

市場経済は、これまで人類が発見したなかでわりあい効率的な資源配分の形である。これまでの経験で、市場メカニズムは経済活力の源泉であり、企業が効率化を図るための最も優れた方法であり[48]、資源配分で市場が決定的な役割を果たすべきことを示している。

さらに見るべきは、市場が資源配分において果たす決定的な役割が持つ、時代に応じて変化する特徴と現実的なねらいである。改革・開放後の相当期間にわたって、市場のシステムとメカニズムがなかなか整備されず、市場はまだ効果的な資源配分ができなかったため、漸進的な改革が求められた。社会主義市場経済体制が完成するにつれ、市場が資源配分するための機能や条件が次第に揃い、社会の各方面でもそれに呼応したコンセンサスが形成されるようになった。

目下、中国は市場システムが未完成のままで、市場ルールが統一されず、市場秩序がルール化されず、市場競争における公平さが不十分で、政府の権力が大きく、行政の審査・認可が煩雑で、マクロ経済への過度な介入や逆に管理監督の不足といった問題を抱え、経済発展の活力と資源配置の効率に影響を及ぼしている[49]。したがって、われわれは機を逸することなく改革への力を大きくし、社会主義市場経済の改革の方向を堅持し、市場が資源配分を決定する市場

* 47 張高麗「以経済体制改革為重点全面深化改革」『人民日報』2013 年 12 月 20 日。
* 48 ヨーゼフ・シュンペーターは、1947 年に「この種の競争（市場経済の条件下での企業間の新たな製品や技術開発をめぐる競争を指す）は、あらゆるほかのやり方よりも効果があり、まるで大砲で扉を吹き飛ばすようにそれらを打ち壊す最良のやり方だ」というすばらしいコメントを残している〈鮑莫爾（ボーモル）『資本主義的増長奇跡』中信出版社 2004 年、1 頁〉。
* 49 習近平「関於〈中共中央関於全面深化改革若干重大問題的決定〉的説明」新華社 2013 年 11 月 15 日。

経済の原理をより尊重し、政府による資源の直接分配を大幅に減らし、資源配分は市場のルール、市場価格、市場競争に基づくよう推し進め、経済発展のパターンを転換し、資源配分の効率の最適化また効果と利益の最大化を実現させるよう努力しなければならない。

第18期三中全会の「決定」は、資源配分のなかで市場が決定的な役割を果たすこと、また政府の役割をよりよく発揮させることを提案した。もとよりそれは、「基礎的」「決定的」といった3文字の並びにすぎないが、改革・開放の進展に伴った、思想の解放、実事求是の姿勢、時代に応じた改革への取り組み、を十分に示していた。具体的には、「決定」の市場化をめぐる改革に対して、次のいくつかの面から理解することができる。

第1に市場主体という角度から、有力企業の登記にまつわる行政審査・認可を大幅に簡略化し、ネガティブリストによる管理ルールをはっきりと打ち出した。ネガティブリストとは、政府が禁止または参入制限している業種、分野、業務などのリストを指し、リスト以外の分野では自由な参入を認めている。そのメリットは、企業がリストと照らし合わせてセルフチェックし、要求に満たない部分は事前にとりまとめて改善することで、企業の市場参入の効率を上げることができる。こうした市場参入をめぐる管理のあり方の改革は、実質的には市場メカニズムによって経済活動を効果的に調節し、一律に行政審査・認可をなくし、一律に法規に基づいて企業が自己決定できるようにし、それによって市場の活力を大きく活性化させ、市場への不必要な足枷をなくそうと試みている*50。これは、政府はミクロ経済活動に直接介入するのではなく、市場の経済活動のために主体的にサービスを行うことを示している。

第2に市場の商品とサービスという角度から、すでに需給調節で市場の主体的地位が確立されたことを基礎に、さらに全国統一の市場システムを作り上げ

* 50 国務院第2回廉政工作会議での李克強の講話（2014年2月11日）では、「行政審査・認可をめぐる権限の廃止と移譲は、量だけでなく質も重んじ、価値が高く有用で、真に市場を活性化させることができるものはそのまま市場や企業へ委ねなければならない。特に投資項目に対する行政審査・認可を最大限に減らす決心をし、同時に投資項目における事前行政審査・認可（訳注：登記制度において、先に証明書を次に営業許可を申請する手順のこと）を減らしルール化させなければならない。市場経済では、投資元、リスク、投資の意思決定の大部分を市場主体に委ねなければならない」と述べている。

ることが求められている＊51。今では庶民の日常消費財や工業生産資料の生産と販売は、すでに計画による統制から市場による調整へ移行し、市場分割は1990年代の中盤以降で明らかに減っている。2012年には、社会消費財、副農産物、生産資料の販売総額のうち、市場による価格調整の割合は98％以上に上っている。目下、政府公定価格の主なものは、水・電気・天然ガス・暖房・石油製品などの資源エネルギー環境類、公共交通機関や都市軌道交通機関などの運賃・タクシー運賃・高速料金・バス運賃などの交通機関運賃、医療サービス・薬品・教育・ケーブルテレビ・公園の入園料などの社会サービス費、学費・受験料・証明書発行代などの行政事業費、などがある。政府公定価格でも、生産やサービスにかかるコストを十分に考慮し、エネルギー削減や公共サービスの質の向上、持続可能な財務財政に寄与しなければならない。

　第3に市場の業種という角度から、競争業種では市場による資源配分が必要とされるため、そうした基本業種では独占をなくし、市場競争のメカニズムを導入する必要がある。一部の公共財の生産と提供についても、所有権を定めた上で市場メカニズムと競争メカニズムを積極的に導入する必要がある＊52。

　中国は、すでに世界最大規模の企業や企業家を有する国となった。国際比較では、中国は現代の市場経済で後れを取りながらも、わずか20数年で現代企業制度を確立し、ビジネスや企業を司る国としてすでに世界最大の市場主体になった。国家工商総局の情報によると、2013年11月末で、全国におよそ1503万8200社の有力企業がある＊53。この数字は2002年の総数（734万社）の約2倍にあたり、年平均6.74％成長している。このように中国は、現代企業や現代企業家が最も早い成長を遂げる土壌や舞台となり、「時代が英雄を作り、英雄が時代を作る」という社会主義市場経済時代の最も顕著な特徴を十分に示している。

＊51　習近平は2013年7月23日に湖北省武漢市で開催した一部の省・市の責任者との座談会での講話の中で、さらに全国統一の市場システムを作り、公平な競争ができる発展環境を作り上げることを提案した。そして資源配分における市場の基礎的な役割をさらに発揮させることを次の深化した改革の重要な方向性とし、統一で開かれた秩序に則った競争を可能にする市場システムをすみやかに構築し、市場の障壁を取り払うことに力を入れ、資源配分の効率を高めなければならないとした。

＊52　胡鞍鋼「論新時期的"十大関係"」『清華大学学報（哲学社会科学版）』2010年（2）。

＊53　『人民日報』2013年12月11日。

　また、中国は世界最多の商標登録出願国にもなった。世界知的所有権機関
（WIPO）のデータによると、1985年の中国在住者からの商標登録出願件数は
43,445件で、2005年にすでに593,382件に上り、世界の総数（2,063,071件）の
およそ28.8％を占めた。さらに2011年には1,273,827件に上り、世界の総数
（2,858,280件）のおよそ44.6％を占め、アメリカ（368,619件）の3.46倍、EU
加盟27カ国（256,774件）の4.96倍に相当している。中国在住者以外も含むと、
その世界に占める割合は、1985年は5.2％、2000年は8.2％、2005年は21.6％
に上り、さらに2010年は28.7％に上り、アメリカの3.75倍に相当する。また、
中国で商標登録された商標数が世界全体に占める割合は、1985年は4.0％、2000
年は9.6％、2005年は12.7％に上り、さらに2010年は41.2％に上り、アメリカ
の7.95倍に相当する（表4-1を参照）。このように、中国は商標登録出願数と
商標登録数で世界最多となり、**アメリカ（1870年）などの資本主義国が100年**
かけたプロセスを、30年足らずでやり遂げた。これらが示すように、中国は、
現代商標登録制度*54を構築し、商標管理を強化し、商標の専用権を保護し、生
産者や経営者に対して商品やサービスの品質保証を促し、商標の信用と評判を
維持し、消費者、生産者、経営者のそれぞれの利益を保障するなど、社会主義
市場経済の発展を大きく促してきた。

　このように市場原理を尊重するねらいは、人々の創造力と全国民の革新への
活力を沸き立たせるためである。それは個々の革新と全体の革新である。それら
を沸き立たせるポイントは、資源を効果的に配分することである。効果的な資
源配分とは、市場と価格を手段として資源を配分することを表し、それによっ
て中国の特色ある独自の革新の道を歩み、革新への活力を十分に沸き立たせる
ことができる。本来の革新を高め、集積し、再革新能力を導き、消化・吸収す

151

*54　1950年7月28日、新中国成立後初の商標法である「商標登録暫定条例」が採択された。
　　1963年3月30日に「商標管理条例」が採択され、商標の登録が課せられるようになっ
　　た。1982年8月23日、第5期全人代常務委員会第24回会議で「中華人民共和国商標法」
　　が採択、1983年3月1日に施行されたことで、1963年4月10日に国務院が発布した「商
　　標管理条例」は廃止された。2013年8月30日、第12期全人代常務委員会第4回会議
　　で、同法は3回目の改正が行われた。中国では、1988年から商標登録ではニース国際分
　　類法を正式に用い、1994年5月5日に「標章の登録のため商品及びサービスの国際分類
　　に関するニース協定」に加入書を寄託し、同年8月9日に同協定に加入している。

表 4-1　中国とアメリカおよび世界の商標登録出願件数と商標登録数
（1985-2012 年）

年	商標登録の出願件数				商標登録件数			
	中国	アメリカ	世界	世界に占める中国の割合（%）	中国	アメリカ	世界	世界に占める中国の割合（%）
1985	49,243	64,677	953,190	5.2	21,668	32,119	547,969	4.0
1990	57,272	127,346	1,345,911	4.3	31,271	61,343	829,254	3.8
1995	172,146	188,850	1,832,769	9.4	91,866	85,557	1,189,662	7.7
2000	212,602	292,964	2,592,666	8.2	150,961	109,544	1,575,096	9.6
2005	659,148	264,510	3,053,753	21.6	253,133	123,160	1,992,042	12.7
2010	1,057,480	281,826	3,686,502	28.7	1,333,097	167,638	3,238,441	41.2
2012	1,619,878	313,641			995,124	180,966		

出所：世界知的所有権機関（WIPO）データバンク、2014 年

る。そして連携して革新することをいっそう重視し、全面的な革新を成し遂げ、開放、協力のなかで中国の科学技術のレベルを向上させていく。企業を主体とし、市場の動きに委ねた、産・学・研が連携した技術革新システムの構築に力を入れていく。こうした技術革新の要素がさらに優良企業へ集まることを促すため、企業の自主革新力を高め[55]、革新によってレベルアップを促し、競争を勝ち抜き、未来を勝ち取る。ここから中国の経済発展が世界最大規模の「メイド・イン・チャイナ」から、最大規模の「クリエイテッド・バイ・チャイナ」の軌道へ歩み出すことを根幹から推し進めていく。

4. すみやかな政府機能の転換

政府と市場の関係、またそれぞれの役割をどのように認識するかは、根本的

---

* 55　2013 年の国家科学技術奨励大会で、温家宝は「科学研究の重点を産業発展の最前線に置くことを堅持し、企業が主導して産・学・研の結びつきを深化させ、企業の技術革新をサポートするさまざまな政策を整備し、企業によるハイレベルの研究開発センターの設立をサポートし、あらゆる技術革新の要素が企業に集まるように導き、コアテクノロジーとキーテクノロジーに多大な努力を払い、ハイテク商品の研究開発と市場開拓で大きく突破口を開いていく」と提案している。

な問題である。これについて、経済学界にはさまざまな理論があるが、ひとつの正解はない。例えば、「市場拡張型政府」(market-enhancing government)論で、青木昌彦氏は、政府は市場メカニズムを拡張させるやり方で市場に介入する必要があるとし、ここから効果的な政府の積極介入主義や政府の理論に対する全く新しいフレームワークを提供できると強調している。また「市場強化型政府」(market-augmenting government)論で、マンサー・オルソン氏は、このような政府こそ経済的繁栄という確かな保証を促進、維持させると強調している。さらに「発展型国家」(the developmental state)論は、ある特定の政府の行為、政策、制度モデルを想定し、そこには発展への強い意欲を持ったエリート群が存在し、将来を見据えた国の発展戦略を自己決定できる力を備え、産業政策によって産業発展と経済成長を推し進める[56]。これら以外の理論や学派もある。それぞれが国や地域ごとの実践をとりまとめ、政府と市場について知るための国際的な経験と教訓を示してくれている。

　ここでは、中国が社会主義市場経済体制を構築した具体的な実践に基づいて私たちが認識、処理した政府と市場の関係を示していきたい。私と王紹光氏が編集した『政府と市場(政府与市場)』(中国計画出版社 2000 年)は、この問題にフォーカスしている。中国は市場経済への転換を図っているが、その本質は政府機能の転換である。私は「政府と市場の関係を模索する(探索政府与市場関係)」と題した国情報告(2000 年)のなかで「多くの面で、政府と市場はそれぞれの役割を発揮できるだけでなく、互いに補い合う役割を果たすことができる。市場の役割を発揮することは、決して政府の役割を否定するものでなく、同様に政府の役割を発揮することは、市場の役割を否定するものではない。政府の役割は、市場の補完であって市場に取って代わることではなく、また市場に友好的であって市場を排斥することではない。有効な政府は、経済と社会の持続的発展のための必要条件であり、市場経済と個人の活動に対して媒介、促進、補完の役割を果たすことで、政府自体の効率や公共資源の利用効率を高め、その統治能力も高める必要がある。市場経済へ転換を遂げるなかで、政府の役

153

* 56 顧明昕「政府的作用是什麼?」『経済観察報』2014 年 4 月 5 日、「"政府主導型発展" 的国際神話」『経済観察報』2013 年 1 月 18 日。

割と介入について改めて線引きしなければならない。これには介入範囲の縮小が含まれ、「すべて管理」から「限られた分野」へ、「過度の介入」から「適度な介入」へ、公共サービスでの「介入の不足」から「介入の強化」へと転じてきた。介入の手段も転換を迫られ、計画や行政などから経済や法律を主とした手段に変わり、直接的なコントロールから間接的なコントロールを主とするようになった。介入は「人治」から「法治」へと変わり、介入そのものが法律による監督や制約を受けるようになった。介入の有効性を高めながら、市場メカニズムを存分に利用し、さまざまな試練と積極的に向き合い、介入の透明度を高めつつ、そのプロセスで起こる「レントシーキング」の現象を減らさなければならない*57。

　一般的に、経済学や政治学では、政府と市場の役割や線引きについていずれも抽象的な議論がなされ、具体的な国の事例に及ぶことは少ない。中国人学者の場合も抽象概念について論じることが多く、中国の事例を具体的に分析することは少ない。このため、学者同士は言い争って、自分が正しいと言うだけである。つまり一般論はあっても個別論がなく、あるいは一般論からさらに一般論は言えても、「一般から個別へ、個別から再び一般へ」という議論ではなかった。

　では、中国政府は果たしてどのような機能を備えるべきか。これについて、私と王紹光氏は、この「個別」に対してかなり具体的で実証性のある総括と考察を行った。そして、中国政府には備えるべき3種類の政府機能があると考えている。1種類目は、一般的な市場経済国が備えているもので、5つの具体的な機能がある。①主権維持と領土保全、②法律の制定・実施と社会の基本的秩序の維持、③所有権の確定とその保護、④契約履行の監督、⑤国の通貨価値の維持である。2種類目は、政府が市場の失敗に関連する分野へ介入するうえで備えているもので、5つの具体的な機能ある。①公共財の提供、②マクロ経済の安定、③外部不経済の内部化、④独占の制限、⑤所得の調節と富の分配である。3種類目は、国情という条件の下で政府が備えているもので、8つの具体的で特殊な機能で、①市場を育成し、公平で統一された市場の構築、②公共投

*57 胡鞍鋼、王紹光編『政府与市場』中国計画出版社 2000年、3頁。

資を重視し、インフラ建設を促進、③産業政策を実施し、産業構造の高度化を促進、④比較優位性を発揮し、地域ごとの発展のアンバランスを解消し、少数民族地域の発展を促進、⑤人口成長を抑制し、人的資源を開発、⑥自然資源を保護し、生態環境の建設に取り組み、大きな河川・湖・沿海の統治を進め、防災・減災・救災に努める、⑦国有資産の管理と経営監督、⑧貧困をなくすための行動計画を実行し、所得・人間・知識の貧困を徐々に解消するという8つである。すべてを合わせると18の具体的な機能になる[58]。なかでも前2種類は「一般から個別へ」に通じる普遍性を持つもので、3種類目は中国の国情という条件下の特殊性を持つ。「個別から一般へ」を考えるならば、おそらく人口の多い発展途上の大国に対して何らかの普遍性を持つと思われる。

　ここで理解すべきことは、中国政府が政府機能と公共サービス分野をどのように線引きしているかである。2006年3月に発表された「第11次5ヵ年計画」の計画綱要では、政府が執り行う11分野の公共サービスについて初めて定めている。それは、義務教育、保健衛生、社会保障、ソーシャルワーク、雇用促進、貧困の減少、防災と減災、公共の安全、公共の文化、基礎科学と先端技術および社会の公益性に関わる技術研究、国防である。綱要では「**これは政府が引き受け、各級の政府がきちんと役割を果たし、公共資源を活用しながら全力で完成させなければならない**。公共サービスを主な内容とする業績評価と行政考課制度を積極的に模索しつつ大胆に革新し、公平で行き届いた良質で高いパフォーマンスを備えた公共サービスを社会に提供する」と明言している。

　綱要では、公共財政から優先的に予算配分する17分野についても初めて定めている。それは、農村部の義務教育と保健衛生、農業技術の普及、職業教育、農村部の労働力育成、雇用促進、社会保障、貧困の減少、一人っ子政策、防災と減災、公共の安全、公共の文化、基礎科学と先端技術および社会の公益性に関わる技術研究、エネルギーと重要な鉱物資源の地質踏査、汚染防除、生態保護、資源管理、国の安全である。また綱要では、財政予算が重点的に割り当てられる地域についても初めて定めている。それは、開放の制限・禁止区域、中

＊58　同上書、3-4頁。

西部地域の特に旧革命根拠地、民族地域、国境地域、貧困地域、三峡ダム地域、資源枯渇型都市などである＊59。

5. 政府の機能をさらに発揮させる

第18期三中全会の「決定」では、政府機能の転換は次の2つの主要部分に基づくことを示している。1つは、**政府機能の正しい位置づけを明確にすることである。**政府機能を転換するには、ミクロ経済活動への直接介入を減らし、マクロ経済調節、市場の管理監督、社会管理、公共サービスへとシフトし、政企分離＊60、政資分離＊61、政事分離＊62、政府と市場の仲介組織との分離、をすみやかに進めることが必要になる。特に、最低ラインについてうまく考え、マクロ思考を重視し、全局性・戦略性・将来性のある重要な取り組みや問題について深く研究し、法治型政府とサービス型政府の建設のために政府機能の過多や不足の問題をきちんと解決しなければならない。2つめは、**政府の執行能力を高めることである。**これは、能力に長けた政府の建設、政府の政策決定能力、執行能力、財政徴収能力、再分配能力、社会の調和と安定を維持する能力の向上、などを含んでいる。公共サービス型政府の建設には、公共サービスを主とした政府の業績評価と行政考課制度を推進し、公平で行き届いた良質で高いパフォーマンスを備えた公共サービスを社会に提供することが求められる。

具体的には、「決定」では政府機能の転換について以下の5つの面の強化を示している。

第1に、マクロ・コントロールでマクロ経済を安定させることである。マクロ・コントロールは、国レベルの経済情勢における不足を市場が保障できるよう補うための重要な措置である。マクロ経済の安定は典型的な公共財で、さまざまな経済活動の主体へ良好な経済環境を提供することに繋がる。科学的なマクロ・

＊59 「中華人民共和国国民経済和社会発展第十一個五年規画綱要」（2006年3月14日、第10期全国人民代表大会第4回会議で採択）。
＊60 訳注：政府と企業の分離。
＊61 訳注：政府と資本の分離。
＊62 訳注：政府と事業単位の分離。

コントロールは、社会主義市場経済体制の強みを発揮したいという内なる要求である。「決定」では、マクロ・コントロールの主な任務について、「経済総量のバランスを保ち、重要な経済構造の調整と生産力配置の最適化を促し、経済の周期的変動による影響を緩和、減速させ、地域的リスクやシステミック・リスクを予防し、市場の期待を安定させ、経済の持続的で健全な発展を実現する」と明確に示している。中国は、社会主義市場経済体制を確立してから一貫して「市場の自発性、盲目性、停滞性を軽減し克服するには、マクロ・コントロールを十分に重視することが不可欠」とはっきり提起している。歴史的経験から見ると、中国政府にはマクロ経済コントロールの構築と完成の面で成功例がある。例えば1997年に初めてマクロ経済を「ソフトランディング」させることに成功している。1998年には内需拡大の方針を実施し、アジア通貨危機の対応にも成功している。2008年11月には内需拡大のための刺激策を打ち出し、世界金融危機に上手く対応し、「市場の失敗」に効果的に対応し、マクロ経済を安定させ、主要なマクロ経済指標においてG20参加国のなかで最も良い結果となった[63]。

　マクロ経済におけるコントロール能力をどのように強化、改善すれば良いのか。「決定」では、「国の発展戦略と計画を導きとし、財政政策と通貨政策を主な手段とする」ことをはっきり打ち出している。この両者がマクロ・コントロールのしくみを構成し、前者は一般的に5年間のマクロ・コントロールに焦点を合わせ、後者は1年ごとのマクロ経済コントロールの目標と任務にねらいを定め、その目標設定と政策手段の運用のメカニズム化を推進し、財政政策、通貨政策、産業、貿易などの政策手段の連携を強化し、自由裁量のレベルを高め、マクロ・コントロールの先見性、指向性、相乗性を強めていく。

　目下、国の発展計画は主に2つある。1つは全体計画で、例えば「5ヵ年計画」のように、その主な役割は国の戦略的意図を明らかにし、5年間の政府活動におけるポイントを明確にし、市場主体の行為を導くことである。例えば、「第12次5ヵ年計画」が決めた5年間の発展目標と「五位一体」の現代化建設のように、政府はこうした配置をめぐって、中心目標、中間目標、予測性目標、

＊63 胡鞍鋼「従政治制度看中国為什麼総会成功」『紅旗文稿』2011年2月14日。

拘束性目標を示さなければならない。「第12次5ヵ年計画」の経済指標はすでに12.5％まで下落し、非経済指標はすでに80％を超えている。今後、「第13次5ヵ年計画」を設定するにあたり、予測性指標を減らし拘束性指標を増やしていかなければならない。予測性指標は市場に向かうべき重要な方向性と情報を提供し、拘束性指標は地方政府も含めた政府を制約するものである。これらを組み合わせたものが、国務院総理による毎年の「政府活動報告」であり、各年の発展における予測性指標、マクロ・コントロールの主要任務、政策の選択方向をはっきりと定めている。ここで説明を要するのは、「マクロ・コントロールは、経済の動きのなかで起こる異なる変動に際して実施される政策にすぎず、景気循環の波をフラットにするための政策であり、よって頻繁に行う必要はない。市場経済を行う以上は市場を信じるべきで、市場には経済安定器としての機能も備えており、小さな景気循環であれば政府がコントロールするまでもなく、市場自体で調整することができる」*64 という点である。

　もう1つは、さまざまな特定プロジェクトである。これらの計画では、当該分野の発展目標、主要任務、政策措置を設定する必要がある。そこには、環境保護、エネルギー、新エネルギーに関わる計画などが含まれ、拘束性指標をさらに強化しなければならない。

　国の5ヵ年計画や特定プロジェクトと地方の5ヵ年計画や特定プロジェクトはリンクしている。国の発展目標と地方の目標の実現が国の目標の実現にも役立ち、国としての目標が打ち出されることは、逆に地方が投資、財政、政策面で国の直接的または間接的なサポートを得るうえで役立っている。

　特に説明を要するのは、習近平総書記は「マクロ政策は安定させ、ミクロ政策が活性化し、社会政策で底固めをし、三者を有機的に統一できるよう努力する」という新たな考え方を提起していることである。マクロ政策が安定すれば、市場主体は予想を安定させ、企業はルール化された競争を行うことができる。ミクロ政策が活性化すれば、市場主体に内在するインセンティブを強め、かえってミクロ経済の安定にも寄与することができる。社会政策が底固めされていれ

＊64 楊偉民「要認清宏観調控三個基本特徴」『経済日報』2013年12月22日。

ば、社会のプレッシャーを和らげ、社会の安定のベースラインを守りながら、マクロ経済を「安定」させてミクロ経済を「活性化」させるための条件を作り出すことができる＊65。これはすでに従来のマクロ経済学を超えた、中国の特色あるマクロ経済学であり社会学である。

　第2に、市場の監督管理である。市場の監督管理はその効果的な動きを保障する重要な措置で、公平で効果的な市場の監督管理は市場競争のルール化と資源配分の効率化に寄与している。こうした措置は、実質的に市場の基本的な秩序を維持している。市場システムは特定のルールに従って動き、市場主体はそうしたルールに従って互いに取引を行う。例えば、市場ルールが破られれば効率が下がり、その動きに支障をきたす。市場の監督管理にまず必要な要素は、統一した監督管理を行い、全国統一市場と公平競争の実現を阻むルールややり方を整理、廃止し、優遇政策を得ようする違法行為を厳禁、処罰し、地方保護主義に反対し、独占と不当競争に反対することである＊66。中国は多くの人口と大きな市場を抱え、今なお大切な発展のチャンスの時期にあり、資源配分を最適化させたいという潜在要求は巨大である。しかしその前提は、全国統一の公平競争ができる市場システムを有していることである。目下、一部に見られる地方保護主義は資源配分のあり方を歪め、公平競争の原則を乱し、全局的な発展と地方の発展にとってマイナスである。次に、市場の監督管理を強めることは、ハード面の整備だけでなく、社会信用システムを強化するなどソフト面の環境整備も求められる。したがって、健全な社会信用調査システムを構築し、信義や誠実を奨励し、信用が失墜すれば罰せられるということが何より重要である。根本的には、こうしたことが企業の負担を軽減し、市場参入のハードルを下げ、市場主体のイノベーションを高める働きをする。最後に、市場の監督管理は、自然淘汰による市場化からの退出メカニズムを健全にし、企業の破産制度を整備しなければならない。こうしたことによって、ある面では市場に自然淘汰という代えがたい決定的な役割を発揮させ、市場競争によって優れた企業を選んでい

159

＊65　王蘭軍「経世済民、治国理政的新思路」『学習与研究』2014年（5）。
＊66　習近平「関於〈中共中央関於全面深化改革若干重大問題的決定〉的説明」新華社2013年11月15日。

かなければならない。また別の面では、合法的な経営を営む良い企業と非合法な経営で他人に損をさせて利益を得る悪い企業、環境保護に注力する企業と高汚染を行う企業、イノベーション型企業とまがいものの企業、正の外部性を持つ企業と負の外部性を持つ企業、これらに対して政府が基準を設けてしっかり区別したうえでそれぞれ必要な政策ツールと措置を提供し、行政審査・認可制、介入制、ネガティブリスト、淘汰基準の全面的転換を整備し、市場主体の積極性、創造性、正の外部性を奨励しなければならない。

　第3に、公共サービスである。効果的な公共サービスは、市場の公共財における「供給の失敗」という欠陥をカバーする重要な制度手配である。政府の公共サービスにおける根本的な選択の方向性とは、より多くの良質な公共サービスを提供すること、国民生活の保障と改善を通じて発展の成果を広く大衆と享受しながらともに豊かになれるよう働きかけることである。かつて、「発展こそ硬い道理」を一面的な理解で「経済成長こそ硬い道理」と捉え、「GDPを以て王とする」ことを評価の基準とし、その規模が大きければ、成長が速ければ「王」としてきた。「決定」では、発展の成果の評価システムの完成を明確に打ち出し、単なる経済成長だけで政治業績を測る傾向を見直し、「指揮棒」の問題を解決している。そして、「GDPを以て王とする」時代に別れを告げ、「国民生活を以て王とする」時代へ歩み出した。ここで明確にしておきたいのは、GDPは政府の政治業績でないこと、また政府の直接投資（国内の予算投資を指す）が社会全体の固定資産投資総額に占める割合はわずか5％ほどで、政府の直接消費（行政支出を指す）がGDPに占める割合はわずか1％ほどである。実際GDPは、企業、農家、投資家、消費者といった経済活動の主体が作り出すもので、GDPの規模や成長を政府が計算することはできない。事実、地方のGDPやその成長率には統計上の問題があり、ある学者の試算によると、2013年上半期の31省、自治区、直轄市のGDPの和が全国のGDPよりも13.7％超過し、3兆1千億元も多かったことがわかった[67]。地方のGDPや成長率は水増しされているのでは、という疑問は当然であり、省級でこのあり様ならば地区級市や県

---

[67] 王志平「地方与中央GDP"打架"亟待関注」人民日報社『内部参閲』2013年12月20日。

級市ではさらに水増しされているだろう。事実、各級の地方政府にとって最も
実益に繋がるのは、やはり都市部と農村部の住民1人当たりの平均収入とその
伸び率の指標の統計をとり発表することだ。では、こうした各級の地方政府に
とって最大の政治業績は何か。それは国民生活、つまり公共サービスである。
「第12次5ヵ年計画」では、初めて基本公共サービス（コラム4-1を参照）に
ついて独立した1章を設け、基本公共サービスのレベル向上を計画期間の社会
発展における重要任務とし、さらに基本公共サービスの全体目標、要求、範囲、
内容、主要任務を明確にしている。これらは各級政府と各部門が実行責任を担
い、財政を投入することで総力を挙げて確実に完遂するよう求められている。
しかし、政府が基本公共サービスに責任を持つことは、必ずしも政府の丸抱え
を意味しない。むしろその供給方法を革新し、公衆の参加を広げ、社会資源と
各方面の積極性を最大限に用いながら、政府が主導し、市場が先導し、社会が
参加するという供給メカニズムを徐々に確立していかなければならない。

コラム 4-1　　基本公共サービスとその内容

　基本公共サービスとは、一般には一定の社会的合意を基礎に成立し、政府主導で
提供され、経済社会の発展レベルと段階に応じた、公民全体の生存と発展を旨とす
る必要最低限の公共サービスである。
　基本公共サービスは4つの段階に分かれる。1つは最低限の生存に関わるサービ
スであり、公共の雇用サービスや社会保障などが含まれる。2つめは基本発展サー
ビスであり、教育、医療保健、文化体育、生活に関わる行政事務など社会事業に含
まれる公益性分野である。3つめは基本環境サービスであり、公共の交通機関、通
信、施設、環境保護などである。4つめは基本安全サービスであり、公共の安全、
消費、国防などである。

　第4に社会管理である。社会管理は、経済のカテゴリーには含まれないため、
市場がその役割を果たすことは難しい。しかし、優れた社会管理は市場が正し
く機能するための必要条件である。したがって、政府の社会統治のあり方の
改善が求められている。その1つとして、システマティックな統治を堅持し、
党委員会の指導を強化し、政府の主導的な役割を発揮し、社会の各方面からの
参加を奨励、サポートし、政治統治、社会調節、住民自治を上手く連動させ

る＊68。2つめは、法による統治を堅持し、法治の保障を強化し、法治の考え方とあり方を駆使して社会矛盾をなくしていく。3つめは、総合的な統治を堅持し、モラルによる制約を強化し、社会行為をルール化し、利益関係を調節し、社会関係を協調させることで社会問題の解決にあたる。根本の統治を堅持し、末梢と根本の問題をともに解決し、根本の解決に重点を置き、グリッド化管理＊69と社会化サービスを指向し、末端の総合的なサービス管理を担うプラットフォームを整備し、人民大衆の各方面や各層が求める利益を直ちに反映できるようにする。

　第5に環境保護である。環境保護は、政府が果たす最も重要な役割の1つで、「決定」では政府による5つの役割の1つとして初めて取り上げられ、特に地方政府の責任を強化している。市場の欠陥として、環境コストを価格シグナルへ全面的に反映させることが難しく、環境保護と生態文明の建設の面で、市場は「虎のために虎が人を食い殺すのを手助けする（悪人を助けて悪事を働くこと）」役割を果たしてしまっている。そのため、政府による一連の政策ツールや手段を用いて、環境保護のなかで市場がカバーできないところを効果的に調節、補完する必要がある。これによって、「GDP崇拝」や「指揮棒」としてのGDPの役割を弱め、政府の業績評価や役人の人事考課のなかに社会発展や生態環境など多様な判断基準を取り入れ、経済成長をバロメーターとする割合を減らし、各地方の役人を「GDP競争」から「エネルギー削減競争」に転じさせなければならない＊70。資源型商品の価格や環境保護のための費用徴収をめぐる改革を引き続き深化させ、構造調整、資源節約、環境保護に役立つ資源性商品の価格メカニズムと環境保護のための費用徴収制度をすみやかに構築し、健全化し＊71、要素価格のねじれから生じる経済コストを大幅に減らし、エネルギー資源の生産性を高めていかなければならない。

＊68 李立国「改革社会組織管理制度 激発和釈放社会発展活力」『求是』2014年（10）。
＊69 訳注：地域を格子状に区切って1区域（グリッド）とし、各グリッドに公共サービスを行う人員やネットサービスやクラウドサービスなどデジタル化された行政サービスを提供する社会管理の新しい形。
＊70 胡鞍鋼、鄢一龍、楊笠松「打造中国経済昇級版：背景，内涵与途径」『国家行政学院学報』2013年（4）。
＊71 「十二五規劃綱要」第49章。

特に指摘すべきは、政府と市場の境界線は固定した不変のものとはかぎらず、一定の決まりがあるものでもなく、時々の情勢、地域、事柄に応じて変化していく。中国にかぎって言えば、それぞれの地域、発展段階、市場の発展レベル、市場主体が求めるものによって変化、適応する。しかし大きな趨勢としては、資源配分で市場が決定的な役割を果たすことが徐々にはっきりし、政府は市場主体にサービスし、市場の失敗をカバーするといった面で徐々に重要な役目を果たし、社会主義市場経済体制の「2つの手」になりつつある。このように、中国の社会主義市場経済の実践は、「2つの手」は常に「1つの手」よりも優れていることを表している。

6. むすび──「2つの手」は常に「1つの手」よりも優れている[72]

政府と市場は、社会のなかの2つの主要な側面として存在し、対立しながらも統一されてきた。「オールマイティ」なものとして政府にだけ依存する、あるいは「万能薬」として市場にだけ依存するのでは、中国の経済発展を根本から推し進めることは不可能である。両者の相違、役割、長短を知り、相互に関連させ、相互に依存し、相互に作用することを強調するならば、一定の条件下でこれらの対立は統一に転じることができる。これは、政府と市場の関係を唯物弁証法に即して表現している。もし経済国家を人間の身体に例えるなら、政府と市場という「2つの手」は「1つの手」よりも良く、たとえその「片方」がどのようであろうと「2つの手」は「1つの手」よりも優れている。中国の経済体制改革がそのスタートから旧ソ連や東欧諸国の移行経済と異なっていたのは、歴史の経験が示している。つまり、単に「1つの手（計画）」から「もう1つの手（市場）」[73]に

---

* 72 2014年5月26日、習近平同志は、中央政治局第15回集団学習の場で「市場の役割と政府の役割という2つの問題において、弁証法と二面論を重んじる必要があり、『見えざる手』と『見える手』のどちらも適切に運用すべきである。市場の役割と政府の役割との有機的統一、相互補完、相互協調、相互促進といった枠組みの構築に努め、経済・社会の持続的かつ健全な発展を推し進めなければならない」と述べている（新華社 2014年5月27日）。
* 73 詳細は、世界銀行『1996年世界発展報告：従計劃到市場』中国財政経済出版社 1996年を参照。

取って代え、本物の手を切り落としてまがいものの手（悪い市場）につけ替えたのではなく、むしろ「2つの手」に転向し、政府の手を調整（機能の転換）しながら、市場の手を育成（委ね育てる）し、混合型の社会主義市場経済体制を確立、完成させ、「2つの手」の強みを活かしながらその弱みをカバーしてきた。まさに、張高麗同志が「現代市場経済の条件下では、市場は見えざる手であり、資源配分において決定的な役割を果たし、政府は見える手であり、主に市場の失敗を補う役割を果たしている」*74 と述べたとおりである。このため、「決定」では、政府と市場という「2つの手」を上手く調和させ、**政府の手は市場の手のためにあることをはっきりさせたうえで、政府と市場の役割は対立するものでなく、むしろ互いに補い合うものであること、単に市場の役割を多くしたり、政府の役割を少なくしたりということではなく、両者を1つに捉え、それらは強みで補い合**い、有機的に結びつき、協働して力を発揮することを示している。中国は、国土が広く人口の多い大国で、地域によってそれぞれの特徴があり、一部の地域ではまだ市場が育ち切っていないため、政府の役割が増えることもありえる。ただ、政府がミクロ経済に過度にまたは直接に介入すれば問題が生じるだろう。この両者間の度合いをいかに上手く図るかは、重要な政治手腕と統治手腕であり、両者を併存させても矛盾することはない。

　まさに、こうしたそれぞれの繋がりと違いの発展をめぐる文脈のなかで、政府と市場の関係を正しく扱うには、市場の「形のない手」と政府の「形のある手」をそれぞれ上手く使いこなすことが求められている。

　では、この「2つの手」をどのように使うのか。それには2つの原則がある。

　1つは、それぞれの役割を果たし、それぞれの持ち場を得て、それぞれの良さを活かしていくことである。市場の手は、資源配分、効果的な競争の保障、イノベーションの奨励、価格のてこによる需給調節などの面で積極的な役割を果たすことができる。しかし、その反面、市場には「ペテンの手」もあり、利益猛追の下にある市場には自発性と盲目性が存在し、市場主体が極端に個人の利益を得ようとすると、社会や集団の利益ないしは環境の利益を大きく損なう

＊74 張高麗「以経済体制改革為重点全面深化改革」『人民日報』2013年11月20日。

場合もある。したがって、一部の分野では市場による略奪の手を取り締まる必要がある。そして政府の手は、効率的な市場を組織するためのなくてはならない役割を果たし、インフラなどハード面の投資と公共衛生、教育、知識、情報などソフト面の投資を通じて、さまざまな市場資源がより効率的に配分されるよう促している。また、「市場の失敗」でもなくてはならない役割を発揮し、マクロ・コントロールを通じてマクロ経済の安定を保障し、雇用政策を積極的に実施して国民生活を保障し、基本公共サービスの均等化によって地域ごとの発展格差を抑えている。しかし、その反面、政府が市場に過度に介入し、政府が主体となって経済利益を得たいあるいは取り上げたいという衝動に駆られる場合もある。このため、「2つの手」がそれぞれの分野で良さを活かせるよう、踏み込むべきでない分野は踏み込まないようにしなければならない。

　2つめは、透明で公開されたルールで「形のある手」を監督し、「形のない手」を保障することである。政府の「形のある手」と市場の「形のない手」は、どちらも公開され透明化されたルールと管理によって監督を受け、制度的手段で2つの手を制限しなければならない。予測可能という制度の公平性があってこそ、2つの手を陽の光の下で動かすことができ、不文律によって良い面を損なうことを避けることができる。

　このように、政府の「形のある手」と市場の「形のない手」を上手く用いながら、2つの手がそれぞれの役割を果たし、それぞれの持ち場を得て、それぞれの良さを活かせるようにし、2つの手をしっかりさせながら、そのどちらも活かしていかなければならない。「両手をどちらもしっかりと」とは、頑なになることなく、市場の役割をいっそう尊重しつつ政府の役割をよりよく発揮することを意味している。「両手をどちらも活かす」とは、活かして乱れることなく、「2つの手」がそれぞれの強みを発揮しながら、互いに結びつき、補い合い、それぞれの役割を促し合い、それぞれの弱みを回避し減らしながらも、双方が抑制と均衡を保ちながら、それぞれのリスクを打ち消す役割を果たしている。こうしたことは、目覚ましい成果を上げた中国の経済統治という経験が30余年の改革・開放によって証明され、さらに社会主義市場経済体制の優位性を大きく示している。

第 5 章

国有経済と民営経済の関係 [*1]

中華人民共和国の経済建設の根本方針は、公私兼顧・労資両利・城郷互助・内外交流の政策をもって生産発展・経済繁栄の目的を達成するにある。…各種社会経済の要素を国営企業の指導下に、分業・協業し、おのおのその所を得させ、もって社会経済全体の発展を促進する。

　　　　　　　　　　　　　　　——「中国人民政治協商会議共同綱領」(1949年)

　公有制経済と非公有制経済は、いずれも社会主義市場経済の重要な構成部分であり、ともに中国の経済社会発展の重要な土台である。

　　——「改革の全面的深化における若干の重要な問題に関する中共中央の決定」

　　　　　　　　　　　　　　　　　　　　　　　　　　　　　　(2013年)

　今後の中国経済の発展は、中国の国情に即して「2つの足で歩む」ことを堅持し、国有企業を「大きく、強く、優れたものに」するべく大いに発展させるだけでなく、さらに民営企業を「活発で、生き生きした、細やかなものに」していき、「2つの足」をどちらもしっかりさせ、2つのタイプの企業を健全に成長させていかなければならない。今後の中国は、混合経済の1つの優れた発展モデルを作り上げていくだろう。

　中国の混合経済体制は、世界に対して「正の外部性」と「スピルオーバー効果」を大いに備えている。国有企業と民営企業は、世界の大舞台で競争のなかで協力し、協力のなかで強くなることで、中国の経済的な発言力を強めていく必要がある。国内外の大きな発展空間は、すべての経済構成要素にとって大きなチャンスである。よって、さまざまな経済構成要素はみな十分に大きく発展できる空間を持っている。

　新中国の成立後、果たしてどのような基本の経済制度が打ち立てられたのか。

＊1　本章の内容は、「改革の全面的な深化における若干の重大な問題についての中共中央の決定」について解説したシリーズ原稿の1つで、唐嘯氏が整理にあたり、『国情報告』(2014年特集号 第1期 1月13日) に掲載されたものである。

それはどのような所有制の構成要素から成り立っているのか。どうすれば中国の国情に真に見合った発展段階に応じた経済モデルを見つけることができるのか。また、どのように公有制経済とその他の所有制経済の関係を処理すればよいか。これらは、中国の指導者が向き合い、答えるべき基本の問題である。これまで 60 年余りの弛まぬ実践と試行錯誤を経て、中国の社会主義の基本経済制度を真に確立させてきた。それは、公有制を主体とした多様な所有制経済がともに発展するという経済制度である。**こうした制度は、世界でもかなり独特で大きな強みを備えている。なぜなら、それによって多様な所有制がそれぞれの強みを十分に活かし、各方面の積極性と創造性を十分に発揮することができる、これまでの世界各国のなかで最も活力と競争力に富んだ経済制度だからである。しかし、こうした制度は決して順風満帆に築かれたのでなく、最初は肯定され、その後に否定され、再び肯定されるという曲折と長いプロセスを経てきた。それは「2 つの足で歩む」から「1 つの足で歩む」に、そして再び「2 つの足で歩む」へと転じる歴史プロセスを経てきたのである。**

1. 国有経済と民営経済の関係の歴史的変遷

新中国の成立以来、各時期における所有制の構造の発展プロセスを振り返ると、数回にわたる大きな制度革新を経たことが分かる。それは、成功と失敗を経験し、再び成功からさらに革新へ向かう歴史の変遷で、大きく次の段階に分けることができる。

① **建国初期の新民主主義による混合経済の段階**

この時期に初めて制度革新が行われ、それまでの半封建・半植民地経済から新民主主義経済へと移行した。かつて劉少奇は、建国初期の経済条件の下で、中国はソ連の単一の公有制ではなく、私的資本主義を採用し、多元化された経済構成要素の存在を認めなければならない、と明確に打ち出した。当時、毛沢東は劉少奇のこうした点を肯定し、党の第 7 期二中全会の議題に上げることを望んでいた[*2]。

＊2　薄一波『若干重大決策与事件的回顧』上巻 中共中央党校出版社 1991 年、47-49 頁。

これが、共産党指導者による最初の「混合経済論」だった。

　新中国の成立当初、社会主義国営経済、私的資本主義経済、農民と手工業者の個人経営経済、合作社*3経済、国家資本主義経済、の5種類の異なる経済構成要素が存在していた。当時、共和国として初めて混合経済の構成要素が共存し、経済カテゴリーとしては「私有経済を主とし、国有経済が主導する、多種の経済構成要素が共存する多様化された混合経済」だった。当時の第1次土地改革と国有化はかなりの成功を収めた。国有化はかなり限られたもので、新政府は官僚資本を強制的に没収し、すぐさま国有経済に転じただけに留まったため、私的経済と資本主義経済を制限、廃止することはなかった。当時の「共同綱領」の第26条は「中華人民共和国の経済建設の根本方針は、公私兼顧・労資両利・城郷互助・内外交流の政策をもって生産発展・経済繁栄の目的を達成するにある。国家は経営範囲・原料供給・販売市場・労働条件・技術設備・財政政策・金融政策等の各面において、**国営経済、合作社経済、農民および手工業者の個人経済、私的資本主義経済および国家資本主義経済を調整し、各種社会経済の要素を国営企業の指導下に、分業・協業し、おのおのその所を得させ、もって社会経済全体の発展を促進する**」と定めている。また第30条は「**およそ国家の経済と人民の生活に有益な私営経済企業については、人民政府はその経営の積極性を奨励するとともに、その発展を助けねばならない**」と定めている。さらに「共同綱領」では「一歩一歩封建的、半封建的土地所有制を農民的土地所有制に改め」「労働者・農民・小ブルジョアジーおよび民族ブルジョアジーの経済的利益およびその私有財産を保護する」ことを定めている。毛沢東は、これを「物事を全面的に考慮する」方針の精神と表現した。私営経済について、毛沢東は「違いがあっても、公平に扱う（有所不同、一視同仁）」という方針を打ち出した。ここでの「違いがある」とは、国営経済を社会主義の性質を持った主導的位置づけとしているため、私的資本主義経済と共存している経済とは区別しなければならない。しかし、それ以外では「共同綱領」に基づい

＊3　訳注：合作社は地域の協同組合を指す。信用、運輸、供給、消費、生産などの分野に分かれ、資本主義経済から社会主義経済に転化するための過渡的な役割を果たす。その後、合作社は人民公社へ移行する。

て、公有制と私有制が一様に発展し、私をなくして公だけ残すことを誤りとすることが「公平に扱う」として示されている。劉少奇は、さらに新民主主義制度を強固にするための構想について、「新民主主義経済は、1つの過渡的な性質を持つ経済で、10年から20年の時間を要して、新民主主義の5種類の経済構成要素がそれぞれの持ち場を得て、いずれも発展するようにしなければならない」と打ち出している[4]。

　こうした方針は、中国の国情と経済の発展段階に見合ったもので、西側資本主義の私有制とも、ソ連の社会主義の公有制とも異なっている。このような新民主主義の経済制度は、中国現代史における最大の制度的変遷で、さらに10年から20年を費やして徐々に順応させ、強固にしていくプロセスを経てきた。

　しかしそのわずか数年後、党中央と毛沢東は過渡期の総路線として「一化三改」を決定し、「社会主義の全人民所有制と合作社社員の集団所有制を拡大し、農民と手工業者の自己労働を基礎とする私的所有制を合作社社員の集団所有制に改造し、労働者階級の余剰労働の搾取を基礎とする資本主義の私的所有制を全人民所有制へ改造する」[5]ことを打ち出した。つまり、都市部では2度目の国有化と集団化が行われ、都市の私有経済をなくし、都市の個人経営経済を減らし、農村部では集団化が行われ、農村の個人経営経済と土地の私有制を廃止した。これはソ連の理論の影響が大きかった[6]。

　2度目の大きな制度革新であった「社会主義三大改造」[7]は、本来は5ヵ年計画の3期分かそれ以上の年数をかける予定のはずが、実際は1956年に達成され、過度に純化した公有制への変革がかなり性急に執り行われた[8]。残念なが

171

* 4　薄一波『若干重大決策与事件的回顧』上巻 中共中央党校出版社 1991 年、58-61 頁。
* 5　「為動員一切力量把我国建設成為一個偉大的社会主義国家而奮闘——関於党在過渡時期総路線的学習和宣伝提綱」（1953 年 12 月に中共中央宣伝部が制定・発布、中共中央が採択）『建国以来重要文献選編』第 4 巻 中央文献出版社 1993 年、701 頁。
* 6　毛沢東は、過渡期における党の総路線について「中央委員会はレーニンの過渡期に関する学説に基づく」ことを打ち出し、これが重要な理論的根拠となった（龐松『毛沢東時代的中国（1949-1976）』第 1 巻中共党史出版社 2003 年、307 頁）。
* 7　訳注：1953 年に打ち出した過渡期の総路線の課題の 1 つ。プロレタリア独裁下で、生産手段の私有制を社会主義の公有制に変革することを指す。これには農業、手工業、資本主義商工業の社会主義改造が含まれる。
* 8　黄克誠は「われわれは毛沢東が良かれと思っていたことを知っている。彼は一生、人民の事業のために懸命に心を砕いていた。晩年になっても、毛沢東の大志はなお大きく、本来

ら、その後は 5 種類の経済構成要素がともに調和、発展するという目標を掲げることはなく、むしろそれぞれを区別することで、社会主義三大改造に対峙しようとしてきた。この取り組みは、1956 年には基本的に達成した。雇用では、都市（城鎮）の個体労働者[*9]は 1949 年の 724 万人から 1953 年には 898 万人のピークに達し、雇用者数全体（2754 万人）の 32.6％を占めるが、1956 年には 16 万人に急減し、雇用者数全体（3205 万人）の 0.5％となる。私営企業の雇用者数も、ピーク時だった 1953 年の 367 万人から 1956 年には 3 万人に激減している[*10]。これ以降、社会主義全人民所有制と社会主義集団所有制が国民経済の土台になった。

② 社会主義公有制経済の段階

1956 年から改革・開放前までが第 2 段階にあたる。この時期、主に社会主義全人民所有制と社会主義集団所有制の 2 つの公有制経済を主とし、これらを社会主義の基本経済制度とし、個人事業者や私営企業を資本主義と見なした。公有制経済が国民経済全体のほぼ 100％を占め、非公有制経済はほぼ影を潜めてしまった。「一に貧しく二に空白」という土台の上に、アメリカを主とする西側からの制裁的封鎖を背景に、中国は自主独立のやり方で独立したわりあい整った工業体系と国民経済体系を打ち立てた。都市の個体労働者における雇用者数は、1960 年代初めに 1 度回復して 1963 年のピーク時には 231 万人に上ったが、1977 年にはわずか 15 万人を残すだけだった。上海、北京、天津など雇用創出に最も適した大中都市でも、100 万人近い新たな労働力が農村へ下放されていた。こうした単一の公有制は、中国の国情や条件の下では生産力の発展規律に合わず、都市と農村でより多くの雇用を創出することができず、経済効率を低下させ、経済発展に影響したことがここから見て取れる。

1978 年の GDP はわずか 3645 億元にすぎず、農村はおよそ 2 億 5000 万もの

は数百年かけてやるべき事を一生の内にやり遂げたいと思うようになり、数年か数十年の内にやろうとして結果的にいくつかの問題を引き起こし、理想主義の過ちを犯した。しかしその本来の意図から言えば、やはり人民にまつわる事を良くし、革命事業を前進させることだった。彼はこうした理想のために一生苦労を重ねてきた」と語っていた（唐洲雁「走近毛沢東」『光明日報』2013 年 12 月 23 日）。

＊9　訳注：個人経営やそうした企業に従事する労働者。

＊10　国家統計局編『中国統計年鑑 1984』中国統計出版社 1984 年、107、111 頁。

貧困人口を抱え、都市には数千万に及ぶ求職者があふれた。しかし、中国の公有制は必ずしも単一ではなく、こうしたなかでもさまざまな公有制経済が入り混じり、行われていたことにも注意しなければならない。つまり、高度な公有制の経済構成要素のうち、例えば全人民所有制が占めるのは人口の5分の1にも満たず、それ以外の都市の集団所有制経済や農村の人民公社経済など公有制の度合いが極めて低いものも存在し、当時の極めて低い生産力の原因となっていた。

都市や農村にはなお多くの活気ある市場の力があったが、当時これらは「資本主義の自然発生的勢力」、例えばブラックマーケット（非合法市場）やグレーマーケット（準市場）の取引と見なされていた。広大な国土の中国で、こうした市場の力は常に「野火が野山を焼いても焼き尽くせず、春風が吹くとまた芽を吹く」ように、いったん改革が始まると、さまざまな経済構成要素が爆発的な成長を遂げていった。

③　社会主義混合経済へ向けた転換の段階

1978年に改革・開放政策がスタートすると、基本経済制度は徐々に大きく転換し、2種類の公有制の経済構成要素から多種の経済構成要素からなる共存に変わってきた。まず、郷鎮企業がすみやかに発展した。当初は集団所有制の社隊企業として市場メカニズムを取り入れ、計画指標や価格統制もなく、上級の主管部門から統制を受けることもなく、市場の活力を持った新たな経済組織となった。次に、個人事業者は、1978年当時は都市の雇用人口の0.16％を占めていた。1979年12月に党中央が支持を添えて転送した「元商工業者に対する若干の具体政策に関する規定」から1980年8月17日に党中央が転送した「都市の労働就職工作をさらに立派に行う」に至る政策文書のなかで「都市の個人経営経済を奨励、育成する」ことをはっきりと示した。

1982年9月には第12回党大会報告で、「多種の経済形態」という考えを初めて示し、国が定める範囲内と商工業への行政管理の下で、農村と都市のいずれも労働者の個人経営と個人経営経済の適度な発展を奨励し、公有制の経済にとって必要かつ有益な補充にしていかなければならないことを打ち出した。同年12月、第5期全人代第5回会議で、「中華人民共和国憲法」第11条の「法律の定

める範囲内の都市・農村勤労者の個人経営経済は、社会主義公有制経済の補完物である。国家は、個人経営経済の合法的な権利および利益を保護する」ことが採択された。1984年10月、第12期三中全会の「経済体制改革に関する中共中央の決定」では「さまざまな経済形態を積極的に発展させる。全人民所有制経済は、わが国社会主義経済の主導的な力である。集団経済は、社会主義経済の重要な構成部分である。さまざまな経済形態と経営方式の共同の発展を堅持する」と示している。この決定により、この時期に都市の個人事業者はすみやかな発展を遂げた。1985年になると、こうした個人事業者の都市における雇用者数の割合は3.51％になり、1990年には3.60％に伸びた。

　1987年、第13回党大会の報告で、誤った歴史認識を深く反省し、1950年代後半に始まった「左」寄りの誤りから、功をあせりすぎ、むやみに純粋性を求めた結果、主観的な願望と大衆運動に依拠しさえすれば、生産力を急速に高めることができると考え、社会主義の所有制形態は大規模であればあるほど良いと考えていた。所有制と分配において、社会主義社会にとって過度の純化や絶対的な公平は必ずしも必要ではない。目下、全人民所有制を除くほかの経済構成要素はさほど発展しておらず、むしろまだ足りていない。こうした動きは、社会主義基本経済制度に対する党の認識が、「過度に純化」された社会主義経済体制から混合経済体制へと大きくブレークスルーしたことを示している。したがってこの党大会報告では、公有制の前提の下に多種の所有制経済を発展させていくことをはっきりと打ち出した。私営経済の適度な発展は、生産の促進、市場の活性化、雇用の拡大に役立ち、人々の多方面にわたる生活要求をより満足させ、公有制経済にとって必要かつ有益な補充となる。

　これにより、1988年の憲法改正案で第11条に「国家は、法律に規定する範囲内で私営経済の存在と発展を認める。私営経済は、社会主義公有制経済の補充である。国家は、私営経済の適法な権利及び利益を保護し、私営経済に対し誘導、監督及び管理を実施する」という規定が追加された。これは、混合経済のなかで私営経済の構成要素が発展することへの「青信号」であり、重要な法的保障が与えられたことを示している。1990年には、私営企業の雇用者数が都市の雇用者数全体の0.33％を占め、その大部分は個人事業者が民営企業へ転身

したものだった。

　やがて、対外開放政策は基本の国策となり、全人民所有制という枠を取り払っただけでなく、さらに現代化の要素や競争力のある外資による直接投資企業を積極的に受け入れ、混合経済の形成を促した。1984年5月4日に党中央と国務院が認可し、転送した「沿海部分都市座談会の紀要」は大連など沿海港湾の14都市の開放を決定し、経済技術開発区を段階的に創設することを発表した。「紀要」では「外資による建設プロジェクトをめぐる審査・批准の権限の緩和、外貨の利用額と貸付の増加、外資や先端技術の導入による古い企業の改造への積極的な支持、外国との合弁企業・合作企業・外資投資企業に対する若干の優遇措置、経済技術開発区の創設、加工貿易の発展、いくつかの都市に対する開放種別の調整、インフラ建設の強化、外資利用計画に対する指導の強化」を打ち出し、改革の先陣を切った。1986年4月12日、第6期全人代第4回会議で「外資企業法」が採択され、外資の経済発展にとっての法的根拠となった。1987年の第13回党大会報告では「中外の合資経営企業、合作経営企業および外商の単独投資企業も、わが国の社会主義経済の必要かつ有益な補充物である。国外の投資者の合法的な利益を確実に保護し、投資環境をさらに改善すべきである」とはっきり指摘している。1979年から1982年までの外資による直接投資額はおよそ17億7000万ドル、1983年から1985年まではおよそ43億ドルだったが、1986年から1992年まではおよそ300億ドルに達している。それらの対GDP比は、1983年は0.3%だったが1992年には2.3%に達している[11]。1979年から1984年の間の外資の直接投資によるプロジェクト件数の累計は3724だったが、1985年から1992年の間では87543に上っている[12]。

　この時期、中国では全人民所有制企業や機関の大がかりな私有化は行っておらず、企業の経営自主権を拡大させながら、経営責任請負制を推し進め、インセンティブ・メカニズムを変えることで、これら企業の転換を促した。このため、国有単位（全人民所有制の企業や機関）の雇用者数自体は増加したが、都市の雇用人口に占める割合は明らかに減少し、1990年は60.71%と1978年の

＊11　国家統計局編『中国統計摘要2013』中国統計出版社 2013年、69頁。
＊12　同上書、243頁。

78.32％に比べて17.61ポイント下がっている。また、都市の集団単位（集団所有制の企業や機関）がその雇用人口に占める割合も次第に下降線を辿り、1990年には20.83％と1978年の21.53％よりもやや下回っている。

この時期、中国は単一の公有制経済から公有制経済と非公有制経済の共存へと次第に変わりつつあった。それは、「1つの足で歩む」から徐々に「2つの足で歩む」に変わっていったイメージで、共生とウィンウィンの新しい形を作り出し、当時の中国経済の高度成長を生み出した2つの原動力となった。

1993年、わたしは1978年から1992年までのデータに基づいて、次のような結論を得た。それは、改革・開放以降に突破的かつ実質的な進展を遂げたものの1つは、非国有経済のすみやかな発展である。これが国有経済の独壇場という状況を打破し、経済構造に明らかな変化を生み、非国有経済を主とする多種の経済構成要素が共存する混合経済を作り上げた。当時の中国では、2つのタイプと9種類の経済構成要素がすでに形成されていた。2つのタイプとは、国有経済と非国有経済である。9種類の構成要素とは、①国有経済（生産資料を国の所有とする経済タイプを指す）、②集団経済、③（国と民間による）公私合営経済、④個人経営経済、⑤（複数の個人や企業による）聯営経済＊13、⑥私営経済、⑦外資系経済、⑧香港・マカオ・台湾による投資経済、⑨その他の経済、を指す。しかし、こうした経済形態をめぐる2つの核心的問題について、わたしはまだ触れていない。その1つは、私有財産は果たして「神聖にして侵すべからず」なのか、という問題である。私有財産は、自発あるいは市場での交換によるものか、強制あるいは非市場での交換によるものか。私有財産権をめぐる排他性（exclusivity）と普遍性（universality）という原則は公にも認められるか。私有経済の経営者が最も恐れるのは、その私有財産が再び50年代の国有化運動のように「公共の所有」とされ、経済活動が再び「取り締まり」されてしまうことだった。もう1つは、国有企業と非国有企業が果たして「公平競争」をできるのか。税制や利率の面で「一律平等」になるのかということだっ

＊13 訳注：聯営企業とは、「所有制が同一あるいは相違する二つ以上の企業法人あるいは事業単位の法人」が志願、平等、相互利益を原則とし、共同の投資から設立する経済組織」を指す。「企業登記類型の区分に関する規定（1998年）」を参照。

た*14。

④　社会主義の混合経済が発展した段階

1992 年、鄧小平の南巡講話と第 14 回党大会を旗印に、社会主義経済の所有制改革は新たな発展段階へ歩み出した。第 14 期三中全会の「社会主義市場経済体制を確立する上での若干の問題に関する中共中央の決定」では、「公有制を主体とし、多種の経済構成要素をともに発展する方針を堅持する。国有経済と集団経済の発展を積極的に促すと同時に、個人経営、私営、外資系経済の発展を奨励する」ことを示した。これによって、非公有制経済が飛躍的に発展する時期が幕を開けた。1997 年、第 15 回党大会では「公有制を主体とし、さまざまな所有制経済がともに発展することは、わが国の社会主義市場経済の初級段階における基本の経済制度である」「非公有制経済はわが国の社会主義市場経済の重要な構成部分である」と述べている。1999 年、第 15 期四中全会では「国有企業の改革と発展における若干の重要な問題に関する中共中央の決定」のなかで国有企業改革を打ち出し、混合所有制経済の発展を目指すことを示した。

2002 年には、全国の都市の私営企業の雇用者数はおよそ 1999 万人に達し、これは 1990 年の約 35 倍にあたり、その年平均増加率は 34.5％に上った。農村の私営企業の雇用者数もおよそ 1411 万人となり、1990 年の 12.5 倍に相当し、その年平均増加率は 23.4％に達した。

都市では、個人事業者が雇用者数全体に占める割合が 1990 年の 3.60％から 2000 年には 9.23％に上った。私営企業の雇用者数が雇用者数全体に占める割合は、1990 年の 0.33％から 2000 年には 5.48％まで上昇した。その一方、国有単位の雇用者数の割合は 1990 年の 60.71％から 2000 年には 35.00％に、都市の集団単位の割合は 1990 年の 20.83％から 2000 年には 6.47％まで下落している（表 5-1 を参照）。

＊14 胡鞍鋼「従国有化到非国有化」『胡鞍鋼集──中国走向二十一世紀的十大関係』黒竜江教育出版社 1995 年、405、419-421 頁。

表5-1　都市における各経済構成要素の雇用者が全体に占める割合（1978-2012年）

（単位：%）

	1978年	1985年	1990年	1995年	1998年	2000年	2005年	2012年
国有単位	78.32	70.19	60.71	59.14	41.90	35.00	22.85	18.43
都市の集団単位	21.53	25.95	20.83	16.53	9.08	6.47	2.85	1.59
股份合作単位	0	0	0	0	0.63	0.67	0.66	0.40
聯営単位	0	0.30	0.56	0.28	0.22	0.18	0.16	0.11
有限責任公司	0	0	0	0	2.24	2.97	6.16	10.21
股份有限公司	0	0	1.66	1.90	1.97	2.46	3.35
私営企業	0	0	0.33	2.55	4.50	5.48	12.18	20.37
香港・マカオ・台湾の投資単位	0	0	0.02	1.43	1.36	1.34	1.96	2.61
外資系の投資単位	0	0.05	0.36	1.27	1.36	1.43	2.42	3.36
個人	0.16	3.51	3.60	8.19	10.45	9.23	9.79	15.21
未統計	0	0	13.59	8.95	26.36	35.26	38.51	24.36

　　説明：「未統計」は、都市すべての雇用者数から各経済構成要素の雇用者数を差し引いた較
　　　　　差を指す。
　　出所：国家統計局編『中国統計年鑑2012』126-127頁、同編『中国統計年鑑2013』121頁。

⑤　社会主義の混合経済が形成された段階

　2003年、第16期三中全会の「社会主義市場経済体制整備の若干の問題に関する中共中央の決定」では、公有制を主体とした多種の所有制経済をともに発展させるための制度を整備し、国有資本、集団資本、非公有資本が出資する混合所有制経済を大いに発展させ、国有資産の管理監督体制を確立、整備することを打ち出した。われわれの評価報告は、こうした任務が大きな進展を遂げたことを示している。

　まず、国有企業では現代的な企業統治（コーポレートガバナンス）の構造が基本的に確立した。全国で90%以上の国有企業が会社制と株式制を導入する改革を行い、多くの企業が株主総会、取締役会、管理職、監事会などの機関を設置し、企業統治の構造を少しずつルール化し、多くの国有企業が株式を多元化し、混合所有制の株式有限会社を作り上げていった*15。

　こうした厳しい改革を経た後、国有企業はすみやかな勃興へ向かう黄金時

＊15『〈中共中央関於全面深化改革若干重大問題的決定〉輔導読本』人民出版社2013年、85頁。

代を迎える。改革・開放以来、国有企業は、下降（1978-1997年）、起死回生
（1998-2002年）、再起（2003-2013年）という発展プロセスを辿ってきた。こ
れらの時期に、国有資産の総量は大幅に増え、国有資本の配置と構造が最適化
され、国有経済の活力と競争力が強まり、発展のクオリティが大きく向上し、
市場経済に溶け込んでいった*16。こうして、多くの国有企業が世界レベルの企
業へとすみやかな成長を遂げた。国有企業は数のうえで企業全体に占める割合
は低いものの、「フォーチュン・グローバル500」*17や「フォーブス・グローバ
ル2000」*18では、後進者、競争者、革新者として強い追い上げを見せている。
2000年には、中国大陸から9社の国有企業が「フォーチュン・グローバル500」
に入った。2014年には92社がランキング入りし、うち83社が国有および国有
持株会社で、うち9社が民営企業（表5-2を参照）だった。国有企業は「大而

表5-2　フォーチュン・グローバル500における主要国の企業数（1990-2014年）

	1990年	1996年	2000年	2005年	2010年	2012年	2014年	2000-2014年の数字の変化
アメリカ	164	153	179	177	140	132	128	−51
日　本	111	141	108	81	71	68	57	−51
イギリス	43	32	38	35	30	26	27	−11
ドイツ	30	40	37	36	37	32	28	−9
フランス	30	42	37	39	39	32	31	−6
中　国	1	2	11	18	54	79	100	+89
大　陸	1	2	9	15	43	70	92	+83
国営企業	1	2	9	15	41	65	83	+74
民営企業					2	5	9	+9

出所：「フォーチュン・グローバル500」
監訳注：中国には香港が含まれ、大陸には香港が含まれない。国営企業、民営企業は、大
　　　　陸が対象。

* 16　同上。
* 17　アメリカの雑誌『フォーチュン』が毎年発表する「世界企業番付500」を指す。このラン
　　　キングは全世界の大企業にとって最も著名かつ権威あるランキングで、その売上高を基に
　　　（ドル換算）「フォーチュン・グローバル500」としてランク付けをしている。
* 18　アメリカの雑誌『フォーブス』が毎年発表する「世界企業番付2000」を指し、売上額、
　　　利益、資産、時価総額などさまざまな指数から総合的に判断している。2012年には中国
　　　企業136社がランク入りし、アメリカ（524社）と日本（258社）に次いで多くの企業
　　　がランク入りした。

全（生産規模が大きく、人員・設備・資材など生産に必要な条件が完備していること）」から「強而精（力強くクオリティが高いこと）」へと発展し、国の経済と人民の生活に関わる基礎的戦略産業で強みと高いクオリティを備え、社会主義市場経済において資源を集中させた発展戦略産業としての新しい強みを活かし、中国企業における一群の台頭を代表している。

　次に、非公有制経済が市場経済に平等に参加できる競争制度が基本的に確立し、その発展と牽引を奨励するための政策が打ち出され、民営経済は大きく発展を遂げる黄金時代を迎えた。国家工商総局のデータによると、全国の有力企業の総数が大きく増えた2002年から2013年までの間、年平均増加率は6.90%に達し、そのうち私営企業数の伸びが最も高く、その年平均増加率は15.00%に上り、私営企業数が全国の有力企業全体に占める割合は35.93%から80.43%まで上昇している（表5-3を参照）。この時期、個人事業者数は2377万社から4436万社まで増え、年平均増加率は5.84%に達した。そして、全国の総数（有

表5-3　全国の有力企業と個人商工業者数（2002-2013年）

年度	a. 全国の有力企業総数（万社）	私営企業（万社）	私営企業の割合（%）	b. 個人事業者（万社）	全国総数（万社）	a+b が全国の総人口に占める割合（%）
2002	734	264	35.93	2,377	3,111	2.42
2003	770	329	42.71	2353	3,123	2.41
2004	814	402	49.45	2350	3,164	2.43
2005	857	472	55.08	2464	3,321	2.53
2006	919	544	59.21	2596	3,515	2.67
2007	964	603	62.56	2742	3,706	2.80
2008	971	657	67.67	2917	3,888	2.93
2009	1,043	740	70.98	3197	4,240	3.18
2010	1,136	846	74.40	3453	4,589	3.42
2011	1,253	968	77.22	3756	5,009	3.72
2012	1,367	1,086	79.45	4059	5,426	4.00
2013	1,528	1,229	80.43	4436	5,964	4.38
2002-2013までの年平均増加率（%）	6.90	15.00	45.43	5.84	6.09	

　説明：「全国総数」は、有力企業数と個人事業者数との合計を指す。

力企業と個人事業者を合わせた数）は 3111 万社から 5964 万社に増え、年平均増加率は 6.09％に達している。創業については、農村で農業に従事している労働力を除くと、全国の市場経済主体の総数が総人口に占める割合は、2002 年の**2.42％から 2013 年には 4.38％に上昇し、この期間にさまざまな市場経済主体が著しく活性化し、彼らが経済全体、貿易全体、そして新たな雇用創出における主体になったことを表している。**

　2013 年 11 月末の全国の有力企業はおよそ 1503 万 8200 社（支社を含む。以下同じ）、登記資本金はおよそ 95 兆 2900 億元、1 社当たりの平均額はおよそ 633 万元である。そのうち、国内資本企業はおよそ 1459 万 1900 社、登記資本金はおよそ 82 兆 9700 億元、1 社当たりの平均額は 569 万元である。そのうち、私営企業はおよそ 1229 万 3000 社あり、登記資本金はおよそ 38 兆 2600 億元、1 社当たりの平均額はおよそ 311 万元に上る。外資系企業はおよそ 44 万 6400 社あり、登記資本金はおよそ 12 兆 3200 億元、1 社当たりの平均額はおよそ 2760 万元である。個人事業者はおよそ 4400 万 4100 社あり、資本金はおよそ 2 兆 3900 億元、1 社当たりの平均額はおよそ 5 万 4300 元である。農民専業合作社はおよそ 95 万 700 社に上り、出資総額はおよそ 1 兆 7800 億元、1 社当たりの平均額はおよそ 187 万元だった[19]。2007 年 6 月末と比べると、私営企業における登記資本金の割合が 25.1％から 40.2％まで増えていることが分かる。

　ここでは、一定規模以上の工業分野の私営企業のみを例に見ていきたい。2002 年から 2012 年にかけて、企業数は 2.84 倍に増え、年平均増加率は 14.4％に達している。多くの私営企業が市場から退出あるいは破産したものの、その「出生率」は「死亡率」を大きく上回り、世界で最も高い伸びを見せた。その資産総額は 17.4 倍に増加し、年平均増加率は 33.1％、企業 1 社当たりの平均資産額は 1788 万元から 8059 万元に伸び、おそらく企業の資産増加では世界最速の記録を打ち立てた。売上高は 22.9 倍、年平均増加率は 37.3％、とこれらの伸びも同じく世界最速である。利益総額は 40.2 倍、年平均増加率は 45.0％に達し、多くの企業が利益を得ないかあるいは赤字だったものの、全体から見ると、中国

* 19 『中国工商報』2013 年 12 月 16 日。

の民営企業は世界で最も利益を生み出す企業群である。

　全国の都市における雇用では、2000年から2012年にかけて、個人事業者の割合が9.23％から15.21％に上昇し、雇用先としては第3位になった。私営企業の割合は5.48％から20.37％まで上昇し、雇用先のトップに躍り出た。その一方で、国有単位が占める割合は35.00％から18.4％へ下落し、雇用先の第2位となった。また、都市の集団単位が占める割合は6.47％から1.59％まで下落した（表5-1を参照）。

2. 国有経済と民営経済——2つの足で歩む

　目下、中国はすでに独特な社会主義混合経済を作り上げている。

　その1つは、10数種類の経済構成要素が存在していることである。所有制が異なる投資主体が共同で出資し、互いに株を取得し、連携して生産するという企業は、少なくとも11種類の経済構成要素から形成されている。そのなかには、国有単位、都市の集団単位、股份合作単位、聯営単位、有限責任公司、股份有限公司、私営企業、香港・マカオ・台湾による投資単位、個人事業者、統計外の非正規雇用者や自営業者、また芸術家、俳優、旅行ガイド等も含まれる。

　もう1つは、すでに非公有制経済が雇用主体、経済主体、税収主体となっていることである。これは、第18期三中全会の「決定」で非公有制経済と公有制経済について「いずれも社会主義市場経済の重要な構成部分であり、ともに中国の経済社会発展の重要な土台である」と初めて述べていることからも分かる。このことは、意識が存在を決定するのでなく、存在が意識を決定することを表している。この場合の「存在」は、中国の基本的国情であり、いまなお社会主義初級段階にあることを指す。「意識」とは、中国の現実的要求を反映し、すなわち世界の4分の1を占める労働力のための雇用の創出を表し、もはや公有制経済ではこうした基本的要求を満足させることができなくなっている。

　非公有制経済は、すでに中国経済の重要な土台である。現在、中国ではGDPに占める非公有制経済の割合は60％を超え、税収への貢献は50％を超え、雇用への貢献は80％を超え、新規雇用創出への貢献では90％に達している。技術革

新の約 70％、国内の発明特許の約 65％、新製品の 80％以上が中小企業から生み出され、うち 98％以上が非公有制企業から作り出されている＊20。改革・開放から 30 余年、民営企業は無から有、小から大、大から超大型規模へ成長を遂げ、歴史上で最長かつ最大の「黄金の発展期」を迎えている。**その発展の歴史はわずか 30 数年にも関わらず、それは爆発的な発展となった。**

私営企業と国有企業のそれぞれの強みについて、一定規模以上の工業企業を例に見ると、2012 年の私営企業の雇用に占める割合は 14.73％で、**国有企業は 8.92％だった。私営企業の税金および付加費用に占める割合は 23.40％で、国有企業は 47.13％だった**（表 5-4 を参照）。このように、私営企業が主に貢献しているのは、雇用創出の面で、それは特に小型・零細企業であることがはっきり分かる。国家工商総局が発表した「全国小微企業発展報告」のデータによると、2013 年末までの全国の企業総数は約 1527 万 8400 社だった。そのうち、小型・零細企業がおよそ 1169 万 8700 社で全体の 76.57％を占めている。かりに、個人事業者およそ 4436 万 2900 社を含めた場合、**工商部門に登記された市場主体のなかで小型・零細企業が占める割合が 94.15％に達する計算になる**＊21。こうした小型・零細企業は、すでに市場主体の絶対多数を占めている。このため国務院常務会議は、さらなる税負担の軽減および小型・零細企業の成長のサポートを決定し、企業所得税の半減という優遇政策の実施範囲を年当たりの所得税の納税基準額 6 万元からさらに引き上げ、政策の実施期限を 2016 年末まで延長した＊22。一方、国有企業の主な貢献は税収の創出である。このように、それぞれが強みを活かして補い合うことは国への大きな貢献である。

目下、さまざまな経済構成要素がともに発展するモデルがすでにできあがり、各経済形態の企業が主な指標で独自の特徴を示している。雇用面では、民営企業が最も大きく貢献している。税収面では、国有企業が相対的に大きく貢献している。社会全体の固定資産投資の面では、国有企業と民営企業が互角に並んでいる。一定規模以上の工業企業の数では、明らかに国有企業が民営企業を下

＊20 『〈中共中央関於全面深化改革若干重大問題的決定〉輔導読本』人民出版社 2013 年、68 頁。
＊21 『経済日報』2014 年 4 月 4 日。
＊22 2014 年 4 月 2 日、国務院総理の李克強は国務院常務会議を招集し、小型・零細企業へ向けた所得税優遇政策の実施範囲の拡大について検討を行った（新華社 2014 年 4 月 2 日）。

表5-4　経済形態別の一定規模以上の工業企業が主な経済指標に占める割合
（2012年）　　　　　　　　　　　　（単位：%）

	従業員数	社会全体の固定資産投資	企業組織数	資産総額	売上高	利益額	納税額
国有単位	8.92	25.68	1.97	13.28	8.34	6.27	47.13
都市の集団単位	0.77	3.20	1.40	0.74	1.18	1.45	0.96
股份合作単位	0.19	0.47	0.70	0.41	0.44	0.49	
聯営単位	0.05	0.34	0.14	0.13	0.12	0.11	
有限責任公司	4.94	27.36	19.48	29.25	24.12	22.48	
股份有限公司	1.62	5.73	2.62	12.76	9.70	12.36	
民営企業	14.73	24.40	55.06	19.85	30.74	32.62	23.40
香港・マカオ・台湾の投資単位	1.26	2.74	7.54	8.62	8.68	7.99	
外資系の投資機関	1.62	2.81	9.01	13.81	15.20	14.57	
その他	NA	4.19	2.08	1.15	1.48	1.68	
個人経営	11.25	NA	NA	NA	NA	NA	

回っており、こうしたことはそれぞれの位置づけと特徴をよく表している。また、資産、投資、売上、利益の面では、有限責任公司と股份有限公司の活力は無視できず、これらは混合経済の今後の発展における新勢力でもある。このほか、民営経済の利益と売上の割合は国有経済を上回っており、こうしたことは「国進民退」という観点に対する有力な反証でもある。

　「東洋の巨人」が「2つの足で歩む」ことは、これまでの計画経済体制下での公有制経済という「1つの足」とも異なれば、私有経済に基づく西側自由市場経済という「1つの足」とも異なる。「2つの足」なら安定してすみやかに長く歩み続けることができ、「1つの足」よりもはるかに優れている[*23]。

　中国の企業は国有企業であれ民営企業であれ、いずれも物質的富を作り出す主体として、中国を世界第2位の経済国、第1位の輸出大国に導いてきた。こ

＊23 胡鞍鋼「頂層設計与"摸着石頭過河"」『人民論壇』2012年（6）。

れらの企業はイノベーションの主体でもあり、中国を世界第1位の発明特許出願国、第4位の国際特許出願国にしてきた。こうした企業は中国が崛起する上で大きな貢献を成した。そして国有経済と非国有経済がともに発展することこそ、中国経済が益々繁栄し、すみやかに強大になっていく根幹であり基本的特徴であることを示している。

3. 中国の混合経済のこれからの発展

混合所有制経済は、中国の基本的な国情と発展段階に見合った基本経済制度であり、中国の特色ある社会主義経済の重要な特徴でもある[24]。第15回党大会の報告でこうした観点が提起されてから、少しずつ形を伴いながら成熟してきた。こうしたあり方は、西側自由資本主義制度下の私有制とは異なり、またこれまでの社会主義国の公有制とも異なる。これは決してわれわれの主観的な選択ではなく、客観的な実践によってもたらされた結果である。混合所有制経済は、単一の所有制経済に比べていっそうの現実性と生命力を有している。

先人は「水清ければ魚棲まず」[25]ということを知っていた。唯物弁証法では、どの社会も矛盾に満ちており[26]、「過度に純化」された社会はあり得ないと考える。「過度に純化」された社会主義社会があり得ないとすれば、あらゆる希望が「過度に純化」した社会主義はただのユートピアにすぎない。これに対して、**混合社会こそより現実的でより活力に満ちた社会であり、混合経済こそよりいっそうの競争力と生命力を有する経済である**。社会主義の基本経済制度を模索、確立するプロセスのなかで、まず「国有経済と私有経済の双方に利益をもたらす」という混合の新民主主義経済を打ち立て、次に国有化と集団化を進め、私有経済をなくして公有経済を打ち立てた。改革・開放以降は私有経済を復活させ、公有経済を堅持しながら独自の「国有経済と私有経済の双方に利益

---

* 24 張卓元「混合所有制経済是什麼様的経済」『求是』2014年 (8)。
* 25 「水至って清ければ則ち魚無し。人至って察なれば則ち徒無し」『大載礼記・子張問入官』。
* 26 毛沢東は「世界は矛盾から成りたっている。矛盾がなければ、世界は存在しない。われわれの任務は、これらの矛盾を正しく処理することである」と指摘している（毛沢東「論十大関係」1956年4月25日、『毛沢東文集』第7巻 人民出版社 1999年、44頁）。

をもたらす」という混合の社会主義市場経済を作り上げてきた。こうしたこと
は、歴史の軌跡が示す法則性の通り「否定の否定」を経て、事物の動きがひと
つのサイクルとしてより高い段階で古い段階の何らかの特徴を再び示し、事物
が低いレベルから高いレベルへと、単純から複雑へと周期性を持ちながらスパ
イラル式や波状式に進化するプロセスを織りなし、事物が曲折しながら発展す
ることを示している。

　中国の混合経済の今後の発展には、さらに大きなステップがある。これにつ
いて、「決定」の第2部分の「基本的な経済制度の堅持・整備」のなかで「公有
制を主体とし、さまざまな所有制の経済がともに発展するという基本的な経済
制度は、中国の特色ある社会主義制度の重要な支柱であり、社会主義経済体制
の根幹でもある。公有制経済と非公有制経済はいずれも社会主義市場経済の重
要な構成部分であり、ともに中国の経済社会発展の重要な土台である。公有制
経済をいささかも揺らぐことなく強化・発展させ、公有制の主体的地位を堅持
し、国有経済の主導的役割を発揮させ、国有経済の活力、制御力、影響力を絶
えず増強していかなければならない。非公有制経済の発展をいささかも揺らぐ
ことなく奨励、支援、誘導し、非公有制経済の活力と創造力を引き出さなけれ
ばならない」と指摘している。

　中国の特色ある社会主義の基本経済制度とは、公有制を主体とし、多種の所
有制経済がともに発展する混合経済であり、また国有経済と民営経済、公有経
済と非公有経済が「2つの足で歩む」ことでもある。**根本的利益と長期的利益
から見ると、それらは「どちらが生き残るか」の関係でなく、むしろ「共生、
共栄、ウィンウィン」の関係である** * 27。公共政策と市場競争の原則から見ると、
**それらは「どちらが上か」の関係でなく、むしろ「平等公平」の関係である。
両者の「違い」は、企業の所有制の違いにすぎず、それぞれに対して「公平に
扱う」政策を採っている** * 28。この両者は、いずれも社会主義市場経済の重要な
構成部分であり、いずれも公平競争の環境を作り出し、いずれも「権利の平等、

186

＊ 27　胡鞍鋼「"国進民退" 是一個偽命題」『国企』2012 年（5）。
＊ 28　「個人・私営企業等の非公有制経済発展の奨励、支持および指導に関する国務院の若干の
　　　意見」2005 年中央 3 号文書の第 1 条で「非公有制企業とその他の所有制企業を公平に扱
　　　い、同等の待遇を行う」と規定している。

機会の平等、規則の平等」[29]を享受できなければならず、そのいずれの財産権も侵すことはできない[30]。

　国営と民営が「2つの足で歩む」ための重要な取り組みは、「決定」が提起する「混合所有制経済を積極的に発展させる」ことである。株式の持ち合いという形で、「あなたの中に私あり」「私の中にあなたあり」を実現することができる。このような混合所有制経済を発展させることは、本質的にはさまざまな所有制経済を差別することなく、それぞれの垣根をなくし、あらゆる人が市場競争に公平に参入できるようにすることである。

　中国社会にある差異性、多様性、多元化という基本的な特徴が、混合型の経済構造が中国の国情に最も適した所有制構造だということを決定づけている。都市と農村、地域間、部門間の差異性や多様性から、当然それぞれに最も適した経済形態が求められる[31]。

　さまざまな経済構成要素が互いの強みで補い合い、利益共同体や運命共同体を作り上げている。それらが対立やトレードオフの関係でなく、互いに促し合いながら力を合わせて発展するということが、中国経済のすみやかな発展という実践によって裏づけられている。国有経済の典型は国有企業であり、私有経済のなかで最も勢いよく発展しているのが民営企業である。こうした国有経済と私有経済の集合体として、国有企業と民営企業の関係は、異なる経済構成要素がそれぞれの強みを持ちながら、ともに栄えながらウィンウィンであることを十分に説明している。社会主義市場経済体制の下、国有企業と民営企業はそれぞれの役割を果たし、それぞれの機能を発揮している。国際的な市場競争のなかで、国有企業は、資源集約型、資本集約型、技術集約型、労働集約型の企業

---

* 29 「改革の全面的深化における若干の重要な問題に関する中共中央の決定」の第2部分の8条では「権利の平等、機会の平等、規則の平等などを堅持し、非公有制経済に対するさまざまな不合理な規定を廃止し、さまざまな目に見えない障壁を取り除き、非公有制企業が特許経営の分野に参入する具体的な方法を制定する」と述べている。

* 30 李克強は、「2014年政府活動報告」のなかで「財産権保護制度を充実させて、公有制経済の財産権は侵害されてはならないのと同様に、非公有制経済の財産権も侵害されてはならないようにする」と指摘している。

* 31 胡鞍鋼「中国改革開放的昇級版──学習十八届三中全会公報」『光明日報』2013年11月15日。

に属し、その中心の任務は上述の「フォーチュン・グローバル 500」や「フォーブス・グローバル 2000」が挙げる世界企業と激しい競争を展開することである。しかし、ただそこに食い込むだけでなく、すみやかに崛起して、戦略性のある新興産業と技術革新の面で優位に立ち、数多くの業種のなかでリーディングカンパニーとして「走出去（中国政府が奨励する海外投資や外交活動など積極的な海外進出のこと）」を牽引し、より大きな発展空間を切り開いていかなければならない。

　実際、国有企業の所有制における特徴はすでに大きく変化し、混合所有制の特徴が現れつつある。より正確には、国有企業は国有および国有持株会社のことを指し、これまでの単一の国有独資企業とは大きく異なる。

　財政部の統計によると、全国のおよそ 90％の国有企業がすでに会社制への改革を行った。A 株に上場している会社の 43％が国有持株企業で、一部の国有持株企業は海外で上場している。財政部の決算データでは、合併報告のなかで国有企業の親会社に属する所有権は 80％程度である。これは、1 つは現在発表されている国有企業の売上や利益の 20％程度はその企業集団の親会社のものではないこと、もう 1 つは国有企業の所有権の多元化が絶えず進み、まさに混合所有制の方向へ向かっていることを表している[32]。

　目下、中央企業やその子会社は非公的資本を導入し、混合所有制企業となっており、その数はすでに企業全体の 52％を占めている。2005 年から 2012 年にかけて、国有持株上場企業は、株式市場で発行した転換社債を通じて 638 件に及ぶ民間投資を受け入れ、その総額は 1 兆 5146 億元に達している。2012 年末の中央企業やその子会社が株式を所有する上場企業は 378 社に上り、上場企業における非国有株式の割合はすでに 53％を超えている。このほか、国務院国有資産監督管理委員会（国務院国資委）が管轄する 113 社を除いた中央企業には、次の 3 タイプの企業がある。①中国鉄路総公司、中国郵政集団公司、中国烟草総公司があり、現在は財政部が出資代表としての職務あるいは国有資産の監督管理にあたっている。②国有企業改革以降の中央文化団体で、財政部が出資代

* 32 「澄清概念，為改革鋪路——訪財政部企業司総合処処長黄秉華」『経済日報』2014 年 3 月
　　20 日。

表としての職務にあたり、全部で109社がある。③中央部門に属する企業で、各部門と強い結びつきがあるため分離させることが難しい企業が6200社余りある。現在、中央が管理する金融系の国有企業は43社あり、そのなかに中国工商銀行、中国農業銀行、中国銀行、中国建設銀行など国有商業銀行、四大資産管理企業、国有の証券会社や保険会社といった非銀行系の金融機関がある。これらの中央金融企業も中央企業に属する*33。

　この先、国有企業はどのように混合所有制企業になっていくのか。これに対し、国務院国資委は「決定」の精神に根差した初歩的な構想を打ち出した*34。そこでは主に次の4つの形を示している。①国の安全に関わる一部の国有企業、国有資本投資企業、国有資本運営企業については、国有独資の形を採ることが可能。②国民経済の命脈に関わる重要な業種や主要な分野を司る国有企業については、国が過半数の持株を保持することが可能。③基幹産業やハイテク産業など重要な国有企業については、国が筆頭株主となる持株を保持することが可能。④国有資本のコントロールが不要で社会資本による株式保有が可能な国有企業については、国有持株の形態をとるあるいは国が完全に退出することも可能。こうした4つの形を示すとともに、国資委は、資金、技術、管理の面に長けた戦略投資家、社会保障基金・保険基金・株式投資基金などの機関投資家が国有企業再編へ参入することを奨励している。株式の所有構造を多元化させる改革を経て、国有企業には次のような4つの状況が生まれている。①一部の国有企業が株式市場全体の**公開企業**となった。②一部の国有企業が非上場の**混合所有制企業**となった。③国有企業の子会社は会社制、株式制改革の実施後、条件を満たせば**国有資本投資運営企業**として再建されるようになった。④国の安全保障を担う一部の国有企業は、**国有独資企業**として再建された。このように、国有企業が株式の所有構造を最適化したことで、中国は混合所有制経済を革新、再構築、発展させることができた。また、商品やサービス、業種と産業との連帯性、関連性、スピルオーバー効果によって、「大（企業）を以て小（企業）を

---

*33　同上。

*34　2013年12月19日の国務院国資委副主任・黄淑和による国務院新聞弁公室の記者発表会の内容（『人民日報』2013年12月20日）。

導く（動かす）」「国（有企業）を以て非国（有企業）を導く（動かす）」ことを成し遂げ、独自の企業連鎖、業種連鎖、産業連鎖を作り上げた。

国有企業については、国有資産の管理体制を整備することで、資本を手掛かりに国有企業の機能や役割をはっきりさせ、国有資本は「国の戦略目標に奉仕し、国の安全、国民経済の命脈に関わる重要な業種や鍵となる分野により多く投入すべきであり、公共サービスを重点的に提供し、重要な将来性のある戦略的産業を発展させ、生態環境を保護し、科学技術の進歩をサポートし、国の安全を保障すべきである」ことを明確に示した。

国有企業のキーワードが「改革」だとすれば、私営企業のキーワードは「転換」である。私営企業は現代企業制度の確立を通じて、初級（「パパママストア」や個人事業者）から中級（ファミリービジネス）、さらに高級（現代企業）へと転換した。100年近い歳月を懸けて発展した市場経済国、特に先進国の現代私営企業と比べた場合、中国の私営企業はわずか20年ほどの歴史しか持たず、成長スピードではこれらの国々を大きく凌いでいるものの、市場参入が制限され、融資ルートが乏しいために困難に陥り、ハイエンド人材やエリート人材の吸収力を大きく欠いていることなど外側からの規制のほかにも、主に内側の能力に由来する制約や規制が存在している。国家工商行政管理局などの調査では、私営部門の管理経験は相対的にやや欠如しており、企業主全体の42%を占める以前に管理職や個人事業主だった者を除いた大多数はビジネスにおける管理経験が不足しており、その多くが起業前は労働者や農民だった[*35]。これは、中国の私営企業家の絶対多数が、個人事業者、労働者、農民から転身し、さらにその多くが血縁、家族、親類、友人など伝統的なリソースに根差していることに示されている。したがって、現代企業制度の角度から見ると、彼らは一般的に「家族型」、「家長型」の企業統治（コーポレートガバナンス）を反映している。統計によると、中国の私営企業の99%が中小企業、90%が家族型企業で[*36]、技術イノベーションや核となる競争力がさほど強くなく、労資間の利益衝突が深刻になり、企業の団

＊35 張春霖等『中国：促進以企業為主体的創新』中信出版社 2009年、74-76頁。

＊36 『〈中共中央関於全面深化改革若干重大問題的決定〉輔導読本』人民出版社 2013年、100頁。

結力に欠けている。これらに対しては、「決定」が示す「非公有制企業が国有企業の改革に参与することを奨励し、非公有資本が株式を保有する混合所有制企業の発展を奨励し、条件の備わった私営企業が現代的企業制度を確立することを奨励する」ことが求められている。このように、決定では両者が利益共同体になることを奨励し、また同時に両者が互いに学習、参考、成長することを奨励しており、これらは両者が互いに排斥、攻撃、争うこととは大きく異なっている。こうしたあり方は、社会主義市場経済体制下で革新されたさまざまな所有制混合経済が「共生、共栄、ウィンウィン」を実現するひとつの新しいモデルである。これらの企業が協力すれば、毎年何百万もの企業と何千万もの雇用を創出し、数十兆元の GDP を生み出すことができる。

中国の混合経済体制は、世界に対して大きな正の外部性とスピルオーバー効果を持つ。中国の国有企業と民営企業は、世界の大舞台で競争のなかにあって協力し、協力のなかにあって強まり、中国の経済的な発言力を強めていく。国内外の大きな発展空間は、どの経済構成要素にとっても大きなチャンスである。よって、さまざまな経済構成要素はどれもが大きく発展できる空間を持っている。

4.　むすび——「2つの足で歩む」は常に「1つの足で歩む」よりも優れている

　中国における経済の所有制をめぐる実践は、さまざまな発展の道を辿ってきた。建国後の初めの 30 年は、新民主主義の混合経済から社会主義の公有制経済に転換し、理想の社会主義を作り上げようとし、社会主義の所有制のあり方がますます大きく公になればなるほど良いと考えた。しかし「1つの足で歩む」のでは遠くまで行くことができず、歩き続けることもできなくなった。

　次の 30 年は、経済改革によって**独自の社会主義混合経済所有制を作り上げ、それぞれが互いに関連、スピルオーバー、協力、競争する新しい経済の形を作り出し、「あなたの中に私あり、私の中にあなたあり、調和のとれた秩序ある発展」を築き上げた。**これこそ、公有経済が主導となってさまざまな経済構成要

素が共存しながら歩む混合経済の構造である。これがまさに中国という「東洋の巨人」が「2つの足で歩む」姿である。

こうした中国のあり方は、それまでの計画経済下の公有制経済という「1つの足」とは異なり、また西側の自由市場経済が私有経済という「1つの足」に頼ることとも異なる。さらに、旧ソ連や東欧諸国のように国有企業を私有化することで「1つの足」を切って「義足」に付け替える（いわゆる「寡頭資本家」）という移行経済とも一線を画している。中国の場合は、国有企業という「1つの足」を改革によって治療し、民営経済を大きく育て、ここから「2つの足で歩む」ことをスタートした。このやり方は「1つの足で歩む」よりもはるかに優れ、安定してすみやかに長く歩み続けることができる*37。第18期三中全会を新たな一里塚としながら、中国の混合経済の発展モデルはさらに完成、成熟していくだろう。中国経済全体の量と質が国情に適した経済構造を土台とするならば、きっとさらに力強い向上が望めるだろう。

今後の中国経済の発展は、必ず中国の国情に基づきながら、「2つの足で歩む」ことを堅持し、国有企業を「大きく、強く、優れたものに」するべく大いに発展させるだけでなく、さらに民営企業を「活発で、生き生きした、細やかなものに」するよう盛り立てていき、「2つの足」をどちらもしっかりさせ、2つのタイプの企業を健全に成長させていかなければならない。これからの中国は、混合経済のひとつの優れた発展モデルを作り上げていくだろう。

中国はすでに世界で最も多くの企業を有する国として、アメリカや28ヵ国からなる EU を大きく引き離している。統計では、EU にはおよそ2070万社の中小企業、アメリカにはおよそ500万社の中小企業があるのに対し*38、中国には個人事業者を含めると6000万社近い中小企業が存在している。このため、中国はやがて企業家による創業、革新、創造の時代を迎え、彼らは中国の GDP を生み出す主体であり、新たな雇用を創出する主体でもあり、イノベーションを起こす主体であり、さまざまな財を創造する主体でもある。わたしの見たところ、企業の善し悪しは所有制によって判断することはできない。良い企業と悪い企

---

*37 胡鞍鋼「"国進民退"現象的証偽」『国家行政学院学報』2012年（1）。
*38 奥緯諮詢（オリバー・ワイナン）『2020 亜洲金融展望』2014年。

業を区別する基準は単純明快である。すなわち、1つはその企業がイノベーション型かまがいものか、2つめは誠実か不誠実か、3つめは「緑の猫」*39か「黒い猫」か、4つめは労働者と資本家が互いに利益を得ているか衝突しているか、5つめは社会に対する責任があるか無責任か、6つめは時代を超えて生き残るか短命に終わるか、である。およそ、この5つめの条件までを満たす企業であれば、時代を超えて生き続ける企業であり、そうでなければ短命に終わる企業と言えるだろう。

＊39 訳注：アメリカのジャーナリストであるトーマス・フリードマンの言葉に由来する。フリードマンは『ニューヨークタイムズ』のコラムで、中国経済について「鄧小平は『黒い猫でも白い猫でもネズミを捕るのが良い猫だ』と言ったが、白猫でも黒猫でも緑の猫でなければネズミは捕まえられない」という記事を掲載した。すなわち、中国が環境に配慮できてこそ持続可能な発展を続けられるか否かが決まるという主旨の言葉。

第 6 章

中央と地方の関係 *1

われわれの国はこんなに大きく、人口はこんなに多く、状況はこんなにも複
雑なので、中央と地方の2つの積極性があるほうが、1つの積極性しかないの
より、はるかに良い。

　　　　　　　　　　　　　　　　　　　　　　　　　　　　——毛沢東（1956年）

　わたしの言いたいポイントは、中央には権威がなければならないという点に
尽きる。中央とはすなわち党中央であり、国務院である。マクロ管理は中央の
言ったことが確実に実行される点に具現されなければならない。

　　　　　　　　　　　　　　　　　　　　　　　　　　　　——鄧小平（1988年）

　中央と地方の新しい関係の道は、これまでの両者にあった矛盾と衝突に対す
るバランスと調整として表わされる。具体的には、次の3つのバランスを含ん
でいる。それは、政治上の統一と経済上の分権のバランス、「大きな計画」と
「小さな自由」をめぐるバランス、「大きな集中」と「小さな分散」をめぐるバ
ランスである。

　中国という大国にかぎって言うと、統一性と多様性は常に共存し、集権と分
権も常に共存している。集権だけで分権がなければ、画一的な「機械王国」で
あり、分権だけで集権がなければ、四分五裂し、「諸侯がそれぞれ天下を治め
る」ことになってしまう。

　**多くの人口と広い国土を持ちながら各地域の経済発展が極めてアンバランス
な大国である中国には、一般的な国家に比べて大国なりの強みと弱みが共に存
在している。また、一般的な大国と比べ、政治面での優位と弊害もともに存在
している。なかでも、中央と地方の関係という全局に影響を及ぼす重要な関係
を、正しく認識、処理することが最大のポイントである。**中央と地方の関係を
うまく処理することは、大きな国であり大きな党を持つ中国にとって、極めて重

＊1　本章は胡鞍鋼と唐嘯が執筆し、『国情報告』（2014年特集号 第3期 3月17日）に掲載さ
　　れた。

要な問題である。**中国の実践が示すように、中央と地方の関係をうまく処理するには、「1つの積極性」だけでなく「2つの積極性」がそれを可能にする。**まさに、**毛沢東が「中央と地方の2つの積極性があるほうが、1つの積極性しかないのより、はるかに良い」**[2]**と述べたとおりである。その本質は、互いが両立できるメカニズムを形成、奨励し、それぞれの所を得ることもでき、全国が力を合わせることもでき、国を挙げた大きな事業に力を集中させることである。**

第18期三中全会の決定では「中央と地方、全局と局部、当面と長期の関係を現実に即して処理し、利益構造の調整に正しく向き合う」ことを指摘し、中央と地方それぞれの役割について「中央政府のマクロ・コントロールにおける職責と能力を強化し、地方政府の公共サービス、市場の監督・管理、環境保護などの職責を強化しなければならない」と示している。これは、「改革の全面的深化」を進めるなかで、中央と地方の関係をいかに適切に処理するかということがすでに改革の全局に影響を及ぼす大きな問題となっており、**中央と地方の「2つの積極性」をより発揮させ、それぞれの強みをより活かし、それぞれの職責をより全うし、国家統治と地方統治をより良く実現させることが求められている。**これについて、いくつかの重要問題により深く踏み込んで議論しなければならない。

では、中国の歴史において中央と地方の関係はどのようなものだったか、どのような歴史の論理があったのか。60余年のなかで、新中国の成立以来、特に改革・開放以降の中央と地方の関係はどのように変遷してきたのか。その変遷にはどのような法則的特徴があったのか。またわれわれは、第18期三中全会の「決定」が指し示す、今後の中央と地方の関係を処理する基本方向をどのように認識すればよいか。

中央と地方の関係が辿った変遷は、度重なる体制改革によって高度な中央集権から地方へ権限が委譲され、それがさらに規範的な中央と地方の分権（財政の権限と事務の権限を含む）へと発展した。つまり頻繁な政策調整による不安定な関係から始まり、度重なる体制改革という試行錯誤を通じて、やがて制度

---

*2　毛沢東「論十大関係」1956年4月25日、『毛沢東文集』第7巻 人民出版社 1999年、31頁。

設計に基づく整備によって安定した関係になってきた。中央と地方がゲームのように日和見主義的な予測不能な関係（「上の政策がころころ変わる」「上に政策あれば下に対策あり」に例えられるような）から、より民主的で相互作用を持つ協商的な制度によって双方が情報を共有し、より協力的で予測可能な関係を築いてきた。政治と経済という視座で見ると、経済の面では、中央集権から絶えず地方分権に向かい、各地方の比較優位性を活かし、その経済活力と創造力を引き出すよう奨励した。**政治の面では、制度化された中央集権を徐々に推し進めることで、政治の指導力と凝聚力を強め、中央と地方の関係に存在するさまざまな弊害を効果的に解決し、民主と集中、分権と集権、遠心力と向心力、地方の活力と全国という大局、これらの間のバランスを見出すことに努めてきた。全体の趨勢としては、中央と地方の関係は少しずつ制度化、規範化、手順化され、また次第に透明性、予測性、安定性を増し、中国の「天下大治（政治の大きな安定）」と長期にわたる太平と安定を保っている。**これは、中国特有の政治の道であり政治経済学である。

1. 中央と地方の関係をめぐる歴史の論理

中国の歴史を縦軸で見ると、中央と地方の関係は、常に国家統一、社会安定、経済発展に関わる重要なテーマだった。紀元前221年に秦が中国を統一すると、郡県制が全国に広がり、漢もその制度を受け継ぎ、それが続いたため「百代、みな秦の法政を行う」ようになり[*3]、2000年余にわたって中国の伝統社会のなかで中央と地方という基本構造を築き上げてきた。こうした土台の上に、歴代の統治者が絶えず調整と改革を重ね、中央と地方のより良いあり方を模索してきた。そのなかで前漢の「推恩の令」[*4]や元の行省制度[*5]は、いずれも中央と地

[*3] 毛沢東「七律・読〈封建論〉呈郭老」1973年8月5日、『建国以来毛沢東文稿』第13巻 中央文献出版社 1998年、361頁。

[*4] 訳注：前漢に行われた諸侯への対策。推恩は、諸侯の子弟（嫡子以外も含む）に領地を分け与えることを指す。当時、前漢では中央集権体制をめざすために諸侯の勢力を抑える必要があり、この法令によって与えられた領地は中央直轄の群に属するため、諸侯の領土と自治権の縮小をねらって行った政策。

[*5] 訳注：「行中書省」とも言われる。元が地方行政にあたる機関として全国に設置した。

方の関係にうまく対応した制度であり、これらの王朝が興隆するための重要な基礎を築いた。しかしこうした治世は長く続かず、その歴史の大半は中央と地方との矛盾と衝突に満ちていた。外の守りに力を入れて内が手薄になると、たちまち地方の勢力が増して中央の統制力が弱り、漢代や唐代の「藩鎮の乱」[*6]のような大きな災いが起こる。反対に過度に中央集権化すると、中央の幹は太く強くなるが枝葉が細く弱くなるように地方の積極性が失われ、「宋代の積貧積弱は殷鑑に遠からず」と言われるような劣勢に立たされた。

　こうした歴史的に中央と地方の基本構造が構築されたのは、**「大一統」[*7]体制の下にあった中国の強みと弱みに起因している**。1つには、統一された中央集権国家としておよそ2000年の長い歴史を持つ中国のこうした中央と地方の基本構造は人類史上で唯一無二の統治制度で、中国特有の自然地理環境と歴史的変遷に適応し、それらを反映させた選択でもある。中国は東アジアのモンスーン地域に位置する農業国で、その2000年余りの年月は水害と干ばつ[*8]とまた北方遊牧民族からの侵略を防ぐ歴史でもある。まさに、水利工事、外敵からの守り、災害への備えといった地域を超えた大規模な国の公共財が必要だったため、中国ではかなり独自性の強い、かなり形の整った、連続的で一貫性のある大一統の中央集権制が形成された[*9]。そうして国を挙げた力でさまざまな危機や試練に立ち向かってきた。こうしたことは、中国の長い文明の歴史のなかで、国家

*6　訳注：藩鎮は、王室の守りやその諸侯を指す。唐代の節度使に代表されるように、兵力強化や地方行政の監督にあたったが、次第にその地方の軍事、行政、財政の権限を握り、大きな力を得るようになった。

*7　訳注：帝国の全権力を中央に統一することを指し、周辺の諸民族・地域を中華世界に統一してその分裂を認めないという漢民族中心の中華思想。

*8　中国では昔から「三歳にして一飢、六歳にして一衰、十二歳にして一康」『淮南子・天文訓』と言われた。中国の経済歴史学者の蕭国亮氏の統計によると、周朝から清朝までのおよそ3000年の間に干ばつや水害などの災害が5168回、そのうち干ばつが1052回、水害が1029回、蝗害が473回だったという。これらの数字は、同氏の『皇権与中国社会経済』（新華出版社 1991年）に収録された資料と数字に基づいて筆者が整理、試算を行った。

*9　『辞海』では「大一統」について「全土の統一」と解釈している。楊松華氏は、「大一統」制度は紀元前221年の秦の始皇帝から西暦1911年の辛亥革命で清朝の君主制が倒れるまで続き、2132年間の歴史の中で古代中国から続く政治、経済、文化、科学技術といったひとまとまりの基本の制度体系、と定義している。この制度の中心的な役割は、一皇帝や一政府が国土全体のすべての民族を統一的に行政管理していたことであった（楊松華『大一統制度与中国興衰』北京出版社 2004年）。

統一が常に最重要の課題だった理由でもある。もう１つには、中国は広大な地域を持つ多元国家だからである。広大な境域を持つ大陸型国家であり、中緯度でユーラシア大陸の東岸に位置し、気候や風俗は地域によって違い、発展は極めてアンバランスで、ひとつの国の中に多くの経済ユニットが形成されてきた。まさに先人が語った「百里にして習異、千里にして殊俗（土地や地域によって風俗習慣が異なること）」* 10 のように、統一の政治体制の下にあって、各地域がそれぞれ異なる統治や発展を必要としていた。こうしたことは、大一統体制による統治コストと組織コストの高さという弱みに由来し、中央と地方の間にある多くの矛盾がひいては衝突や対峙を引き起こす場合もあった。これが中国の歴史にたびたび現れる地方の割拠と国の分裂を生み出す根源でもあった。しかし、秦の始皇帝以降のおよそ 2000 年の歴史を見ると、その３分の２が統一の歴史で、分裂の歴史は３分の１にも満たない。よって、やはり中央集権体制や国家統一が中国の伝統農業社会の２つの大きな特徴を作り出してきた* 11。その特徴は、農業社会が志向する人口増加の面に集中的に反映され、統一期には人口が増え、分裂期には人口が減り、やがて増加期間が減少期間を追い抜いたため、国土面積では世界全体の７％に満たないにも関わらず、総人口では常に世界の４分の１から３分の１を占めてきた* 12。

　このように中国の歴史経験に即して考えると、伝統的な農業社会時代の中央と地方の関係を、「多元一体」と「一体多元」の間で行き来する反復変動として捉えることができる。こうした歴史発展の論理を見ると、多元から一体へ向かい、一体という枠の下で多元を促してきた。中国は古くから、大一統の下にある多民族国家というだけでなく、大一統の下にある多地域国家でもあった。ここから、みずから一体化する農業経済体系、大一統制度、「一体多元」といった中国特有の中華文化を作り出した。

　このような特殊な歴史の現実と文明の伝統から、中国では１つの強力な中央政府の構築と維持が必要とされ、中国文明がさまざまな試練に対応する上で有

＊10 『晏子春秋・問上』。

＊11 胡鞍鋼『中国発展前景』浙江人民出版社 1999 年、196 頁。

＊12 安格斯・麦迪森（アンガス・マディソン）『世界経済千年統計』北京大学出版社 2009 年、265 頁。

利に働いた。政令が統一されているという前提の下、その統治は各地域の現実に配慮しながら、その地域やその時々の情勢に応じて適切に対応することで統治のコストを抑え、各地の経済と文化の発展に寄与してきた。中国歴代の統治者にはこうしたことが求められ、大一統の強みを活かしながら、できるだけその弱みをなくし、中央と地方という両極の間でバランスを模索し、中央と地方の関係と矛盾を互いに協調させ、「一体多元」体制の下での「一体」と「多元」が相矛盾することなく、相容れつつ活かされるようにしてきた。

　近代以降、中国は大きく統一された伝統農業社会の王朝から、世界最大の統一された現代国家へと推移してきた。しかしこのプロセスは決して自ら進めたものではなく、工業文明と西側列強からの度重なる挑戦に迫られたものだった。当時、西側諸国では産業革命が起こり、資本主義制度が誕生した時期だったのに対し、中国では大一統制度という歴史の制約のために依然として伝統農業社会が続いていた。清末になると、大一統制度はすでにある種の非効率な状態に陥ってしまう＊13。このおよそ100年前の移行期の時代に、中国は多くの失敗を経験し、これまでの中央と地方との秩序は次第に失われ、中央の権威が散逸し、地方の諸侯が勃興し、伝統的な小農社会はばらばらに変わり果ててしまった。清末の政府は、洋務運動＊14によって自強（自国を強くすること）を実現できず、甲午戦争（日清戦争）によって壊滅状態になり、辛亥革命によって大きく音を立てて崩れ去った。これは、中国が四分五裂の時代に入ったことを意味した。中華民国北洋軍閥政府は、バラバラでいくつもの軍閥の寄り合い所帯だったため、軍閥が相争い戦火が絶えることがなかった。国民党政府は、名目上は政治と軍事を全国で統一したことになっていたが、やはり依然として争いの絶えない諸侯政治であり諸侯経済だった。

　ヨーゼフ・シュンペーターは、現代国家を「租税国家（tax state）」とした。現代国家の大きな特徴は徴税能力で、これがすべての現代国家にとってのあらゆる能力の土台である。王紹光氏の研究によると、帝政時代の中国では、国家

＊13　楊松華『大一統制度与中国興衰』北京出版社 2004 年。
＊14　訳注：19 世紀後半に一部の有力官僚が推進した近代化運動。軍事技術や関連する造船、機械、鉄道、教育など王朝体制と矛盾しない範囲での西洋化の動きを指す。

財政の規模は国の経済全体の一部にすぎず、その歳入は GDP の 4%を超えることはなかった[15]。1916 年から 1928 年までの間、中国には財政システムと呼べるものは皆無で、政権の維持は主に国内外からのさまざまな借金で成り立っていた[16]。1928 年、国民党政府は苦心して財政体制の転換を進めたものの、国民の収入から国が徴収できた額はわずかに増えただけだった[17]。1936 年まで、南京政府の予算は GDP の 8.8%にすぎなかった[18]。このように、近現代では中国の統治能力が極めて低下していた。また中央政府がひどく腐敗した時代でもあり、社会のさまざまな資源を効果的に用いて工業化、都市化、現代化をスタートすることは根本的に無理だった。こうして中国が急速に凋落するなかで、1913 年には世界全体の 8.8%を占めていた GDP が 1950 年には 4.6%まで落ち込み[19]、1820 年以来の最低値を記録するとともに、近現代史における転換点にもなった。

2. 毛沢東時代の中央と地方の関係の変遷

国が現代化を成し遂げるには、さまざまな資源を用い、各方面の力を団結させ、良好な経済社会の秩序を構築し、国民全体のアイデンティティを形成し、民族全体の統一を維持する必要がある。これらは、強力かつ有効な現代政府がさまざまな経済政策や社会政策を制定し実施し、国の現代化を効果的に進めるプロセスにとって必要なことである。工業化と現代化の後進国として、とりわ

＊15 王紹光『美国進歩時代的啓示』中国財政経済出版社 2002 年。
＊16 Arthur N. Young, *China's Nation-Building Effort, 1927-1937: the Financial and Economic Record*, pp.1-11, CA: Hoover Institution Press, 1971. 王紹光『美国進歩時代的啓示』中国財政経済出版社 2002 年を参照。
＊17 当時の財政改革をさらに掘り下げた内容については、王紹光の同上書を参照。Young は1929 年から 1947 年の間、国民党政府の財政顧問を務めた。
＊18 汪之庸『民国財政簡論』華国書局 1952 年、115-116 頁。これは良くできた試算である。Thomas Rawski（1989 年）は、1930 年代初期の中央・各省・地方政府の税収の総額が当時の中国の総産出額の 5 〜 7%を占めていたと推測している。また、Arthur Young（1971）は「公共部門における額は低く、およそ GDP の 5%を占める」とさらに低く見積もっている（王紹光『美国進歩時代的啓示』中国財政経済出版社 2002 年）。
＊19 安格斯・麦迪森（アンガス・マディソン）『世界経済千年統計』北京大学出版社 2009 年、269 頁。

け第 2 次大戦後の国際競争という背景において、中国にはこうしたことがいっそう求められた。国家間の競争の本質は、国家の能力の競争である。強者が勝ち、弱者が負ける。

新中国の成立以降、現代中国はようやくあらためて統一を成し遂げ、「一体多元」を真に実現し、世界で最も貧しく立ち後れた国の 1 つだったにも関わらず、現代国家としての政治意識と政治的統治能力を備えることができた。まさにギルバート・ロズマン氏が「中華人民共和国が旧中国と決裂したことの最大の意味は、ひとつの強大な中央政府を打ち立てたことで、その最も直接的な結果は、高度経済成長のためにさまざまな技能や資源を動員したことである。中国共産党は、資源供給の動員と拡大で非凡な能力を見せた」[20]と評価したとおりである。

新中国の成立自体は、分裂から統一、分散から集中、分権から集権というプロセスである。政策決定権を党中央に集中させ[21]、軍の編制と指揮を統一し[22]、財政経済体制を統一し、ここから全国の高度な統一を成し遂げた。これは、およそ 2000 年前の秦王朝の統一をはるかに超え、さらにその後の EC や EU も超えるものだった[23]。

この高度に統一された体制は、国の能力を極めて大きく強くした。近代の歴代政府に比べ、新中国の政府はその財政徴収能力にやや長けていた。1950 年は中華人民共和国成立から 1 年目にあたるが、当時の国の歳入が国民所得に占め

---

* 20　吉爾伯特・羅茲曼（ギルバート・ロズマン）主編『中国的現代化』江蘇人民出版社 2003 年、6 頁。
* 21　国共内戦時の後半から、中国共産党は、思想、政治、組織の高度な統一にかなり注意を払うようになった。1948 年以降、党中央は相次いで「報告制度の厳格な執行に関する指示」「各中央局、分局、軍区、軍委員会分会および前委員会の中央へ指示を仰ぐべき報告に関する中共中央の決議」などの文書を出し、党中央の集中的、統一的な指導を図り、できるかぎりの集中させるべき権力を中央とその代表機関が掌握できるようにした。
* 22　1949 年 9 月に採択された「中国人民政治協商会議共同綱領」では「中華人民共和国は、統一的な軍隊、すなわち人民解放軍および人民公安部隊を建設し、中央人民政府人民革命軍事委員会の統率を受け、統一的指揮、統一的制度、統一的編制、統一的規律を実行する」と定めている（中共中央文献研究室編『建国以来重要文献選編』第 1 巻 中央文献出版社 1992 年、6 頁）。
* 23　欧州連合（European Union、EU）、ベルギーの首都であるブリュッセルに本部を置き、欧州共同体（European Community、または欧州共同市場）から発展した。

る割合はすでに 15.3%近くあった。その 3 年後には 31.4%を超え、国民党政府の時代に比べて 4 倍から 5 倍ほどまで伸びていた[24]。こうした高い割合は、歴史という縦軸の比較だけでなく、同時期のほかの 11 ヵ国との横軸の比較にも見られ、1950 年代には中国の 1 人当たり平均所得はこれら諸外国と同程度にまで追いついていた。

　新中国の成立当初、中央と地方の基本構造は、**高度に中央集権化された現代国家の中央・地方システムという形を成していた**。すなわち、当時の中国は、現代徴税制度に基づいて成立した現代国家だった。1950 年から「全額上納全額負担（統収統支）」[25]の財政管理体制がスタートし、財政収入を中央へ上納し、財政支出は中央が取り決めた。1951 年から 1957 年にかけては「中央と地方で収入を区分し、行政級別の予算管理（劃分収入、分級管理）」体制を実施し、中央、省（市）、県（市）の 3 級の行政レベル別の財政管理、また収入別に分類するやり方と中央と地方で収支範囲を分けることが行われた。「第 1 次 5 ヵ年計画」期間の財政収入は国民所得の 32.7%を占め、中央の財政収入は国民所得の 14.8%を占めた。中央の財政支出は、全国の財政支出のおよそ 4 分の 3（約 74.1%）を占めていた（図 6-1 を参照）。また同時に、過度に集中統一した計画経済体制も構築された。**この時期、中央政府は財政に対して大きな支配権を持ち、こうした中央・地方システムは中央集権化された計画経済体制に属していた**。

　このような体制は、国の破壊と再建を背景に構築されたため、歴史の必然性を持ち、新中国の初期の建設にとって極めて重要な役割を果たした。これは、新中国の成立当初に民主改革を徹底してやり抜き、社会主義の改造を成し遂げ、国の工業化をスタートさせ、政治、経済、文化建設を計画的に組織するために極めて大きな役割を果たした。当然、これによって「それぞれの行政管理権限が中央に集中する状況」[26]を作り出した。しかし、党中央と国務院は、すでにこうした体制が一定の歴史の制約を受けていることに気づいていた。例えば、

* 24 国家統計局編『中国統計年鑑 1984』中国統計出版社 1984 年、29、417 頁。
* 25 訳注：利潤をすべて上納させ、経費をすべて支払う方法のこと。
* 26「国務院関於改進国家行政体制的決議（草案）」（1956 年 10 月）『建国以来重要文献選編』
　　第 9 巻 中央文献出版社 1994 年、382 頁。

権力が過度に集中し、中央の統治によってがんじがらめに抑えつけられるようになると、経済面の民主や政治面の民主も失われてしまう。特に、中央は「各部は、省の党委員会、省の人民委員会に命令を出すわけにはいかないので、省・市の庁や局と直結し、毎日、庁や局に命令を出している」＊27ようなあり様だった。

図 6-1　中央の財政収入と財政支出が全国に占める割合（1952-1978 年）

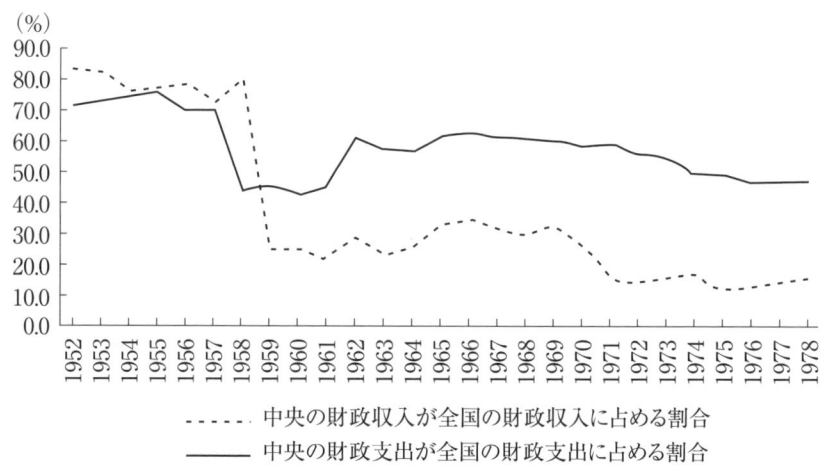

- - - - -　中央の財政収入が全国の財政収入に占める割合
─────　中央の財政支出が全国の財政支出に占める割合

　新中国の成立当初に見られた「大きすぎる中央」（過度な集中）という局面に対し、毛沢東は経済体制改革を初めてスタートさせ、「権限の委譲」によって中央と地方の関係の調整を図った。1956 年 4 月から 5 月にかけて、毛沢東は、中央と地方の関係について触れる時にはソ連とアメリカのモデルの違いに注意し、中国はソ連のような高度な中央集権型のモデルに倣うべきではなく、アメリカの連邦制のモデルを研究すべきだと主張した。毛沢東は、**過度な集中によって地方の権限が小さくなりすぎることは社会主義の建設に不利だと考え**

＊27　毛沢東「論十大関係」1956 年 4 月 25 日、『毛沢東文集』第 7 巻 人民出版社 1999 年、31 頁。

た*28。また彼は、省、市、自治区の党委員会が中央部門からの実行不可能で実際にそぐわない主観主義に基づく命令、訓令、指示、図表書類をやめさせ、「五多」（任務、会議・研修、公文書・報告・図表、組織、積極分子の兼職、が多いこと）をやめさせる権限を持つよう求めた。

　毛沢東が強力に進めた結果、1956年6月に中央と国務院は経済管理体制の研究、改善に乗り出した。しかし、計画経済体制を根本から変えるのでなく、体制の枠内での中央と地方の関係の調整に重点を置き、権限を委譲させ、権力が高度に集中することの弊害をなくそうとした。

　同年9月、劉少奇は、第8回党大会の政治報告のなかで「**わが国のような大きな国において、中央が国家のさまざまな実務を何もかも一手に引き受けて、どれもこれも立派にやってのけるということは考えられないことである。したがって、一部の行政管理上の権限を地方に分け与えることが、まさに必要である**」*29と指摘している。このため、第8回党大会は次のように決定した。統一の指導、行政級別の管理、地域に応じた適切な措置、事案に応じた適切な措置、という原則に基づき、国の行政体制を改善し、企業、事業、計画、財政におけるそれぞれの管理範囲を区分して、各省・自治区・直轄市における管理権限を

＊28 毛沢東は、中央と地方の関係について「わが国の憲法は地方に立法権がなく、立法権は全国人民代表大会に集中させると規定している。これもソ連に倣ったものだ。しかし、アメリカは違う。アメリカでは州が法律を定めることができ、州の定めた法律が合衆国憲法と争う場合もある。財政と税収の面では、それぞれの州による立法が統一されていない場合もあるらしい。アメリカという国はとても発展しており、わずか100年余りでこのような発展を遂げてきたので、この問題は注意を払うに値する。その政治制度は研究して良いだろう。見たところ、われわれも地方の権限をやや拡大する必要がある。地方の権限が小さすぎると、社会主義の建設にとって不利である」と述べている。これらの内容は、「十大関係について」には収められていないが、薄一波による毛沢東の講話（1956年4月25日-28日の中共中央政治局拡大会議、1956年5月2日の毛沢東が開催した最高国務会議）に基づいた記録に残っている（薄一波『若干重要決策与事件的回顧』上巻 中共中央党校出版社 1991年、488頁）。毛沢東は「過度の集中は強大な国の建設という目的を成し遂げるためにあらゆる力を動員させるうえで不利であり、この問題では、ソ連の教訓を参考にし、同志の皆さんにわれわれの党の歴史を考えてもらうことで、こうした分権と集権の問題を適切に解決してもらいたい」と述べている（毛沢東「在中共中央政治局拡大会議上的総結講話」（1956年4月28日）『毛沢東文集』第7巻 人民出版社 1999年、52-54頁）。

＊29 劉少奇「在中国共産党第八次全国代表大会上的政治報告」1956年9月15日、『建国以来重要文献選編』第9巻 中央文献出版社 1994年、89頁。

適度に拡大し、さらに中央の各部門の活動の改善と強化に注意を払う[30]。

同年 10 月、国務院は「国家行政体制の改善に関する決議（草案）」を制定し、中央と各省・自治区・直轄市の行政管理上の職権をきちんと区分し、初めて次の 4 つに分類した。①**中央管理型**。これには国民経済全体に関わる全局性、重要性、集中性を持つ企業と事業が含まれる。②**地方管理型**。③**中央を主とし地方を補とした二重管理型**。④**地方を主とし中央を補とした二重管理型**。これらの枠組みの下に、さらに計画、財政、工業、基本建設、農業・林業・水利、運輸・郵便、商業、文化・教育・科学・衛生、政法、労働、機構編制、少数民族という 12 の領域について中央と省級政府の職権が細かく区分されている。当時、1956 年を準備期、1957 年を試行期とし、第 2 次 5 ヵ年計画期間での全面実施を予定していた[31]。

1957 年 1 月、中央が開催した省・直轄市・自治区党委員会書記会議で、毛沢東は地方が中央（部門）に対して予算と権限を求めることを奨励した。陳雲も、地方の同志が企業管理の権限委譲を求めたのに対し、地方により融通が利く財政力を与えることなどを明確に示したうえで、中央が全国を抱え込むことはできず、適度な分権はしかるべきだと考えた。

1957 年 11 月、国務院は「工業管理体制の改善に関する規定」を出し、省（直轄市）と自治区の工業管理の権限を適度に拡大し、中央が直接管理してきた一部の企業を省（直轄市）や自治区が指導にあたるようにして地方企業にするなど中央から地方へ権限を委譲する改革が口火を切った。

1958 年 2 月、毛沢東は、「虚君共和」（立憲君主制のこと）の構想を打ち出し、権限の委譲をいっそう進めることを主張し、中央と中央部門が「過度に管理し、がんじがらめに抑えつける（管得過多、統得過死）」局面を打破しようとした[32]。「虚君共和」は、高度な中央集権の計画経済体制とは大きく異なり、

---

* 30 「中国共産党第八次全国人民代表大会発展国民経済的第二個五年計劃（1958-1962）」（1956 年 9 月 27 日に中国共産党第 8 回全国代表大会で採択）『建国以来重要文献選編』第 9 巻 中央文献出版社 1994 年、374 頁。
* 31 『建国以来重要文献選編』第 9 巻 中央文献出版社 1994 年、383-405 頁。
* 32 毛沢東は中央が開催した春節祝賀会で「**中央へ集権しすぎると、生産力を束縛する。これまでわたしは『虚君共和』を主張してきたが、中央がやらなければいけないことはあるが、それが多すぎてはいけない。多くのことを省や市に任せれば、彼らはわれわれ（中央と中**

極めて深い歴史的意義と重要な現実的意義を持っている。同年3月、毛沢東は成都会議で「中央集権と地方分権が同時に存在しており、集中できるものは集中し、分割できるものは分割することにしている」と再び語った[33]。

　毛沢東などの党指導者の下、党中央は計画体制での中央と地方の構造改革に乗り出した。1958年に党中央と国務院は数回にわたる会議を招集したが、その中心議題はいずれも経済工作と経済管理体制の改善についてだった。その基本精神は、経済発展のスピードを速め、管理をめぐる権限の委譲を加速、拡大させることだった[34]。この年に行われた経済管理体制改革のポイントは、各級の地方政府へ権限を委譲することだった。同年、党中央は「協作区における工作の強化に関する決定」のなかで、全国を東北、華北、華東、華南、華中、西南、西北の7つの協作区に分け、地方の強化を図った[35]。このほか、中央の各部に属する多くの企業や事業体の権限を地方へ委譲し、それらの88％を各級の地方政府へ委ね、中央直属企業の工業生産額が全体に占める割合は、1957年の39.7％から1958年には13.8％まで減少した[36]。

　これらについては次のように考えられる。1957年以降、中国は地方への権限委譲の時代に入り、行政上の権限委譲を中心とした分権化のプロセスを辿るなかで、多くの中央企業が地方の管理になっただけでなく、中央の財政収支が全国に占める割合も大幅に減り、収入と支出の割合はそれぞれ30％と50％を下回っている（図6-1を参照）。これは、中央の計画経済モデルにとって初めての大きな突破だった。厳密には、こうした中国のモデルはすでに中央財政集権型ではなく、地方財政分権型により近かった。1960年代初めに再び集権化が進む

央省庁を指す）よりもうまくやるだろう」と語った（薄一波『若干重大決策与事件的回顧』下巻 中共中央党校出版社 1993年、796-797頁）。

[33] 毛沢東「在成都会議上的講話」1958年3月、『毛沢東文集』第7巻 人民出版社 1999年、371頁。

[34] 薄一波『若干重大決策与事件的回顧』下巻 中共中央党校出版社 1993年、797-801頁。

[35] 武力主編『中国発展道路』下 湖南人民出版社 2012年、819頁。

[36] 1958年6月2日、党中央は権限の委譲について、紡績部のすべての権限、軽工業部の96％、化工部の91％、機械部の民用部分の81.7％、冶金部の77.7％、煤炭部の74.1％、水利部の72.5％、そのほかの部においても60％以上の権限を委譲させることを取り決めた。そして、6月15日までに権限を委譲すべき企業と事業体がこれを完遂するよう中央の各部門へ要求した（薄一波『若干重大決策与事件的回顧』下巻 中共中央党校出版社 1993年、798頁）。

が、この基本形は根本からは変わらなかった。これは制度変遷の経路依存性の
ために、いったん利益を生み出す新しい形が形成されると、強大な中央政府で
もそれを打ち破ることが難しく、そうなるとできることは全体の調整ではなく
部分的な調整にかぎられ、既存のストックそのものへの調整ではなく増分の調
整だけにかぎられてくる。つまり、この当時から、**中国の政治はなお高度に集
権された政治管理体制だったにも関わらず、その財政体制はすでにソ連のよう
な中央財政集権型とは異なり、計画経済体制という枠のなかで行政の権限委譲
という改革のなかに置かれていた。**

　とはいえ、計画経済体制の時代では、中央集権型か地方分権型かに関わらず
中央と地方の2つの積極性を奨励するという根本の問題をうまく解決すること
はできなかった。たとえ中央と地方の関係が改革でどのように変化したとして
も、依然として計画経済体制という枠のなかで進める以上、計画管理をめぐる中
央の権限がただ地方政府へ委ねられたにすぎなかった。そのため、すべての企
業は政府による直接の統制と管理の下に置かれ、決して自主的な決定権を持っ
た市場主体ではなかった。例えば、「大躍進」のような政治動員の下では当該地
域の利益だけを追求しようと、すさまじい勢いで経済躍進が展開され、経済が
過熱化し、ふたたび調整を余儀なくされた。こうして、中国では「集権すれば
地方は停滞し、地方が停滞すれば中央は権限を委譲する。委譲すると秩序が乱
れ、秩序が乱れると収束せざるをえない（一統就死、一死就放、一放就乱、一
乱就収）」という悪循環が生まれた[37]。

　こうした悪循環は、1970年に毛沢東が進めた2度目の経済体制改革にも現れ
ている。この改革は、1つは60年代前半に行われた国民経済調整と中央による

209

＊37　中国の経済体制をめぐる深い問題について、薄一波（中国の計画経済体制の設計者の1人
　　で、1958年の経済体制改革の設計者の1人でもある）は、中国が正式に社会主義市場経
　　済を実施する際（1993年）に深い反省を述べている。そこでは、1958年の経済体制改
　　革の教訓として、（計画経済における）権限を高度に集中させることの弊害だけに目を向
　　けたため、地方への権限移譲というやり方を採ったが、（権限の）委譲が多くなると、ふ
　　たたびそれを取り戻そうとして、社会主義の制度下で計画経済体制を行うことだけを強調
　　し、市場メカニズムの役割を完全に軽視し否定することの弊害に思い至らなかった、と振
　　り返っている（薄一波『若干重大決策与事件的回顧』下巻　中共中央党校出版社　1993年、
　　803頁）。

「再集権化」に対する「反調整」という面を持ち、もう1つは外敵が中国に侵入した際には各地域が「それぞれの戦い」をできるようにすることを含めた「戦争準備」という面もあった。1970年2月、国務院は全国計画工作会議を開き、いわゆる「垂直型の統治」を批判し、「水平型の統治」に力を入れた経済体制改革案を打ち出した[38]。これは、毛沢東が「虚君共和」の構想を貫徹させようとし、経済管理における権限移譲の下準備としての措置であり、また官僚機構の大きな改革でもあった。こうした権限の委譲が行われ、中央直属の企業・事業体は10,533から1,674まで減り、中央直属企業が工業総生産に占める割合は42.2％から6％に下がった。しかし中央集権の計画経済体制に対する改革は必ずしも成功しておらず、1970年代中盤には再び集権化が進んだ。国民経済はこの調整後にすみやかに復調し、中央による計画経済体制が全国から資源を調達し配置することにかけては強みがあること、また経済危機への対応力があることを示し、さらにこうした体制では集権が常態化することも示した。

　1957年と1970年に毛沢東が行った2度の経済体制改革を経て、中央と地方の経済をめぐる関係は高度な中央集権から相対的な地方分権として推移し、地方は国の財政支出の半分以上を担うようになった。国の財政収入では、1957年の中央財政が占める割合は73.50％だったが、1978年には15.5％まで減少していた。国の財政支出では、1957年には中央財政が占める割合は71.8％だったが、1978年には47.4％まで減少していた[39]。旧ソ連などの国と比べて、中国は決してスタンダードな「中央計画経済」体制の国家ではなく、また「スタンダードな中央計画経済体制」の国家でもない。、むしろ「準中央計画経済」の国家である。このため、いったん経済体制改革がスタートすると、「スタンダード」な国に比べてよりいっそう「市場経済」国家や「中央・地方分権」型国家に転じやすい。しかし、こうした転換は漸進的なプロセスを経て、さらにそのなかで段階を踏みながら行われてきた。

＊38　当時、「国務院の工業交通各部直属企業を地方管理に権限移譲することに関する通知（草案）」「国務院の各部門による党の核心グループと革命委員会の設立に関する伺い書」「第4次5ヵ年計画綱要（草案）」を相次いで発表し、中央の各直属部門はその大部分の企業や事業体を1970年の年内に徐々にあるいはいくつかの時期と回数に分けて権限を委譲するよう求められた。
＊39　国家統計局編『中国統計摘要（2008）』中国統計出版社 2008年、14頁。

3. 改革・開放初期の中央と地方の関係の変遷

　1978年の改革・開放以降、中央と地方の構造はさらに「地方分権」型に転じていった。地方のイノベーションをいっそう奨励するため、国は税収と事務権限をめぐるシステムに新たな調整を加えた。これと同時に、社会主義計画経済体制から社会主義市場経済体制への転換もスタートし、特殊な二重制度の現象が見られるようになった。

　1980年以降、財政体制改革によって「財政の独立採算制」を確立し、1988年にはこうした体制をはっきりと「財政請負制」として、行政上の分権を進める財政体制を採るようになった[40]。

　1979年7月、国務院は新たな財政管理の方法を試行するため、「『収支掛鈎、全額分成、比例包干、三年不変』[41]の財政管理方法の試行に関する若干の規定」（以下、「規定」とする）を打ち出した。「規定」では、1980年から国は省と市に対して「収支掛鈎、全額分成、比例包干、三年不変」の財政管理方法を試行することを決定した[42]。こうしたやり方は、俗に「かまどを分けて飯を食べる（分灶吃飯）」と呼ばれた。この改革の目標は、1つは地方の財政権を拡大し、地方に経済発展の積極性を発揮させることであり、もう1つは地方政府が収入増加・支出削減にさらに積極的に取り組むことで、地方財政のバランス保持に責任を持たせ、中央の統一的指導と計画の下で、それぞれの役割を果たすことをねらったものだった。こうした独立採算制は統一されたやり方ではなく、25の省と自治区で4種類のやり方が採られた。

　1984年に独立採算制が実施された当時は、「利改税」[43]の導入と歩調を合わせ

---

[40] 呉敬璉『当代中国経済改革教程』上海遠東出版社 2010年、226頁。

[41] 訳注：収支を連結し、全額を分配し、一定の比率で請負を割当し、このやり方を3年間は変えないことを指す。

[42] 譚宗級、葉心瑜主編『中華人民共和国実録―改革与巨変―開創現代化建設新局面 (1977-1983)』第4巻 上 吉林人民出版社 1994年、235-236頁。

[43] 訳注：国有企業が利潤上納方式を納税方式に改めた税制改革。それまでは企業は政府と取り決めた納税後の利潤を自由に扱うことができたが、税制に切り替えたことで財政収入の安定化を図ろうとした。

るため、1985年に国務院は「画分税種、核定収支、分級包干」＊44の実施を決定
した。財政収入は、中央政府固定収入、地方政府固定収入、中央・地方の共有収
入、に分けられた。財政支出では、基本的には既存の形を保ちながら個別の調整
のみ行われた。当時、全国にはすでに統一的、標準的、規範的、公平な財政体制
は存在せず、各地域に応じて総額配分請負制、定額上納制＊45、定額補助制＊46、大
請負制＊47、民族地域制＊48、というそれぞれ5種類の体制が採られていた。

　1986年には、こうした独立採算制が「分税制」＊49に取って代わる予定だっ
たが、後にその計画は中止された。そして1988年からは、全国の省級と副省
級（計画単列市）＊50ではすべて財政請負制が採られるようになった＊51。こうし
たことは、制度変遷が経路依存性を持ち、それを変えることの難しさを物語っ
ている。財政請負制は、地域によって次の6種類の方法が採られた。①収入額
逓増請負制＊52（北京市など6地域で実施）、②収入総額配分請負制＊53（山西省、
安徽省、天津市の3地域で実施）、③収入総額配分プラス基数超過額配分請負
制＊54（大連市、青島市、武漢市の3計画単列市で実施）、④上納額逓増請負制＊55

＊44 訳注：税目を分けて分配し、収支を査定し、行政レベル別に請負を割当すること。

＊45 訳注：計画単列市（後述）が一定の比率に応じて中央と省にそれぞれ上納すること。

＊46 訳注：中央からの定額補助。

＊47 訳注：中央と地方の財政収支をそれぞれ区分したうえで、定額上納や定額補助が行われる。

＊48 訳注：中央から民族地域に対して5年間にわたり毎年10％増加する逓増補助が行われる
　　　 やり方。

＊49 訳注：各種税収と税目と納税主体により、中央政府の収入と地方政府の収入に分けるもの。
　　　 地方政府の財政請負制で地方経済は活性化したが、その反面で中央政府の財政基盤は弱体
　　　 化した。そのため、中国経済は各地方が群雄割拠する「諸侯経済」の様相を呈したため、
　　　 党中央と政府は分税制の導入で、中央のマクロ調整能力の再強化を図ろうとした。

＊50 訳注：経済計画の面で省と同等の権限を持つ都市を指す。

＊51 呉敬璉『当代中国経済改革教程』上海遠東出版社 2010年、234-235頁。

＊52 訳注：決算収入を基数にして、地方の財政収入を毎年一定の比率で逓増させ、所定の逓増
　　　 率以内の収入は確定された配分比率で中央と地方 に分けるやり方（川合伸一「地方から
　　　 みた財政請負制の動向」、https://aichiu.repo.nii.ac.jp/?action=repository_uri&item_
　　　 id=4571&file... を参照）。

＊53 訳注：決算収支額を収支基数とし、収入基数が支出基数より大きい場合に、所定の配分率
　　　 で収入総額を中央と地方で分けるやり方。

＊54 訳注：実際収入を基数として基数部分については総額配分比率で分け、基数より増収となっ
　　　 た部分については別に定める配分比率で分けるやり方。

＊55 訳注：中央への上納実績を基数として上納額 とその逓増率を確定し、地方は所定の逓増
　　　 率に基づいて毎年中央への上納を増加させていくやり方。

（広東省、湖南省の2地域で実施）、⑤定額上納請負制*56（青島市を除く山東省、上海市、ハルビン市を除く黒竜江省の3地域で実施）、⑥定額補助請負制*57（吉林省など14地域で実施）。1988年、中央政府は、地方政府との新たな財政請負システムを導入した。この財政請負の契約では、各省の中央に対する上納額がいったん決められ、取り決めに基づいて年ごとに次第に増えるものの、所定の上納分以外は各省に留保される。その代わり、各省にはその留保分を必要支出にあてる責任があった（財政請負制では、貧困省に対しては1987年の価格基準をもとに中央政府からの補助が決められたが、1988年と89年の急激なインフレによってこうした補助では追いつかなくなった）。その結果、こうしたシステムに根本的な変化が生じた。分税制と支出需要を切り離すことで、財政請負制によって初めて地方政府が自己融資を実現させることができたのだ*58。

　これらの財政体制改革は、いずれも中央集権的で「垂直型の統治」を主としたこれまでの計画経済体制に対する突破だった。その基本の考え方は「放権譲利」である。つまりさらに多くの財政権（財政収入と財政支出の権限を含む）を地方政府に委ね、財政収支全体という「ケーキ」のなかから地方財政の取り分を多く得られるようにし、「水平型の統治」を主とした移行型の財政体制を作り上げた。

**　この改革は、地方の財政自主権を広げ、地方政府の当該経済の発展に対する積極性を発揮させ、地方政府が経済発展を主導し、推進するモデルを作り上げた。また地方間の経済競争や発展競争を奨励した。他方、統一性と規範性を失い、不公平な財政体制を作り出し、各地で「大而全、小而全」*59型で自給自足**

---

*56　訳注：収入基数が支出基数を上回る部分を固定額として毎年上納するやり方。収入超過部分はすべて地方に留保される。不足の場合は自己補填して定額上納を保障しなければならない。

*57　訳注：小数民族地区および査定した収入基数が支出基数より小さい行政地域に対して中央政府がその差額を定額として補助するやり方。収入基数を上回る増収部分はすべて地方に留保される。

*58　労倫・勃蘭特（Loren Brandt）、托馬斯・羅斯基（Thomas Rawski）『偉大的中国経済転型』格致出版社 上海人民出版社 2009年、364頁。

*59　訳注：「大而全」は、生産規模が大きく、人員・設備・資材など生産に必要な条件が完備していること。「小而全」は、規模は小さいが生産設備や機械がすべて揃い、無駄な設備が多く専門性の低い立ち後れた生産方式のこと。

型の閉鎖的な経済システムを奨励し、地域間の不毛な競争と経済封鎖を助長し、各地域で「めいめいが思い思いにやる」「めいめいが自分の思いどおりにやり、互いに喧嘩し、足を引っぱる」という状況を激化させてしまった＊60。

　さらに地方分権型へと中央と地方の構造を調整したことによって、国の財政収入と財政支出が GDP に占める割合が下がり続け、1991 年にはそれぞれ 14.5％と 15.5％まで落ち込んでいた。同時に、中央の財政収支が全国に占める割合も下降傾向に陥り（表 6-1 を参照）、これらは中央が全国規模でのマクロ・コントロール能力や地域間の発展バランスを図るための能力が弱まっていることを示すだけでなく、統一、開放、公平な競争のための国内の大きな市場を確立するうえでの障壁にもなっていた。

表 6-1　財政全体が GDP に占める割合・中央財政が財政全体に占める割合
（1978-1991 年）　　　　　　（単位：％）

年	財政収入の対 GDP 比	財政支出の対 GDP 比	中央の財政収入が財政収入全体に占める割合	中央の財政支出が財政支出全体に占める割合
1978	31.1	30.8	15.5	47.4
1979	28.2	31.6	20.1	51.1
1980	25.5	27.0	24.5	54.3
1981	24.0	23.3	26.5	55.0
1982	22.8	23.1	28.6	53.0
1983	22.9	23.6	35.8	53.9
1984	22.8	23.6	40.5	52.5
1985	22.2	22.2	38.4	39.7
1986	20.7	21.5	36.7	37.9
1987	18.2	18.8	33.5	37.4
1988	15.7	16.6	32.9	33.9
1989	15.7	16.6	30.9	31.5
1990	15.7	16.5	33.8	32.6
1991	14.5	15.5	29.8	32.2

出所：『中国統計摘要（2010）』（中国統計出版社 2010 年）

＊60 鄧小平「中央要有権威」1988 年 9 月 12 日、『鄧小平文選』第 3 巻 1 版 人民出版社 1993 年、277-278 頁。

こうした状況について、鄧小平は「中央には権威がなければならない」と発言した。1988 年 9 月 12 日、鄧小平は、中央政治局常務委員の趙紫陽、李鵬、喬石、胡啓立、姚依林、万里、薄一波らとの談話で「党中央、国務院に権威がなければ、局面はコントロールできない。**わたしの言いたいポイントは、中央には権威がなければならないという点に尽きる。中央とはすなわち党中央であり、国務院である。マクロ管理は中央の言ったことが確実に実行される点に具現されなければならない**」*61 とはっきりと指摘している。陳雲は、このような中国の政治と経済のあり方を「**諸侯が多すぎて、討議しても何も決まらず、決まっても実行せず、各々勝手にふるまっている**」と表現した。鄧小平はこれを正しいと考え、1989 年 9 月に中央政治局常務委員の江沢民、李鵬、喬石、姚依林、宋平、李瑞環、楊尚昆、万里らと会談し、再び党中央の権威を強化することを強調し、「中央の言うことを聞かず、国務院の言うこと聞かないというのはダメだ。とりわけ、困難な時に、中央や国務院という権威がなければ、問題は解決できない」*62 と話した。

これらは、王紹光氏と私の判断と一致している。1993 年 5 月、われわれは『中国国家能力報告』のなかで、「中央のマクロ・コントロール能力が低下し、それぞれが『諸侯経済』を行いだすと、『小而全、大而全』が幾層にも重なり、やがてそれ自体がシステムになり、その地域の閉鎖が進み、貿易障壁が設置される。経済は政治の土台であり、経済的な力が政治権力を決定づける。『諸侯経済』は政治の衰退をもたらし、中央の権威と権力を絶えず失わせるので、それがどのような結果を引き起こすかが危ぶまれる。典型的な市場工業化された大国と比べ、中国では地方政府の財政力が膨らみすぎ、行政上の権限も大きすぎ、経済への介入が多すぎる」と指摘した*63。これは、国としての力が衰え、中央と地方が緊張関係にあることを言い表したものだ。のちに江沢民は、華北と東北の 8 つの省と自治区の主な責任者に対し、「**わたしは常々、われわれの事業の発展を前に進む一艘の船に例えるが、中央と地方はともにこの船の上にある。**

＊61 同上。
＊62 鄧小平「改革開放政策穏定，中国大有希望」1989 年 9 月 4 日、『鄧小平文選』第 3 巻 1版 人民出版社 1993 年、319 頁。
＊63 王紹光、胡鞍鋼『中国国家能力報告』遼寧人民出版社 1993 年。

それぞれの地域とそれぞれの部門は同じ船の上で協力しあい、誰しもが全体の外に身を置くことはできず、誰しもが自分のところだけが特殊だと強調することはできず、自分勝手に他人を顧みないことはもってのほかである。**もし船がひっくり返れば、みなが遭難し、災いがそれぞれの身に降りかかってくる」**＊64 と話している。このように、中国という巨大な船が経済体制改革のなかでひっくり返ることがないように、党中央は制度を革新し、分税制を構築し、中央と地方の関係の調整を図ることを決定した。

4. 分税制改革と中央と地方の体制の変遷

　1993年4月、江沢民は、中央財政経済指導グループの会議で中央の関連省庁に向けて、合理的な分権を進め、中央税と地方税のしくみを構築し、中央と地方の分配をめぐる関係をきちんと調整することを打ち出した。また、中央が必要な財政力を集中し、地方ができないことを行うことを提案した。分税制によって中央と地方の利益構造が変わることから、江沢民は、中央の財政収入の比率を引き上げることで、財政支出を増やすのではなく、かなりの部分を地方へ返還することを承諾した＊65。

　同年9月、江沢民は、中南と西南の10の省と自治区の経済工作座談会で地方の主な責任者に向けて、中央政府と地方政府のそれぞれの事務権限をはっきりさせたうえで、中央税、地方税、共有税の税種、税率を定め、分税制を実施することを伝えた＊66。

　同年11月、党中央は第14期三中全会を開き、中国の特色ある社会主義市場経済という重要な改革の配置を行うことを打ち出し、中国が「放権譲利」の時代から「制度革新」の時代に入ったことを示した。新しい市場経済の条件の下、中央はマクロ調整体系を整備し、その権限を中央に集中させることを明確にした。そして、分税制を正式に導入し、中央税収と地方税収のしくみの確立をめ

＊64　江沢民『論社会主義市場経済』中央文献出版社 2006年、117頁。
＊65　同上書、59-60頁。
＊66　同上書、136頁。

ざして、1994年にそれらを正式に実施した＊67。

　1996年6月、こうした分税制改革への初歩的な評価として、わたしは、新中
国成立以来の最大かつ最初の制度革新であり、中央と地方の利益構造に対する
最初の大きな調整と捉えるとした。分税制改革は、短期的には中国の市場経済
改革の成否に関わり、長期的には21世紀の中国が長い太平と安定を維持でき
るかに関わってくる。この極めて深い制度変革の歴史的な功績は、アメリカの
憲法立案者、フランスのナポレオン、日本の改革者による変革を凌ぐものであ
る＊68。

　分税制導入による主な財政政策とその意図は、第1に、財政収入の対GNP
比を徐々に引き上げ、中央財政収入が全国の財政収入に占める割合を少しずつ
高め、中央財政収入と地方財政収入の割合を合理的に収めることである。第2
に、政府間の財政分配における規範性を実現し、「財政請負制」の下に6種類の
方法が併存していたのを、統一のルールに則った中央政府と地方政府の間の財
政関係へと作り変えることである。第3に、中央税収と地方税収の体系をそれ
ぞれに設けることで、「井戸の水は河の水を妨害しない（それぞれの領分を侵さ
ない）」ようにした。第4に、中央から地方への税収返還や財政移転支出の制
度を実施し、収入分配構造や地域構造を調整することで地域間の発展格差をな
くすことに役立てようとした。第5に、複式予算制度の改善と規範化を目指し
た。中央の財政赤字は銀行からの借り越しではなく、長短期の国債を発行する
ことで解決する。そうすることでインフレ抑制に繋げ、マクロ経済コントロー
ルの目標を実現させるねらいがあった。

　**振り返ってみると、1994年の分税制改革は、初めての制度革新としてかなり
の成功を収め、「先人が木を植え、後人がその木陰で涼む」という改革ボーナス
の効果を大きく示した。**そこでは、まず国の財政収入の徴収能力を大きく高め、
財政収入の対GDP比を1995年の10.3％という歴史的な低さから、2012年には
22.6％に引き上げた。これによって国民全体に基本公共サービスと基本社会保

＊67 「社会主義市場経済体制の確立における若干の問題に関する中共中央の決定」（中国共産党
　　第14期中央委員会第3回全体会議で1993年11月14日に採択）。
＊68 胡鞍鋼『中国発展前景』浙江人民出版社 1999年、133、183頁。

障を提供し、社会主義の要素を強化し、ともに豊かになるための基本的な保障を提供した。次に、中央と地方の「ウィンウィン」の形を作り上げた。1995年から2012年にかけて、中央と地方の財政収入は「共に成長」を続け、年平均伸び率はそれぞれ17.1％と18.3％だった。また、**中央財政の地方に対する総移転支出（地方の財政支出から財政収入を引いたものを指す）が地方の財政支出に占める割合は、1995年の38.17％から2012年には43.02％まで上昇した（表6-2を参照）。そして各地域の1人当たりの平均財政支出の相対的な格差係数は、2000年の76％から2012年には48％まで下がり、財政のバランサーとしての真の役割を果たし、各地の基本公共サービスを均等化させることに寄与している。**

表6-2　中央財政と地方財政の変化状況（1994-2012年）　　　　　（単位：％）

年	中央財政収入の対GDP比	地方財政収入の対GDP比	移転支出が地方財政支出に占める割合
1994	6.03	4.80	42.76
1995	5.36	4.91	38.17
1996	5.14	5.26	35.24
1997	5.35	5.60	33.98
1998	5.80	5.90	35.04
1999	6.52	6.24	38.08
2000	7.04	6.46	38.21
2001	7.83	7.12	40.59
2002	8.63	7.08	44.28
2003	8.74	7.25	42.83
2004	9.07	7.44	42.25
2005	8.95	8.17	39.97
2006	9.46	8.46	39.85
2007	10.44	8.87	38.52
2008	10.41	9.12	41.83
2009	10.54	9.56	46.59
2010	10.58	10.12	45.03
2011	10.85	11.11	43.34
2012	10.81	11.76	43.02

注：移転支出は地方財政支出から地方財政収入を引いた大まかな数字。
　　計算データの出所：国家統計局編『中国統計摘要（2013）』（中国統計出版社2013年）
　　http://data.stats.gov.cn/2013.01.16

　特に指摘すべきは、この取り組みでは中西部地域が最大の受益者であり、制度のうえでも地域バランスのとれた発展を促し、地域間格差を少しずつ縮めている。われわれは、中国の 31 の省・自治区・直轄市と EU に加盟する 28 ヵ国を並べて比較してみた。そこでは、実質値に基づいた 1 人当たり GDP の格差係数は、2000 年は中国が 71%、EU が 50% で、中国が EU よりも 21 ポイント上回っており、これは中国の基本国情である地域間格差が 28 ヵ国から構成される EU の内部格差よりも大きく上回っていることを表している。2012 年には、中国が 49% と 22 ポイントも減少したのに対し、EU は 45% と 5 ポイントの減少に留まった。中国は EU を 4 ポイントとわずかに上回ったが、これは中央による地方とりわけ中西部地域への財政移転支出が各地の発展を促し、地域間の相対的な格差を縮めたことに役立ったことを表している。人間開発指数 (HDI) に基づく格差係数では、2000 年は中国が 13.4%、EU が 6.2% で、中国が EU よりも 7.2 ポイント上回っていた。2012 年には中国が 7.5% と 5.9 ポイント減少し、EU は 4.7% とわずか 1.5 ポイントの減少に留まった。ここから、1 つの重要な結論を導き出すことができる。それは、まさに鄧小平が語ったように、**社会主義の本質的な特徴はともに豊かになることである**。われわれの実証研究から明らかなように、**中国の社会主義の基本経済制度とりわけ分税制と財政移転支出制度は、地域間の経済発展の格差と社会発展の格差を徐々に縮めることに長けているため、成熟した高所得水準を持つ EU の体制と比べてさらに優位性を持っている**。

　新中国の成立以来、中国では制度化された安定した中央と地方の関係がいまだに確立されておらず、これまで中央集権と地方分権は多くの変化を経てきた。財政体制では、中央と地方の関係は少なくとも 17 回に及ぶ大きな変動をすでに経験している。その内訳は、1950 年代に 5 回、60 年代に 2 回、70 年代に 6 回、80 年代に 3 回、90 年代に 1 回である（表 6-3 を参照）。そしてそれぞれの体制調整や政策調整は、次の新たな調整や変動の準備となった[69]。

＊69 胡鞍鋼『中国発展前景』浙江人民出版社 1999 年、197-198 頁。

表 6-3　中国の財政体制の変動（1950-1994 年）

順番	実施年	財政管理体制の変動
1	1950	すべての利潤を中央へ上納し、すべての経費を中央が支払う（統収統支）。収入と支出を別建てにする（収支両条線）。財政管理の権限を中央へ統一する。
2	1951	統一の指導の下に行政レベル別の管理を行い、中央、大行政区、省（市）の 3 級管理を実施。
3	1953	収入別に分配を行い、中央、省（市）、県の 3 級管理を実施。（収入分類分成）
4	1958	地方政府の予算収入に応じて支出を決め、むこう 5 年間は政策を実施し、財政管理権を委譲する。（以収定支、5 年不変）
5	1959	地方政府の予算総額に応じた一定の財政比率を中央が年毎に査定し、収入と支出を連結させ、その比率に応じた分配を実施。（総額分成、1 年一定）
6	1961	集中と統一を強化するための財政管理体制を実施し、中央に財政を集権。
7	1968	収支と支出を別建てにし、財政収入のすべてを中央へ上納。
8	1971	収入と支出を定めて、地方政府に請け負わせ、上納額を保証させ、余剰分は留保あるいは全額を分配させ、収入を留保させる財政の「大請負制」を実施。（財政大包干）
9	1973	収入における固定比率を試行し、その超過分を一定比率に応じて分配し、支出は指標に応じて請負う。
10	1975	財政の建て直しを図り、収支をそれぞれ定めて連結させ、総額を分配し、年毎に査定する。（定収定支、収支掛鈎、総額分成、1 年一定）
11	1976	収支を連結させ、総額を分配し、地方政府の収入が多い場合も少ない時も支出を抑える。（収支掛鈎、総額分成）
12	1977	固定比率による請負制を（6 つの省と市で）試行し、上納額を定め、留保分は一定比率に基づくことをむこう 4 年間は実施し、地方政府が収支のバランスをそれぞれで図れるようにした。
13	1978	地方財政の前年比との増収分を中央が定めた一定比率で地方収入として分配し、収支を連結させることで、増収によって財政力が得られるようにした。（増収分成、収支掛鈎）
14	1980	財政収入と財政支出を中央政府と地方政府のそれぞれで区別し、地方政府はその財政収支を請負い、財政収入の一部を中央に上納し、残りはすべて地方が独自に使用できるようにした。（画分収支、分級包干）
15	1986	中央政府と地方政府のそれぞれの収入を固定の税種（中央政府固定収入・地方政府固定収入・中央と地方の共有収入）で区分し、各級政府の収支を査定し、収入の一部を上納することを請け負うようにした。（画分税種、核定収支、各級包干）
16	1988	次の 6 つの請負制を実施。①収入逓増請負制、②総額配分請負制、③総額配分請負制プラス増収額配分請負制、④上納額逓増請負制、⑤定額上納請負制、⑥定額補助請負制
17	1994	中央と地方で分税制を実施。

　分税制の改革は、新中国成立以来、とりわけ改革・開放以降で最も成功した体制改革となった。それは安定性、規範性、将来性を備えており、その後もこの制度内で微調整や適宜の調整を行っただけで、1950年から1988年までのような度重なる調整や変動はもう行われなくなった。こうして、中央と地方の関係は、これまでの政策調整に見られた中央による恣意性や予測不能性といった不安定な特徴や、地方政策にありがちだった「上に政策あれば、下に対策あり」といった非協力的な特徴にも変化が生まれ、制度化、規範化、手順化が意識的に進められていった。まさに1995年に江沢民同志が「当面は、中央と地方の経済管理権限を合理的に区分することを急ぎ、それぞれの職権、財政権、政策決定権を明確にし、権限と責任を統一するとともに、規範化、法制化を図るよう努めなければならない」*70 と指摘しているとおりである。中央と地方の財政関係が制度化、規範化、手順化されると、中央と地方の間にある情報の非対称性、権力の非対称性、利益の非対称性を軽減することができ、そこから中央と地方の関係を予測可能で、安定した全局的な調和の取れた、それぞれの所を得た新しい形にしていくことができ、さらにこれらの関係を正しく処理するための今後の貴重な経験にも繋がっていく。

5.　中央と地方の関係をさらに健全にするために

　第18回党大会では「2020年に小康社会を実現する」という壮大な目標を打ち出した。また第18期三中全会の開催は、中国が五位一体の全面的な改革の時期に突入したことを示し、この新目標と全方位に向けた新たな改革は、中央と地方の関係がまったく新しい時期に突入したことも意味している。

　改革の全面的深化を進めるにあたって、中央と地方の新しい形には依然として大きな2つの課題がある。1つは、中央と地方の2つの積極性をどのように発揮させるか。もう1つは、中国が国家統一と長期にわたる太平と安定をどのように維持していくかである。これらは実質的には1つのことの表裏であり、そ

---

*70　江沢民「正確処理社会主義現代化建設中的若干重大関係」1995年9月28日、『江沢民文選』
　　第1巻 人民出版社 2006年、472頁。

れぞれが両輪を担っている。そのため、中央と地方の2つの積極性を発揮、協調させ、互いに発展してこそ、中国の長期にわたる太平と安定を実現させることができる。反対に、国家としての統一や安定を失えば、中央と地方がともに発展することもありえない。したがって、現行の基本となる行政の枠組みには「垂直（条）」と「水平（塊）」の2つが存在するが、「水平」を主としている。

ここでは中央と地方に3つの非対称性が生じている。**1つは、情報の非対称性である。**地域大国であり人口大国でもある中国は、政府の行政レベルは「5.5階層」[71] に分かれている（10数ヵ所の副省レベルを含む）。行政レベルが増えれば増えるほど、情報の非対称性、情報の不完全性、情報の不確定性が顕著になり、国の統治と地域の統治はいずれも難しさを増す。**2つめは、権力の非対称性である。**「垂直型」統治による過度の集権や過度の集中の問題もあれば、「水平型」統治による過度の分権や過度の分散の問題もある。また、「お高くとまった官僚主義」という問題もあれば、「上に政策あれば、下に対策あり」という問題もある。**3つめは、利益の非対称性である。**「横」の繋がり、地方の利益が最優先されること、物事がうまく進まないという問題もあれば、「縦」の繋がりによって部門の利益を得ようとする問題もある。特に長期的、全局的、持続可能な発展という問題をめぐって中央と地方の利益の出発点が一致していない場合がある。**そのため中央と地方の関係をうまく処理するポイントは、こうした3つの非対称性をうまく解決することにある。**

この「3つの非対称性」を解決するポイントは2つある。**1つは手段の面で措置を講じることであり、いかに優れた指揮棒を作り出すかである。**財政面のインセンティブ、移転支出、税収減免、業績考課などさまざまな政策ツールを使って、中央と地方が心と力をひとつにしていかなければならない。特に、両者が互いのインセンティブと互いの利益を両立させる必要がある。**もう1つは構造の面で措置を講じることであり、いかに中央と地方にある既存の非対称性をなくしていくかである。**それは、構造上から根本的に調整することで、事務

＊71 訳注：①国家レベル、②省レベル、③地区（副省）レベル、④県レベル、⑤鎮レベルの5つのレベルと、①と②のあいだに計画単列市レベルがあるため、筆者は「5.5階層」としているものと思われる。

権限を一致させ、事務責任を対等にし、行政レベルを減らすことなどによって、情報の非対称性、権力の非対称性、利益の相対性をなくしていかなければならない。

　具体的には、第18期三中全会の「決定」に沿って、これらの調整について大きく以下の面から着手する。

　第1に中央と地方が意思疎通できるしくみを整備することである。目下、中国では、中央と省級政府の間の情報や政策決定をめぐる意思疎通のメカニズムはすでに構築されており、情報の非対称性も緩和され、双方の信頼と協力もいっそう強化されている。例えば、メカニズムには毎年3月に開かれる「両会（全国人民代表大会と中国人民政治協商会議）」、中央委員会全体会議、中央経済工作会議、省部級の主要責任者によるテーマ別セミナー、中央規律委員会、政治・広報・農村の工作会議などがあり、省級の党と政府の主要な責任者や専属の責任者が参加し、中央の主要な指導者がテーマ報告や最終報告を行い、国内外の重要な情報、決定、政策についての情報共有を図っている。今後はこうした会議制度をよりいっそう整備し、政策決定は民主化、科学化、制度化を進め、議論を通じて決定し、実行にあたっては地域化し、具体化し、運用可能なものにすることを心がけ、決定したことは実行する。そうすることで中央と地方がともに力を合わせ、国としての事業は国が総力を挙げ、地方としての事業は地方が総力を挙げて取り組んでいくことができる。

　第2にマクロ・コントロールのしくみを整備することである。これは、国の発展戦略や発展計画を方針とし、財政政策、通貨政策、産業政策、価格政策などを主な手段とするマクロ・コントロール体系を構築することを指す。国が計画やマクロ経済政策を制定する時には、必ず自発的に地方と話し合いを持ち、広く意見を募る必要がある。そして地域間の格差を十分に考慮したうえで、それぞれに相応しい対応や指導に努め、地方政府とりわけ省級政府の積極性と情報の優位性をしっかり発揮させる必要がある。全国が一丸になるという原則を堅持し、地方に対し計画の制定では国の発展戦略に見合うものにし、国の発展計画における拘束性指標が具体的に実行されることを優先させるよう求めている。

　第3に税制を改革し、中央と地方の財政収入における区分を調整することで

223

ある。中央と地方の現行の財政力の形はそのままに、全体の安定した基盤のうえに、それぞれの財政・税務、徴収に対し調整を行い＊72、中央と地方の財政収入の区分をさらに整理し、中央が徴収すべき税種は中央に、地方が徴収すべき税種は地方に帰属させる。1994年の分税制の改革以降、中央の財政収入が一貫して地方の財政収入を上回っていたが、2011年に地方が初めて中央を追い抜いた。最新データでは、2012年の地方の財政収入がおよそ6兆1100億元、中央はおよそ5兆6100億元と、中央と地方の比率が1：1.09となった。この先、これらを合理的な比率にしていくには大体1：1を保ち続けていく必要があり、それには税種の構造をなおいっそう最適化し、徴収手段の情報化をさらに強化し、中央を主体とする税種、地方を主体とする税種を整備し、中央税、共有税、地方税を科学的に区分していかなければならない。

　第4に中央と地方が事務権限と支出責任を分担し、それぞれの職責を明確化することである。全体の流れとしては、中央の事務権限を適度に強化していく。事実、中央財政の支出が全国の総支出に占める割合は分税制の導入から下降の一途を辿り、今では15％程度まで落ち込み、これは世界各国とりわけG20のなかでも最低の数値である。このため、中央財政が提供する全国の公共財にかかる支出の大部分を地方へ移管する動きが見られるようになった。18期三中全会では、中央の事務権限と支出責任の分担を特に強調し、中央政府のマクロ・コントロールの職責と能力の強化、地方政府の公共サービス、市場への監督管理、社会管理、環境保護といった職責の強化を打ち出している。全体として、中央と地方の事務権限はおよそ3つに分けられる。1つは中央が担う事務権限と支出責任である。これには国防、外交、国家の安全、全国統一市場のルールと管理などが含まれる。中国はすでに世界第2位の経済国となり、まもなく世界第1位の経済国に成長するという背景の下、中国は世界のなかでグローバルな公共財の提供を担っていく責任があり、グローバル経済のガバナンスに関わり、途上国のいっそうの発展を支援しなければならない。このため、中央政府は国内の公共財を提供するだけでなく、その事務権限（これについては将来的には

＊72　楼継偉「央地財政格局不変，増加中央事権」鳳凰網 2013年11月21日。

中央の財政支出によってさらに解決する必要がある）をグローバルガバナンスにおける公共財を提供する権限にまで広げていく必要がある。2つめは、中央と地方が共同で担う事務権限と分担された支出責任である。これには一部の社会保障や地域を超えた重要プロジェクト（例えば地域を超えた環境ガバナンスや生態系安全保障壁）などが含まれる。また、生態系安全のための全国の公共財については「中央が資金を出し、地方が労力を出す」という共同型で提供する。3つめは、地方の事務権限である。これには主に地方の公共サービスが含まれる。こうした地域の公共サービスは主に地方の財政収入に支えられ、地域の積極性が十分に発揮され、現地の情報という強みがあるため、主に地方が提供している。地方にその提供力が不足している場合、全国の基本公共サービスの均等化という目標を実現する際に、国が資金を拠出し（財政補助あるいは移転支出）、「雪の降る寒い時に炭を送る」*73 必要がある。中央は移転支出などの方法で地方の事務権限と支出責任を担うことができる。地域を跨いだ他地域への影響が大きい公共サービスについては、中央は移転支出によって地方の事務権限と支出責任を部分的に担うことができる。

　第5に移転支出制度を整備することである。移転支出制度は、中央と地方の積極性を引き出し、地域間の発展バランスを図るための重要な手段として大切な役割を果たしている。今回の改革には、専項移転支出（特定補助金）の項目に対する整理、調整、ルール化という面があった。現行の財政支出制度はまだ不完全で、項目が多すぎることに加えて規模が大きすぎること、資金が分散しすぎるきらいがある。その主な原因は中央からの通達が多すぎてそれらが強権となる点にある。そのためよりいっそうの分権が求められている。今後は、できるだけ地方事務を一般性移転支出へ組み込んでいく必要がある。また財政収支の伸びあるいは GDP とリンクしている重点支出事項を整理し、ルール化するという面もあった。それは教育、科学技術、農業、文化、医療衛生、社会保障、計画出産の7つの分野に及ぶ可能性がある。現在、GDP とリンクした支出は、すでに全国の財政支出の48％を占めている。この先、さらに一般性移転支

225

----

*73 訳注：最も困っている時に必要な物を送って助けることの例え。

出とりわけ旧革命根拠地、民族地域、辺境地域、貧困地域への移転支出が増えていくだろう。このほか、中央からの資金増という政策によって生じる地方の財源不足については、原則として一般移転支出で調節するようになるだろう。

第6に国の統治構造(ガバナンス)を最適化し、「省による県の直接管理」制度をさらに推進することである。現行の中国人民共和国憲法に基づきながら、「5.5 階層」という行政レベルを4級政府（自治州は除く）に改編し、地区市級と県市級は一律に省が直接の管理にあたり、前者は主に中心都市としての役割を、後者は主に農村地域の公共サービスの提供を担うようにする。今回の決定は、県級の基本財源を保障するメカニズムの責任主体を地方から省級政府へ引き上げ、当該地方の管理責任を強化するなどの措置を実現することを含む関連の制度設計を推進している。このことは、国の統治と地方の統治に懸かる「2つのコスト」を大幅に抑えること、また中央と地方の「2つの積極性」を存分に発揮させることに役立っている。

第7に行政のスリム化と権限の委譲を行い、中央と地方の審査管理と考課制度を改革することである。地方と社会が行政のスリム化と権限の委譲をさらに進めるため、中央政府はネガティブリストを提出し、直接末端が要求している、件数が多く広範にわたる、そして地方が管理することでより便利で効果的になるような経済社会の事柄については、地方や末端に一律に管理権限を委譲する。中国のような大国では、高度に集中し、過度に締めつけるような中央集権は国情に合わない。また高度に分散し、過度に競争する地方分権も国情に合わない。中央は地方を信用し、地方も中央を頼りにしなければならない。こうしてこそ、中央と地方の利益をめぐる直接衝突を避けることができる。また、現行の業績考課制度を改革し、在職地域での考課における GDP などの指標の役割を薄め、特に「主体機能区計画」* 74 に沿って地方ごとの違いやねらいを考課基準にすることを目指している。**こうした取り組みは、地方の積極性、自主性、創造性を存分に発揮させることに役立っている。そこでは、地方政府による自主革新や先行実験を認め、奨励し、あくまで中央や国が法で禁じていなければ地方が行**

---

* 74 訳注：原文は「主体功能区」。第 12 次 5 ヵ年計画から実施されている地域開発政策で、全国を「優先開発区」「重点開発区」「開発制限区」「開発禁止区」の 4 つに分けている。

うことを認める。他方、中央（指導者および部門責任者）がこうした実情を深く掘り下げ、調査研究し、経験を総括し、全国に広げていく。地方が誤りを犯すことを認め、イノベーションの失敗に寛容になり、その時々で教訓を総括することをサポートし、誤りを正していく。そして中央は、方針や政策の制定にあたり、各地方の特徴と利益に配慮し、個別の対応を心がけ、画一的に処理すること、無理やり命令に従わせることはしない。

6. 中央と地方の関係のこれからの発展

新しい中央と地方の関係は、これまでの両者の矛盾と衝突に対してバランスを図り、修正していくことに表われている。具体的には、次の3つの面のバランスが含まれる。

第1に政治の統一と経済の分権をめぐるバランスである。現代中国のこれまでの道のりが示すとおり、中国共産党の周囲にかたく団結し、党の強い指導の下にあってこそ、外国からの侵略と圧力を食い止め、民族の独立さらに国の現代化を成し遂げることができた。このため、政治のうえでわれわれは「**党が幹部を管理する**」という原則、「**省級の主要な責任者は、中央が候補者を推薦し、地方人代が民主選挙を行う**」という原則など、**中国全体への党の指導を堅持しなくてはならない。**これによって、中央と地方の力をひとつにすることができ、「国家の支持、対口支援」*75 といった新たな地域発展のモデルを作り出し、社会主義の政治制度の強みを存分に体現した。また別の面では、現代社会が急速に発展し、新しい技術や新たな経済分野が次々に現われ、活気に満ちた経済システムのなかで地方により多くの自由とより多くの空間を与えて、決められた範囲内で各地方がそれぞれの積極性を引き出すことを奨励し、それぞれの土地や時宜にかなった取り組みを行うことで、現代経済のうねりのなかで経済活力を長く保つことができる。

第2に「大きい計画」と「小さい自由」のバランスである。全国は常に一体

---

*75 訳注：ペアリング支援。特定の地域（貧困地域や被災地など）に対して省と省、省と市などのペアにより一対一の支援を行うこと。

であり、この全国という大局に立ったうえで、すべての人民、すべての民族の発展のために長期的な計画やねらいを進めることを堅持しなければならない。「大きい計画」とは、中央が全国的な大規模な計画に伴う責任を担うべきこと、大きな局面に対して統括的な計画を立て、大事業をしっかりと掌握し、中華民族の長きにわたる発展に関わる事柄、全国や全体の大局に関わる事務について、何らかの手を施す必要があることを指す。「小さい自由」とは、地方が自ら調整し、統治し、発展する事務に対して地方に自主決定権を与え、禁じられていなければ行ってもよいということを指す。具体的には、中央が要求、命令する分野では、必ずそれに従わなければならない。中央が禁止している分野は、必ず禁止しなければならない。しかし、中央が定めた最低ラインよりも上にある分野では、禁じられていなければそれにチャレンジし、大胆な革新と挑戦で中国が大きなイノベーションの発信地になるのである。

　第3に「大きい集中」と「小さい分散」をめぐるバランスである。中国はグローバルな影響力を持つ大国で、また同時にさまざまな試練に直面している大国でもある。中国のこうした問題はややもすると「1本の髪でも迂闊に引っ張ると全身に影響を及ぼす」ことがあるため、中央は必ず「大きい集中」という国を挙げて動員する能力を持つべきである。大きなチャンス、試練、危機に立ち向かう際には、全国の力を集中して大事業にあたっていかなければならない。こうすることで、さまざまな危機に直面しても「一地方に問題が生じても、各地が支援の手を差し伸べる」こと、大きなチャンスに直面すれば「ひとつの国、ひとつの夢」を実現することができる。また、中国は極めて多様性の豊かな国で、小さくても軽視できない問題に直面した場合は、地方に対して十分な空間と権限と責任を与えてガバナンスを分散させなければならない。こうすることで、「8人の仙人が海を渡ると、各人が自分の方術や腕前を発揮（各人がそれぞれの持ち味を発揮することを指す）」できるようにし、「多頭治水（責任の所在がはっきりしないこと）」や「それぞれの行政レベルが手を出す」といわれる官僚組織に見られる高い統治コストがかかる弊害を避ける必要がある。

　中央と地方の関係のバランスの目標をはっきりさせれば、次はこうしたバランスをどのように構築するかにさらに注意を払わなければならない。これには、

中央と地方の利益の非対称性、情報の非対称性、権力の非対称性をできるだけ小さくし、生産力の発展段階に応じて、中央と地方の2つの積極性を引き出し、安定性と柔軟性を結びつける特徴を備えたインセンティブ両立の体制と制度を作り出していくことが求められている。そして、**その体制と制度を検証する最終基準は、経済の上で創造的な活力があるかどうか、政治のうえで国としての団結力を保証できるかどうかにある。**

中国のような大国では、統一性と多様性は常に共存し、集権と分権も常に共存している。集権だけで分権がなければ画一的な「機械王国」である。分権だけで集権がなければ四分五裂した「諸侯天下」である。このために基本制度を統一し、中央集権によって国の「統一性」を保証しなければならない。それはつまり、国として政治の統一、法治の統一、基本政策の統一、市場の統一が、社会主義によって力を集結して大きなことにあたるという強みと巨大な国家規模の経済的影響力を発揮できることを保証している。同時に、適度な分権によって統一の指導の下にある各地の多様性を保障しなければならない。地方にはそれぞれの革新があり、それぞれの自由を享受し、それぞれの特徴を持ち、それぞれ優れたところがある。それらが中国の政治、経済、文化、社会の特色を極めて大きく豊かにし、中華の大地が百花斉放を実現し、最終的には中央と地方の「統一性」と「多様性」の有機的な結びつきと現代中国の「一体多元」を実現させる。統一した多民族国家という前提の下、中央と地方という2つの利益点と2つの責任が、最終的にはインセンティブ両立による2つの積極性に帰結し、中央と地方がともに促し合いながら前進し、改革の全面的深化のため、小康社会を実現するための共通の基盤を作り上げている。

7. むすび──「2つの積極性」は「1つの積極性」に勝る

秦の始皇帝の治政以降、大一統制はすでに2000年にわたって中国に綿々と受け継がれてきた。長い封建時代には、こうした大一統制が全世界のなかで最も長く、その支配した人口が最も多く、統治において効果的に機能した中央と地方の制度だった。しかし特定の人物が天下を支配することは避けられず、やが

て封建主義の道具に成り果てた。こうしたことも中国が「数百年の王朝時代の周期律」からなかなか脱することができなかった原因のひとつである。

　新中国の成立以降、中国共産党の指導の下で構築された大一統の国家制度と中央と地方の構造は、古代中国の「華夏族」の政治理念と文化の伝統を受け継ぐものの、古代中国の「1人が天下を治める」という専制君主制とは異なっていた。むしろ、ひとつの現代政党の指導の下で、新しい中央集権と地方分権が有機的に結びついた現代社会主義国家の制度であった。

　この東洋の巨人は、「2つの積極性」に支えられて国を統治し地方を統治している。 中国は世界のなかで単一制を採る13億の人口大国であり、その基本の行政的枠組みとして「垂直型」と「水平型」が共存するが、「水平型」を主としている。これによって、中央と地方は「情報の非対称」や「権力の非対称」に直面した。この「2つの非対称」を解決するには、絶えず改革し、現代国家制度を確立し、国の統治と地方の統治に懸かる「2つのコスト」を大幅に抑える必要があった。また「2つの非対称性」を解消するには、ある種のインセンティブ両立メカニズムを確立し、中央と地方の「2つの積極性」をしっかり発揮させなければならなかった[*76]。中央と地方の「2つの積極性」を発揮することは、実質的には「インセンティブの両立」という原則を実行し、全国の利益と地方の利益の間にある矛盾や衝突を効果的に解決し、それぞれの目標関数を一致、最大化させることである。中央と地方の役割をはっきりと区別し、全体として中央による政策決定と国家計画、部門による指導、省級政府による総責任、地区市級と県市級政府による分業・協力とインセンティブ両立メカニズムをそれぞれが作り上げていくことを目指していく。そして、大きなことに対して力を集約させるという社会主義の強みを活かしながら、「一地方に問題が生じても、各地から支援の手が差し伸べられる」ことを目指し、地方の創造性を発揮させながら、中央は地方を信頼し、頼りにし、地方の革新を支持し、地方が誤りを正すことを助け、地方の発展を指導していくことができるだろう。

＊76　毛沢東は1956年に「十大関係について」のなかで「われわれの国はこんなに大きく、人口はこんなに多く、状況はこんなにも複雑なので、中央と地方の2つの積極性があるほうが、1つの積極性しかないのより、はるかによい」と述べている（毛沢東「論十大関係」1956年4月25日、『毛沢東文集』第7巻 人民出版社 1999年、31頁）。

第 7 章

中国とアメリカの統治パフォーマンス比較 *1

われわれの国家の統治体系と統治能力は総体的に良好で、独特な優位性を持ち、わが国の国情と発展の要請に適応している。同時に、国家の統治体系と統治能力の面でなお改善すべきところは多く存在し、国家の統治能力の向上にさらに大きく気力を奮い立たせる必要がある。

——習近平（2014 年）

　毛沢東はかつて、「われわれはありとあらゆる迷信を打破しなければならず、そのなかにはソ連の建設の経験に対する迷信が含まれる。『ソ連の迷信』を打破し、『アメリカの迷信』も打破しなければならない。中国共産党の歴史は、絶えず迷信を打破し、新たな道の歴史を探しあててきた」と指摘している。

　なぜ、中国の統治パフォーマンスがアメリカよりも優れているのか。その根本原因は、中国共産党が国の統治体系を弛むことなく完成、発展させ、制度の存続と革新のどちらにも配慮し、さらに国の発展段階と統治の需要に応じた、優れた統治能力を作り上げてきたためである。

　経済のグローバル化という背景の下では、国家間の競争の本質は国家の統治能力の競争であり、さらにその本質は国家の制度の競争である。そうした競争のルールは、「前進しなければ後退し、前進の後れも後退につながる」である。私はそれを「シンプルな真理」と呼ぶ。グローバル競争のなかで、中国の指導者はこの「シンプルな真理」に真っ先に気がついた。そして、2002 年の第 16 回党大会報告では「情勢は差し迫っており、前進しなければ後退することになろう」とはっきり指摘している*2。まさにこの言葉に基づき、中国がこの 10 数年で競争において極めて優勢、特に制度において優勢を示してきた。

　では、具体的に、国家の統治パフォーマンスを国際比較することは可能だろうか。また、政治制度と国家統治という角度から、中国の制度が優勢であるこ

＊1　本章は胡鞍鋼と楊竺松が執筆を担当し、『国情報告』（2014 年 特集号第 6 期 3 月 7 日）に掲載された。

＊2　江沢民「全面建設小康社会，開創中国特色社会主義事業新局面」2002 年 11 月 8 日、『江沢民文選』第 3 巻 人民出版社 2006 年、528 頁。

とがどのように分かるのか。

　これらの問題に対し、私自身も特定のテーマについて国際比較研究を行い、とりわけ先進国の統治パフォーマンスと比較することで、「相手を知り、己を知る」ことに努めた。事実、相手を知らなければ、自身を知ることもできない。そのため、こうした研究には、専門的な数量分析を用いた国際比較が求められる。

　ここでは、中国、世界で最も先進的かつ現代化が進むアメリカ、EU 諸国を例に、それぞれの同時期を比較し、どの国が最も統治パフォーマンスに優れ、最も統治能力が高いかを見ていきたいと思うが、この比較では驚くべき結果が得られた。**こうした比較をとおして、中国独自の制度革新とその優位性が浮き彫りになった。これこそ国際比較をする意義である。これまでの西洋への「盲目的な迷信」を打ち破るには、「ふろしき包みを捨て、機械を動かす」** [3] **こと、また「思想解放、実事求是（実際の状況に基づいて事物の真実を求めること）」を必要としてきたのである。西洋に学ぶとは、自分本来のものを失い、むやみやたらに他人をまねることでもなければ、学ぶべきものも学ばずにかえって自分本来のものまで忘れてしまうことでもない。むしろ「まっすぐに受け止める」こと、「後ろのものが前を行くものを超えていく」ことであり、現代化の道では西洋を追い抜いていかなければならない。**

　2014 年 2 月、習近平同志は、省部級の主な指導幹部に向けた第 18 期三中全会の精神である「改革の全面的深化」を貫徹するための研修班の開講式で重要講話を行い、中国の統治体系と統治能力に対するひとつの基本的判断を示した。そこで、「われわれの国家の統治体系（ガバナンス）と統治能力は総体的に良好で、独特な優位性を持ち、わが国の国情と発展の要請に適応している。同時に、国家の統治体系と統治能力の面でなお改善すべきところは多く存在し、国家の統治能力の

＊3　毛沢東は「ふろしき包みを捨てるというのは、われわれの精神的な多くの重荷を取り去らなければならないということである。多くの物事は、それに盲目的になり、自覚を欠くと、われわれのふろしき包みになり、重荷になりうる。…機械を動かすというのは、思考の器官を上手に使うことである。頭という機械の作用は、もっぱら思考することにある。…わが党内にある濃厚な盲目性を取り除くためには、思考することを提唱し、事物を分析する方法を身につけ、分析する習慣を養わなければならない」と述べている（毛沢東「学習和時局」1944 年 4 月 12 日、『毛沢東選集』第 3 巻 2 版 人民出版社 1991 年、947-949 頁）。

向上にさらに大きく気力を奮い立たせる必要がある」と述べている。また「全面的かつ系統的な改革・改善を行って、各分野の改革と改善を連動させ、集約し、国家統治体系・統治能力の現代化の面で総体的な効果を作り出さなければならない」ことを求めた[*4]。

　この重要講話をより深く学習し理解するには、国際比較の視点から次の問題について認識する必要がある。まず、国家統治とは何か。国家の統治パフォーマンスをどのように測るか。国際比較をどのように行うか。中国の国家体系と統治能力が持つ独自の優位性をどのように認識するか。また、国家の統治体系と統治の現代化において、どのように全体効果を生み出していくか。本章では、中国とアメリカの統治パフォーマンスをめぐる定量分析と国際比較を試みながら、これらの問題に答えていきたいと思う。

　本章は3つの節から成る。第1節では、2000年から2012年までのそれぞれの統治パフォーマンスについて定量分析を行った。その結果、共和党のブッシュ政権時代（2001-2008年）、民主党のオバマ政権時代（2009-2012年）のいずれも統治パフォーマンスにおいて、アメリカ政府が中国政府よりも明らかに遜色があることが分かった。第2節では、それぞれの統治体系の根本的な違いである政治制度と政党制度について大まかに説明した。第3節では、中国の統治パフォーマンスがアメリカよりも優れている理由を簡単にまとめ、制度の生命力という角度から、「アメリカの迷信」を取り払い、「中国の自覚」と「中国の自信」を打ち立てたことを強調したい。

1. 中国とアメリカの統治パフォーマンスの比較 （2000-2012年）

　中国では総理の「政府工作報告」、アメリカでは大統領の「一般教書」として、それぞれ政府が施政方針を打ち出している。ここではそうしたものに基づきながら、**経済、財政、雇用、社会保障、技術革新、社会治安**の6つの要素か

---

*4　新華網 2014年2月17日。

らそれぞれの統治パフォーマンスについて評価を行う。具体的には、経済成長率、財政の持続可能性、国民の雇用能力の拡大、社会保障能力の改善、技術革新力の促進、社会の治安と公民への安全保障の能力である。**これらの指標は多くの情報量を有しており、他の指標よりも比較可能性、可視性かつ客観性を有している。そして最も重要な点は、他の研究者による検証や照合にも耐えうることである。**ここでは、2000年から2012年までのそれぞれの公開データ（中国の場合は発表されたばかりの2013年のデータ）を選び、それぞれの政府の統治パフォーマンスを評価したいと思う。アメリカの場合、その対象は2期にわたった共和党のブッシュ政権、そして2期目途中までの民主党のオバマ政権である。中国の場合、3期にわたる国家主席と国務院総理を有する中国共産党が指導する中国政府である。

① 経済成長率

世界銀行のデータによると、2000年から2012年までの中国の（2005年を基準とする米ドル換算による）実質GDP成長率は、年平均で11.1％、アメリカは1.8％である。その間、世界金融危機が起きた2008年のアメリカの成長率はマイナス0.4％、2009年にはさらにマイナス3.1％まで下落した。一方、中国は

図7-1　GDP成長率における中国とアメリカの比較（2000-2012年）

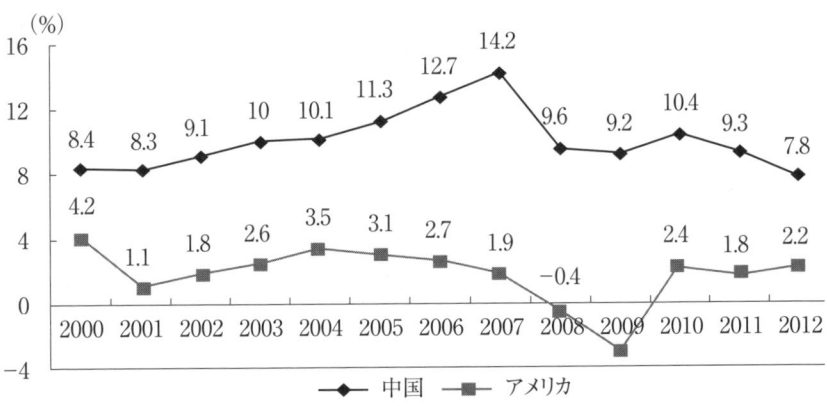

出所：世界銀行（http://data.worldbank.org.cn/indicator/NY.GDP.MKTP.KD.ZG）

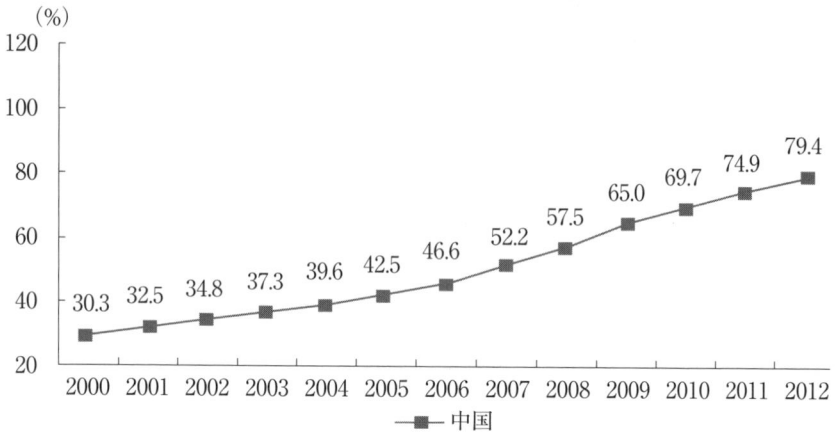

図 7-2 中国の GDP における対アメリカのキャッチアップ指数
(2000-2012 年、購買力平価)

出所：国際通貨基金データベース

　この時 9.6％、9.2％をそれぞれ保った（図 7-1 を参照）。2013 年の最新データを含むと、中国は 7.7％の経済成長率をなお維持し[5]、アメリカはわずか 1.9％の低成長に留まっている。2000 年から 2013 年までの中国の年平均成長率が 10.6％なのに対し、アメリカはわずか 1.9％に留まっている[6]。

　国内総生産（GDP）について、IMF のデータから購買力平価（PPP）で計算すると、2000 年の中国のアメリカに対するキャッチアップ指数（米国のその年の数値を 100 としたときの中国の指数）は 30.3％で、2012 年にはすでに 79.4％に達し（図 7-2 を参照）、年平均で 4.1 ポイントずつその差を縮めている。

　1 人当たりの平均所得では、世界銀行のデータから購買力平価（PPP）で計算すると、中国のアメリカに対するキャッチアップ指数は、2000 年の 6.6％から 2012 年には 17.9％まで上昇している（図 7-3 を参照）。これは、この 10 数年の間に 1 人当たり平均所得でアメリカと中国との差がおよそ 15 倍から 5 倍まで縮まったことを意味する。つまり、**この 10 数年間、アメリカは 2 度の戦争と金融危機によって、経済成長が直接の影響を受けてきた。それに対して、中国は**

---

*5　国家統計局「2013 年国民経済和社会発展統計公報」2014 年 2 月 24 日。
*6　データ出所：*The Economist*, Feb.15-21, 2014.p.84.

図7-3　中国の国民1人当たりの平均所得における対アメリカのキャッチアップ指数

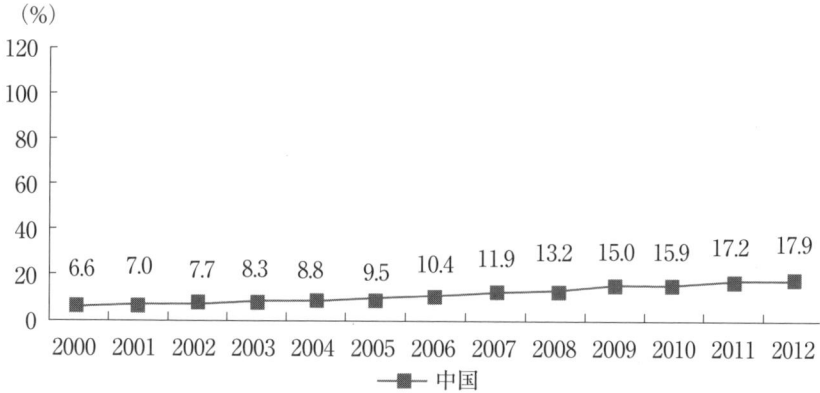

戦略チャンスをしっかり逃さずに活かしたことで高成長を続け、国の諸事業の全面的な発展、またアメリカをいっそう全面的に超えるための重要な基盤を築き上げてきた。

②　財政の持続可能性

　一般政府債務がGDPに占める割合は、財政の持続可能性や健全性を測る重要な指標である。国際通貨基金のデータベースの数値に基づくと、2000年から2012年の間、アメリカの一般政府債務がGDPに占める割合は、2004年から2006年にかけてわずかに減少したが、ブッシュ政権時には55％未満から70％近くまで上昇している。これは、アフガニスタン紛争とイラク戦争によってアメリカの軍事費が増大したことと強く関係している。ブッシュ政権の末期、議会はさらに7000億ドルを投入する「不良資産救済プログラム」関連の法案を可決し[7]、さながら「わが亡き後に、洪水がこようとも知ったことでは

＊7　これは、ブッシュ政権時代の2008年9月に提起、10月に議会を通過した、不良債権化した関連資産をアメリカ財務省が買い取ることで銀行のバランスシートの清算を行った一連の金融救済策である。その内容は、企業の高級管理職の給与や退職金への厳しい規制、支援金の支出に対する管理監督、政府が困窮する事業主に向けて不良債権について改めて商談を行うこと、などを含んでいる。その投入額は7000億ドルに達し、うち3500億ドルをすぐさま不良債権化した関連資産の購入にあて、残りの3500億ドルは議会の採択を経た後に支給にあてられた。鳳凰財経網に掲載されたタイムズ紙（2008年9月29日）

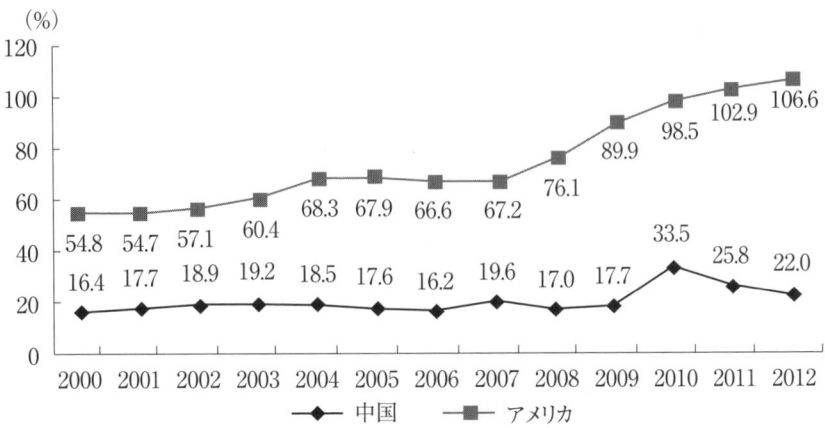

図 7-4　中国とアメリカにおける一般政府債務の対 GDP 比（2000-2012 年）

出所：国際通貨基金データベース

ない」[*8] というありさまだった。これによって、アメリカの一般政府債務の対
GDP 比は 2009 年以降さらに上昇し、2012 年には 106.6％に達した。これに比
べ、中国の場合、2010 年に 35％近くまで上昇したものの、2011 年には 26％を
切り、2012 年にはさらに 22％まで下がり、2002 年以降の 20％前後という平均
レベルで落ち着いている（図 7-4 を参照）。

③　雇用促進

　雇用は国民生活の基本であり、統治パフォーマンスの最たるものでもある。
5 ヵ年計画の目標値では、「第 10 次 5 ヵ年計画」期の都市部の 1 年間の新たな
雇用はおよそ 800 万人で、5 年間で計約 4000 万人の雇用を新たに生み出した。
「第 11 次 5 ヵ年計画」と「第 12 次 5 ヵ年計画」では、年平均で約 900 万人、5
年間でおよそ 4500 万人の雇用が新たに増えている。これら 3 つの計画期の都

　の 報 道 http://finance.ifeng.com/news/hqcj/200809/0929_2203_812064.shtml
　　を参照。
＊8　ルイ 15 世の寵姫だったポンパドゥール侯爵夫人の「わが亡き後に洪水はきたれ」という
　　言葉が後に変化したもの（『蘭登書屋（ランダムハウス）大辞典』1997 年）。

市部の登記失業率[9]は、平均で5%以下に抑えられている。実際の結果では、2001年から2013年までの中国全体の都市部における新たな雇用累計はおよそ1億3800万人に達している。このうち「第10次5ヵ年計画」で約4200万人、「第11次5ヵ年計画」で約5771万人、2011年から2013年の3年間では約3797万人に達し、それぞれ目標値をクリアし、さらに都市部の登記失業率は目標値である5%を下回ることができた。こうしたことは、中国が国民に対し雇用の拡大という厳粛な約束をして、それを果たしたことを意味している（表7-1を参照）。

表7-1　中国の都市部における雇用目標とその達成状況（2001-2013年）

時　期	計画の指標	目標値	達成値
第10次5ヵ年計画	都市部における5年間の新たな雇用者数（万人）	4,000	4,200
	都市部の登記失業率（%）	5	4.2
第11次5ヵ年計画	都市部における5年間の新たな雇用者数（万人）	4,500	5,771
	都市部の登記失業率（%）	5	4.1
第12次5ヵ年計画（2011～2013）	都市部における新たな雇用者数の累計（万人）	2,700	3,797
	都市部の登記失業率（%）	5	4.1

出所：「国家『十一五』規劃綱要」（2006年）、「国家『十二五』規劃綱要」（2011年）、国家統計局「2013年国民経済和社会主義発展統計公報」（2014年2月24日）

一方、アメリカでは、2010年末の求人数は2008年より630万ほど減少し（図7-5を参照）、世界金融危機から続く衰退期全体で約800万もの雇用が失われた。2010年3月から今に至るまで、アメリカの民間セクターは約460万の雇用を創出することでこれらを食い止めようとし[10]、オバマ政権期にはなんとか約340万の雇用を維持していた。しかし、こうした状況は政権公約とは大きくかけ離

＊9　訳注：中国の社会保険法は、都市部の失業者は失業後に指定された就業サービス機関で失業登記を行うことを定めている。登記失業率は、その登記数に基づいた失業率のため、自己都合による退職者などはこれに含まない。
＊10　「新聞分析：白宮主人的就業難題」2012年9月8日。http://news.xinhuanet.com/world/2012-09/08/c_113005785.htm を参照。

図 7-5　アメリカの雇用人口と労働者の失業率 (2000-2012 年)

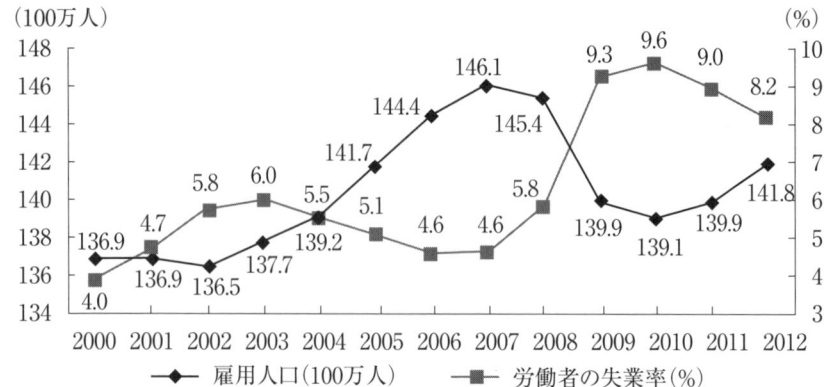

出所：国際通貨基金データベース

れていた。2008 年 11 月 22 日、オバマ大統領は 2011 年までに 250 万の雇用を
新たに生み出すことを明言し[11]、12 月末にはそれを 300 万に拡大することを打
ち出し、翌 2009 年 1 月にはさらに 400 万まで引き上げることを発表した[12]。し
かし、これらの目標と達成値との間におよそ 740 万もの開きがあった。失業率
では、アメリカの労働者の失業率はブッシュ政権時に小幅な下落を続けた後、
世界金融危機の影響で 2009 年には 9％を超えるまで急上昇した。2012 年には
8.2％まで下落し、2013 年にはさらに 6.6％まで下がったものの[13]、依然として
中国の都市部における登記失業率 (4.1％) を上回っている。

④　基本社会保障
　**基本社会保障の面で、中国はアメリカより高い普及率と大きな成果を上げて
いる。**医療保険の普及状況を例にすると、2001 年から 2012 年の間で、中国の都
市部と農村部における基本医療保険への未加入者が人口全体に占める割合は、
2001 年には 94.3％だったが 2012 年には 1.0％と大幅に下がっている。一方、同

＊11 「奥巴馬承諾増加 250 万就業崗位」『新華日報』2008 年 11 月 24 日。
＊12 「奥巴馬経済刺激計劃就業目標調昇到 400 万」2009 年 1 月 12 日。http://news.
　　　xinhuanet.com/world/2009-01/12/content_10644852.htm を参照。
＊13 データ出所：The Economist, Feb, 15-21, 2014.

240

図 7-6　中国の基本健康保険とアメリカの医療保険への未加入率（2001-2012 年）

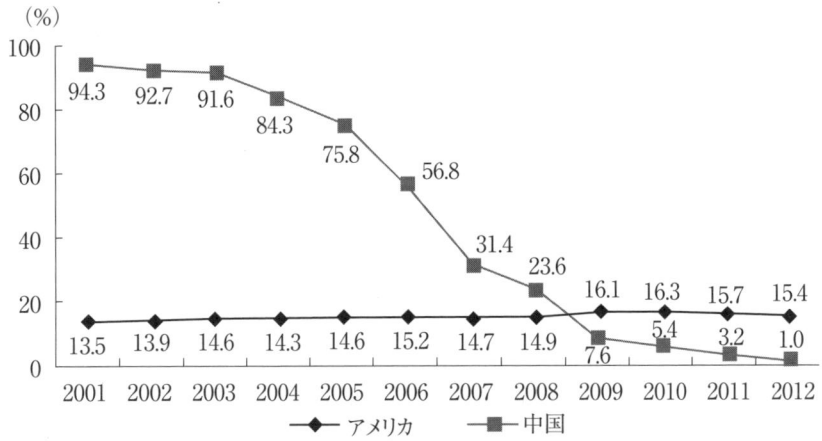

注：中国のデータは、2008 年以前は都市部の労働者における基本医療保険の加入者数を示
　　し、2009 年以後は都市部の住民も含めた数字になっている。
出所：アメリカのデータは、アメリカ合衆国国勢調査局より。
　　　http://www.cemsis.gov/hhes/www/hlthins/data/historical/HIB_tables.html; を参照。
　　　中国のデータは、各年の『中国統計年鑑』より。

時期のアメリカでは、2001 年の 13.5％から 2010 年には 16.3％に上昇している。
これ以降、オバマケア法案が採択されたことで 2012 年には 15.4％まで下がった
ものの、いまだに約 4774 万人の未加入者が存在している（図 7-6 を参照）。

⑤　技術革新

　科学研究、技術革新、研究開発のイノベーションの面で、中国はアメリカを
猛追する勢いを見せている。そのひとつとして、研究開発（R & D）への資金
投入の増加状況がある。中国の研究開発費が GDP に占める割合は、2001 年の
0.95％から 2012 年には 1.98％とおよそ 2 倍に膨らみ、さらに 2013 年は 2.09％に
達した[14]。アメリカの場合、その割合は基本的に増えておらず、2011 年は 2001
年よりわずか 0.08 ポイント上回っただけだった。このように、2012 年時点で

＊14 国家統計局「2013 年国民経済和社会発展統計公報」2014 年 2 月 24 日。

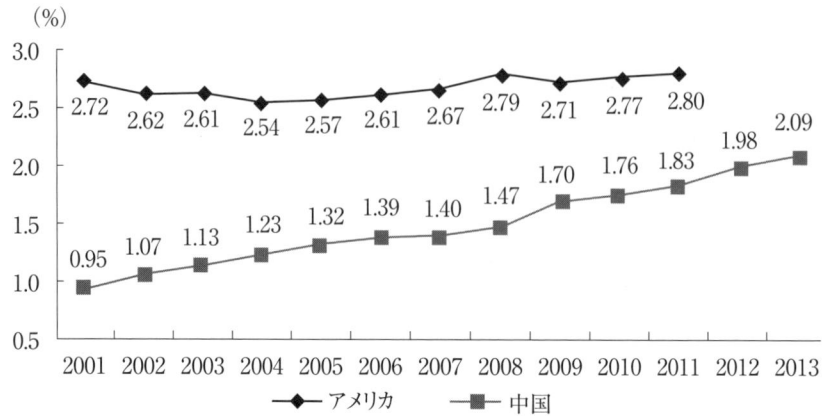

図 7-7　　中国とアメリカにおける研究開発費の対 GDP 比 （2001-2013 年）

出所：世界銀行データベース（2008 年まで）、『中国統計年鑑 2013』（中国の 2009 年〜 2012 年までのデータ）、米国科学委員会「科学とプロジェクト指標（2014）」（アメリカの 2009 年〜 2011 年までのデータ）、「2013 年国民経済と社会発展の統計公報」（中国の 2013 年のデータ）。

の中国と 2011 年時点でのアメリカを比べると依然としてある程度の差はあるものの、2001 年と比較するとすでに倍ほども差を縮めていることが分かる（図 7-7 を参照）。

　もうひとつは、科学研究のアウトプット状況がある。国内の特許出願件数とその受理件数を例にすると、中国がアメリカに追いつき追い越せという勢いは、やはり加速している（表 7-2 を参照）。世界知的所有権機関（WIPO）の 2014 年のデータによると、2000 年から 2012 年までのアメリカと中国の国内の特許出願件数の年平均伸び率は、それぞれ 5.2% と 23.5% である。そのうち、中国は主な担い手が自国の居住民（resident）なのに対し、アメリカは主に自国の非居住民（non-resident）によっている。また、中国のアメリカに対するキャッチアップ指数は 17.54% から 120.26% まで上昇し、すでにアメリカの 1.2 倍にも達し、これまでの立ち後れた状態からまたたく間にトップへ躍り出た。このように、主に自国の居住民によってこうした特許申請が行われていることは、中国国内でイノベーションをめぐる環境が大きく改善されていること、またそこから彼らが持つ研究開発やイノベーションの潜在力が大きく誘発、発揮されたこ

表7-2　中国とアメリカにおける特許出願件数と受理件数の比較（2000-2012年）

年	出願件数			受理件数		
	アメリカ（件）	中国（件）	中国／アメリカ（%）	アメリカ（件）	中国（件）	中国／アメリカ（%）
2000	295,895	51,906	17.54	157,496	13,058	8.29
2003	342,441	105,317	30.75	169,035	37,154	21.98
2005	390,733	173,327	44.36	143,806	53,305	37.07
2008	456,321	289,838	63.52	157,772	93,706	59.39
2010	490,226	391,177	79.80	219,614	135,110	61.52
2011	503,582	526,412	104.53	224,505	172,113	76.66
2012	542,815	652,777	120.26	253,155	217,105	85.76
年平均成長率	5.2%	23.5%		4.0%	26.4%	

注：国内の特許出願件数と受理件数は、ともに居住民と非居住民を合計したもの。
出所：世界知的所有権機関（2014年1月）、http://www.wipo.int/ipstats/en/statistics/ country_profile/#U を参照。

とを示している。受理件数では、2000年から2012年までのアメリカと中国の年平均伸び率はそれぞれ4.0％と26.4％である。中国のアメリカに対するキャッチアップ指数は8.29％から85.76％まで上昇し、すでに世界第3位に達し、まもなくアメリカと日本を追い抜くようになるだろう。

⑥　社会秩序

　ここでも中国は明らかにアメリカを上回っている。世界で「唯一の超大国」として、これまでアメリカは「世界の警察」を自任し、いわゆる「世界秩序」を全力で維持し続けてきた。しかし同時に、その国内の社会秩序と治安悪化は深刻化している。国連開発計画（UNDP）が発表した「2013年人間開発報告書」では、殺人率（他者によって意図的に負わされた非合法な死であり、10万人当たりの人数で表す）を国民の安全と社会の総合的な指数を測るための重要な指標の1つにしている。2004年から2011年までの間で見ると、中国は1.1[15]であり、人間開発の面で最高位グループの国々の平均は2.1と中国のおよそ2倍

---

[15] 同じく途上国のなかで大国のインドの同指数は3.4で、ブラジルは21.0に達している。

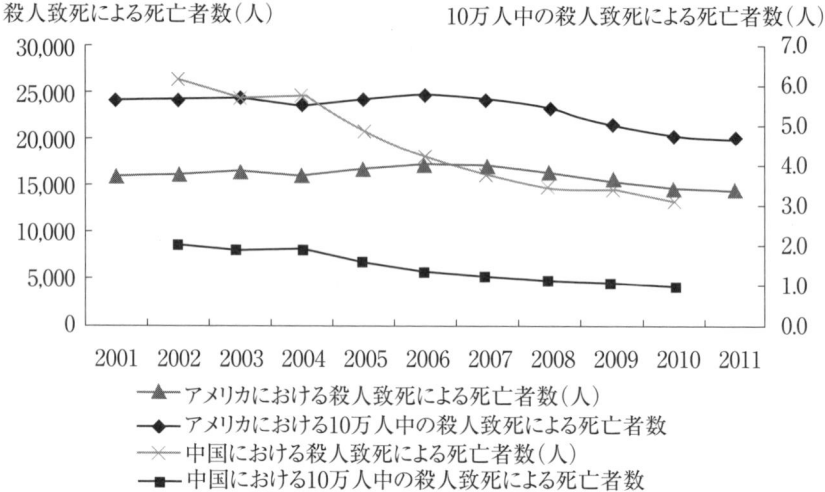

図7-8 中国とアメリカにおける殺人致死による死亡者数の比較（2001-2011年）

出所：http://www.unodc.org/unodc/en/data-and-analysis/homicide.html。

に相当している。一方のアメリカは4.2と中国の4倍近くに相当し[16]、死亡者数はおよそ1万3,000名に上っている。このように、**世界のなかで中国はかなり安全な国であり、社会の治安では明らかにアメリカや人間開発における最高位グループの国々よりも上回っていることが分かる**。また、国連薬物犯罪事務所（UNODC）が示す国別の安全指数によると、殺人致死事件の死亡者数を例に比較した場合、アメリカでは10万人中の死亡者数は5〜6人と、中国のおよそ3倍に上っている。中国は2004年から2008年にかけて約40％減少し、すでに1.5万人以下に抑えられているのに対し、アメリカは基本的に1.5万人から1.6万人までの横ばい状態が続いている（図7-8を参照）。

　さらに、**アメリカは世界最大の軍事大国であるだけでなく、銃犯罪大国でもある**。ウィキペディアの情報によると、アメリカでは銃犯罪が一貫して大きな社会問題のひとつであり、とりわけ都市部では青少年とギャング犯罪との強い

---

[16] UNDP「2013年人間開発報告書」2013年、144-177頁。

結びつきが見られる。このほか、アメリカでは個人が所有する銃が自殺の凶器となり、銃傷による死亡者の大半がこうした自殺によるもので、2004年には銃による自殺が16,907件も発生している。アメリカ憲法修正第2条では、「国民が武器を保持する権利は侵してはならない」と定めている。このため、銃所持の権利を支持する人々は、一般にこの条項が保障する権利を守るよう訴えている[17]。ここ数年、アメリカでは軍や学校で悪質な銃撃事件が多発しており、根絶が難しい社会の病理となって、一般の人々の心にも深い傷を植えつけているだけでなく、さらに政治的利益団体（主に全米ライフル協会）の影響力が非常に強い。このように、アメリカは、世界で最も豊かな大国であり、最も恐ろしい社会でもある。しかし、これまでのアメリカ政府はこうした汚名を拭い去ることができずにいる。

　ここまでの実証分析では、2000年から2012年までを見ると、共和党のブッシュ政権や民主党のオバマ政権でも、また経済成長、国民の所得増、財政の持続可能性などの面でも、さらに雇用率の伸び、医療保障の整備、イノベーションなどの面でも、統治パフォーマンスはすでに中国がアメリカを上回る、あるいは明らかにその差を縮めており、アメリカとの競争やアメリカに追い越し追い越せという勢いを大きく増していることを示している[18]。その趨勢としては、アメリカが総体的に後退し、中国が総体的に前進している[19]。では、21世紀初めの10数年間で、中国とアメリカの統治パフォーマンスにこうした明らかな違いが生じた根本の原因は何か。次に、統治体系の角度からこれについて掘り下げて分析したい。

---

* 17 http://zh.wikipedia.org/wiki/、「美国槍支暴力問題」を参照。
* 18 胡鞍鋼、楊竺松「中美国家治理績効比較（2000-2012）」『国情報告』2014年 特集号6。
* 19 すでに西洋では多くの人々がこれについて反省している。2人のアメリカ人研究者は著書のなかで「とりわけこの10年で、われわれはあれほど多くの時間とエネルギーと次世代のための金を費やし、テロリズムとの争い、減税、任意の負債に終始してきた。今われわれは行き詰っている」托馬斯・弗里徳曼（トーマス・フリードマン）、邁克爾・曼徳鮑姆（マイケル・マンデルバウム）『曽経的輝煌：我們在新世界生存的関鍵』湖南科学技術出版社 2012年、11頁。

2. 中国とアメリカの政治制度をめぐる比較

国の統治体系とは、執政党が国家統治を行ううえで依拠する一連の制度構成のことである。中国とアメリカは、それぞれはっきり異なる統治体系を有している。その核となる政治制度もはっきりと異なり、それは主に国家体制、政権組織形態、政治運営メカニズム、政党体制、選挙制度、政策決定メカニズムなどの面に体現される。こうした政治制度の形成と発展には長いプロセスを要し、それぞれの国の歴史や文化などの要素によって決定づけられる。まずはアメリカの状況から見ていく。

① **国家体制**：アメリカの国家体制は、それぞれ独立した50州からなる連邦制である。連邦政府は法律に基づき、徴税、借入、造幣、軍の保有、外交などの権限を有し、憲法の定めがない権限については、憲法が各州の行使を禁じていなければそれぞれの州に帰属する。

② **政権組織形態**：アメリカの政権組織形態は、典型的な大統領制である。有権者による選挙で大統領と国会議員を選出し、大統領は国家元首であり、政府の最高権力者でもある。行政上は大統領個人責任制を採り、大統領は憲法の制約に基づき政府（ホワイトハウス）行政を指導し、政府は議会ではなく大統領の命に従う。大統領は議会から独立しており、議会ではなく有権者に対してのみ責任を負う。議会に対し責任を負わないが、議会を解散させることもできない。

③ **政治運営メカニズム**：アメリカの政治運営の基本的なメカニズムは「三権分立」である。大統領が指導する政府部門が行政権を行使し、連邦最高裁判所および連邦議会が必要に基づき設置した裁判所、そして州裁判所が司法権を行使し、上院と下院からなる連邦議会が立法権を行使する。

④ **政党体制**：アメリカの政党体制は二大政党制を採っている。民主党と共和党は、アメリカ政治の最も重要な二大政党として、「三権」それぞれの政治プラットフォームで競い合い、特に大統領のポストや上下院の議席をめぐって激しい争いが展開される。一方、他の党派は、選挙制度の影響や二大政党がそれ

ぞれある程度の包容性と柔軟性を持っているため、存続や拡大が難しい。

⑤　**選挙制度**：アメリカの選挙制度は、主に大統領と国会議員の選挙制度がある。大統領は任期4年で、それぞれの州の「大統領選挙人（Presidential Elector Electoral College）」によって「勝者総取り方式」で選挙を行う。上院議員は任期6年で、各州から2名を選出し、任期満了を迎える一部の議員の改選を2年ごとに行う。下院議員は任期2年で、人口の割合に応じて州ごとに下院議員数が決められ、国民による直接選挙で選出され、2年ごとに改選が行われる。

⑥　**政策決定メカニズム**：アメリカでは、政策決定メカニズム、政権組織形態、政治運営メカニズム、政党体制はそれぞれ深い繋がりがある。例えば、ある公共政策が正式に打ち出されるまでに、通常は、草案準備、議会両院での審議・採択、大統領の署名という3つの段階を経なければならない。草案準備と議会審議の段階で、民主党と共和党や各利益団体を代表する人物がそれぞれ専門委員会などのプラットフォームを利用して、政策決定プロセスで拒否権を行使することで、政策決定をめぐる駆け引きをコントロールし、影響を及ぼす場合がある。ここ数年では、参加者が拒否権を使うことがたびたび起こり、ひと連なりの完璧な政策決定プロセスで次々と繰り出される「否決の妨げ」によって遮られ、分断され、「否決政治」という効率を欠いた混乱した局面へ向かっている。

　これに対し、**中国の政治制度は、よりいっそうの団結と効率化が図られ、中国という「超大国」を効果的に統治する必要から出発し、革新され、たえず改善されてきた「超大国の統治体系」である。**まず、単一制の国家体制が国の統一と社会の安定のための法原理という基盤を提供し、地方に対する中央政府のコントロール能力を決定づけ、さらに政権内部の上から下まで全体の力を結集させることを有利にしてきた。次に、中国共産党は、執政党として党自体の国政運営を制度化、規範化、手順化させるよう絶えず推し進め、党と国の集団指導制を絶えず強固に完成させ、協商民主を含めた党内民主を絶えず発展させ、中国の特色ある民主集中制を完成させることを目指し、重要な政策決定が覆るような誤りが起こらないことを保証してきた。そして、中国共産党が指導する多党協力と政治協商制度が政党間の団結を効果的に促すことで、各政治参加者が

人民の利益を出発点とし、発展を最終目的に掲げながら、重要な政策決定プロセスのなかで建設的な役割を果たしてきた。こうしたやり方は、アメリカにおける「三権分立」という枠組みや権力のチェックアンドバランスという双方が共倒れになる政治状況を超克し、日ごとに増す人々の物質文化の需要にいっそう応じることができ[20]、中国の経済社会の発展水準がすみやかにアメリカに追いつき追い越すことをいっそう効果的に推し進めることができる。

3. むすび──中国の統治パフォーマンスがアメリカよりも優れている理由

　本章の比較研究では、21世紀初めの10年間で、中国共産党がアメリカの二大政党よりも優れた政治業績を上げ、優れた統治を実現し、経済社会の発展を示す重要な指標の上でもすべてにおいてアメリカとの差を縮めていることを示した。このように、中国共産党がより大きな政治業績を上げることができた重要な制度的要因として、ずば抜けて優秀で重責を担うに足る党と国の指導者に選出・育成したことがある。そうすることで発展へ向けたトップダウン設計を制定・実施することに成功し、同時に各政党間で力を組み合わせることを実現・強化できた。

　なぜ、中国の統治パフォーマンスがアメリカよりも優れているのか。その根本原因は、中国共産党が国家の統治体系を弛むことなく完成、発展させてきたことにある。制度の存続と革新のいずれにも配慮し、優れた国家統治能力を培い、国家の発展段階に応じて、その統治に必要とされることに対応してきた。

---

[20] アメリカの政治学者であるロバート・ダール氏は「民主主義の最大の特徴は、政府がその公民へよく反応し続けることである」と指摘している (Robert Dahl, *Polyarchy: Participation and Opposition*, Yale University Press, 1971)。王紹光氏は『政体与政道』のなかで、特に「需要 (needs)」と「要求 (wants)」の概念を区別し、「需要」は、人類の生存と体面の生活に必要なものを満足させること、とりわけ貧困の根絶、教育、健康、環境保護などを指すとしている。「要求」は、人々の思想上のもので、どのようなものにもあてはまり、人類の生存と体面の生活に必要なものから大きくかけ離れる場合もあり、誘発され、作り出される場合もあり、また実態を伴わず、限りないものである場合もあるとしている (王紹光主編『理想政治秩序：中西古今的探究』三聯書店 2012年、117-118頁)。

実際、中国の国家統治体系は、決して中国共産党の成立あるいは新中国の成立から一貫して変わらないものではなく、絶えず成熟し、形を定めてきたという変遷プロセスを経ている。例えば、5ヵ年計画は、早くから党の指導者が策定に直接関わり＊21、改革・開放以降はまず党中央委員会全体会議で5ヵ年計画の編成に関する建議を審議・採択し、国務院が計画を編成するうえで指導にあたってきた。さらに「第10次5ヵ年計画」や「第11次5ヵ年計画」になると編成過程で、専門家や学者の専門的な研究成果を取り入れ、党外人士の意見や提案を聴取し、政策決定メカニズムの科学化、民主化、規範化、手順化のレベルを高め、計画内容も経済命令計画から発展戦略計画へ、経済計画から全面的な発展計画へ、ミクロ介入からマクロ管理へ、経済指標を主にしたやり方から公共サービス指標を主にしたやり方へと、それぞれ転換を図ってきた＊22。こうした統治をめぐる実践のなかで、弛まぬ学習、適応、変革を続けてきたからこそ、中国の統治体系は主動的な制度変遷を遂げ、発展環境の変化や発展段階の推移によってもたらされた課題にも上手く対応できるようになった。

同様に、アメリカの場合も各時期の発展とその統治体系の進歩には深い繋がりがある。例えば、1883年に定められた「ペンドルトン法」、1978年に定められた「公務員制度改革法」は、アメリカの公務員制度改革の二大旗印として、アメリカの各級政府が清廉で効率的な行政を進めることを促した重要な要素である。政治権力の天秤が連邦政府の方に傾き、連合制国家から連邦制国家へと事実上の転換を遂げたことが、アメリカにとって20世紀前半の「世界恐慌」という大きな試練を乗り越え、超大国として国力の基盤を一挙に固めるうえで大きな役割を果たした。

「法は時とともに転じて則ち治まり、治むるには世とともに宜しくして即ち功あり（法令を時代とともに変えることで国を治めることができ、その治める具合が世の中の流れに適していれば功績を上げることができる）」という言葉がある＊23。ここから、変革こそ制度の生命力を永らえる唯一の方途であるというこ

＊21 「第1次5ヵ年計画」は、周恩来と陳雲によって党中央の直接指導の下で制定された。
＊22 胡鞍鋼、鄢一龍、呂捷「従経済指令計劃到発展戦略規劃：中国五年計劃転型之路（1953-2009）」『中国軟科学』(8) 2010年。
＊23 『韓非子・心度』。

とが分かる。これは中国の国家統治体系だけに限らず、アメリカの国家統治体系にも同じことが言える。まさに、第18回党大会報告に「実践の発展には永遠に終わりがなく、真理の認識には永遠に終わりがなく、理論の創新には永遠に終わりがない」*24 とあるように、現代国家制度の先駆であろうが後進であろうが、いずれも自らの完成と制度に潜む弊害をなくすことを堅持してこそ、時局に合った変革を行うことができ、民に幸福をもたらす新たな功績を再び打ち立てることができる。アメリカは国の歴史は短いものの、建国当初から現代国家制度を作り上げ、200余年を経た今では現代国家の中の「ベテラン」である。アメリカは、確実にひとまとまりの整備された、長い時間をかけた、その経済社会の発展に基本的に適した政治制度を作り上げてきた。しかし、中国とのパフォーマンス比較と制度分析から見ると、アメリカの統治体系はすでに成熟しているが、決して完璧ではなく、また目に見える明らかな欠陥や問題が生じた場合の効果的な対応については未だに確立されていない。一方、中国の統治体系は歴史こそ浅いものの、かえってあふれる活力と変革に対する強い自覚の表れを見て取ることができる。

　われわれはアメリカの制度に対する迷信を取り払い、中国の統治体系と統治能力の現代化の自信を揺るぎないものにしなくてはならない。かつて毛沢東は「われわれはありとあらゆる迷信を打破しなければならず、そのなかにはソ連の建設の経験に対する迷信が含まれる。『ソ連の迷信』を打破し、『アメリカの迷信』も打破しなければならない。中国共産党の歴史は、たえず迷信を打破し、新たな道の歴史を探しあててきた」と語った。この先の中国の統治体系と統治能力の現代化には、なお理論革新と制度革新を続ける必要がある。そして、より競争力のある国家統治メカニズムとより説得力のある統治パフォーマンスによって、中国の特色ある社会主義の優位性を実現し、全人類の福祉を増進させるために新たな大きな貢献を成し遂げていかなければならない。

＊24 胡錦涛「堅定不移沿着中国特色社会主義道路前進，為全面建成小康社会而奮闘——在中国共産党第十八次全国代表大会上的報告」2012年11月8日。

あとがき

　2013年11月12日、第18期三中全会で「改革の全面的深化における若干の重要な問題に関する中共中央の決定」（以下、「決定」という）を打ち出した。この「決定」は、全党と全国から知恵を結集し、「改革の全面的深化の総目標は、中国の特色ある社会主義をより完全なものにし、さらに発展させ、国の統治体系（ガバナンス）と統治能力（ガバナンス）の現代化を促すことである」と初めて示した。「決定」は、この目標へ向けた今後の10年間を貫く指導思想、さまざまな目標任務、重要原則、タイムスケジュール、ロードマップを示したことから、中国の改革・開放時代における新たな一里塚と見ることができる。また、国の統治体系と統治能力の現代化を進める上で大切な旗印でもある。

　なぜ、党中央は改革の全面的深化の総目標を打ち出したのか。この総目標を全体的に深く理解するにはどうすればよいか。統治体系と統治能力の現代化をどのように正しく認識すればよいか。それらと国の現代化のプロセス全体にどのような繋がりがあるか。中国の統治体系と統治能力をどのように客観評価すればよいか。統治体系と統治能力の現代化をどのように進めていけばよいか。国の統治パフォーマンスをどのように科学的に評価すればよいか。どのように国際比較をして、制度に対する自覚と自信を高めるのか。

　こうしたことについて、2014年2月17日、習近平同志は、第18期三中全会の精神である「改革の全面的深化」の貫徹へ向けた省部級の主要幹部のセミナー開講式で講話を行い（以下は「講話」という）、明確な答えを示している[1]。当日、新華社が報道した「講話」の内容は、紙面に限りがあったため2000字に満たなかったが、「内容の要点」の形で重要なポイントと結論について報じられ

251

---

[1]　新華網 2014年2月17日。

た。それによると、「講話」は、オリジナリティのある政治命題を示し、フロンティアの学術命題でもあり、まるで1冊の本の「要点」のようでもあるという。重要なことは、この「講話」の精神を真剣に学び、深く理解することである。それが体系的、科学的、理性的な論著へと広がっていく。

　2014年2月19日、私は北京市党委員会の要請で、習近平総書記の一連の講話精神を学習・貫徹するための北京市の区・県級の指導幹部向けの訓練クラス（第3期）で講義を行った。そこでは、「講話」のポイントと私自身の学術研究を基に、「国の統治体系と統治能力における現代化の推進」と題した講義を行い、300人余りが参加した。その後、こうしたテーマをめぐって清華大学や各地域と各部門でも講義を行った。そのなかでは、原稿を執筆しながら講義し、講義しながら修正にあたり、修正にあたりながら講義をする、という慣れ親しんだやり方を採っていた。こうしたことが、本書執筆の良き土台となった。この数ヵ月、清華大学国情研究院のメンバーと本書を著すにあたり、効率的な執筆、掘り下げた議論、細かい推敲、修正を重ね、執筆—講義—修正—完成という段階を経てきた。

　中国の国家制度建設は、中国の長期にわたる太平と安定を保証する根本的かつ基礎的建設である。私は、これらの問題の思索と研究に少なくとも20年以上の歳月を費やし、ようやく本書を完成させることができた。そして長い間の自分の研究を1つにまとめたいと考えていた。したがって、この「あとがき」を借りて、これらの問題をめぐる私の思考の歴史を簡単に整理してみたいと思う。

　1989年、私は『人口与発展：中国人口経済問題的系統研究』（浙江人民出版社1989年）という著書で、中国の今の経済発展の趨勢に対する評価と見通し（1980年から2020年）を示した。そのなかで、次の6つの条件を設定した。①第11期三中全会からの改革・開放政策の路線と方針が続くこと。②「大躍進」のように経済を大きく変動させる重要戦略上の政策決定の誤りが犯されないこと。③「文革」のような政治の動揺と社会の動乱が再び起きないこと。④人口が厳しく効果的に抑制されること。⑤全局に及ぶ大きな自然災害が起きないこと。⑥外国からの侵入による大規模な戦争が起きず、他国の軍事的対抗に巻き込まれないこと。これらの条件が揃えば、持続的な高度経済成長の段階（1980–2020

年）を迎えることを当時に予測した。すなわち、この段階では、低所得レベルから中所得レベルに移行する、工業化プロセスが始まり加速する、国内総生産がすみやかに拡大する、経済構造に明らかな変化が生じる、社会に全方位的で本質的な変革が進み、体制や意識に非常に大きな変化が生じる、対外開放の新しいあり方がより形成され発展し、世界経済と強い結びつきを持つようになる。21世紀の中国の経済社会は、歴史的転換の新たな時期にあたり、中華民族全体が振興する重要な段階だと見通したのである。

　1991年3月に出版した『中国：走向21世紀』（中国環境科学出版社1991年）では、中国の長期発展へ向けた戦略目標として次のような目標を挙げた。①政治と社会の安定、②経済の安定成長、③公平な社会、④人民の生活の質の向上、⑤中華民族の生存条件の保護と建設。なかでも、政治と社会の安定は、そのほかの目標を実現させるための土台である。このため、我々は、社会変革のやり方を慎重に選び、改革を漸進的に進め、穏やかな改革で政治の長期的な安定を促し、そこから持続的な発展を求め、中国の現代化を段階的に進めていかなければならない。しかし当時は、こうした目標をどのように実現させるかはさほど分かっていなかった。

　1993年5月、王紹光氏と私は『中国国家能力報告』（遼寧人民出版社1993年）を完成させ、その「あとがき」のなかで『易経』にある戒めの意味である「安くして危うきを忘れず、存して亡ぶるを忘れず、治まりて乱るるを忘れず」＊2という言葉を単刀直入に引用した。今振り返って見ると、こうした戒めは決して行きすぎたものではなかった。というのも、この本の執筆に至った出発点はこれまでとは異なっていた。これまでのように最も良いところに目を向けて最も良い結果を得るためではなく、むしろ最も悪いところに目を向けてできるだけ最悪の結果を回避しようとしたためだった。最悪の結果とは何か。旧ソ連や旧ユーゴスラビアなどがその典型例である。こうした国々は、経済が「支離滅裂」になり、財政が極度に分散し、その結果、政治的対立に至り、最後には社会の激動と国の分裂へ向かっていった。まさにこれらを念頭に置きながら、全

253

────────────

＊2　訳注：『易経・繋辞伝下』の言葉。泰平の世であっても、乱世の時のことを忘れない、平穏無事な時も、万一の時のことを考えて備えを怠ってはならないという意味。

く新しい理論的角度である「国家能力」学説に着眼し、中国が現代市場経済制度をどのように打ち立てるかを模索してきた。そのなかで、我々は、国家能力はその国が工業化と現代化を実現するための最も主要な条件の1つであると結論づけた。国家能力を高めるとは、中央政府における改革・開放を推し進める能力、また工業化と現代化を加速させる能力を高めることを指す。こうした能力を高めることは、後進国や途上国が経済をテイクオフさせ、先行国や先進国との差を縮め、後発の優位性とキャッチアップ効果を発揮させる重要な方途の1つである。今後の中国の改革の基本任務は、制度を革新し、現代市場経済制度を確立し、現代社会と国情条件に適した政治制度と財政制度を再構築することである。これらの制度を創成することは、国の長期的安定の土台を築き、国家能力を高める基盤を提供する。

　2000年、私、王紹光氏、周建明氏等は「国家制度研究」課題グループを立ち上げた。そのメンバーは、経済学、政治学、社会学、国際関係、公共政策など多岐にわたる分野から構成され[3]、2年を経た後の2003年に『第二次転型：国家制度建設』（清華大学出版社 2003年）を正式に出版した。この本には、中国の現代化のプロセスにおける国家制度建設に対する我々の長い間の思索と深い分析が反映されている。そこでは、国家の現代化には少なくとも2つの主要な側面があると考える。1つは経済の現代化で、例えば農業、工業、科学技術、国防の現代化である。もう1つは制度の現代化で、すなわち国家の基本制度を現代化し、「良い統治」を行い、国家の利益と国民全体の福利を最大化させることである。国家の基本制度とは、その国の「インフラ」を指し、それはその国の経済建設との強い関連性と補完性を持っている。こうした国家の基本制度を作る目的は、主に「良い統治」と「長期にわたる安定と平和」を保証するための制度条件、制度環境、制度機能を創造することにある。これは、次の5つの国の根本的な利益と目標を備えている。すなわち、国家の安全と領土の保全、経済発展と経済安定、社会の公正と人類の安全、政治の公明正大さと社会の安定、生態バランスと環境保護、である。さらに国家の基本制度を、強制、吸収、合

254

＊3　チームの主なメンバーは、胡鞍鋼、王紹光、周建明、曹錦清、王希、王輝、丁元竹、崔之元、項中新、史天健、高柏、鄭永年、朱雲漢など。

意、監督・管理、協調、表出、整合、再分配という8つのメカニズムと捉え、中国が社会主義民主政治を少しずつ実現させるための堅実な制度基盤を打ち建てた。

　2007年、我々は、経済協力開発機構（OECD）による『中国治理』（清華大学出版社2007年）の翻訳を手掛けた。中国語版の「序言——政府の変革を進めて良い統治を実現する」のなかで、次のいくつかの問題について掘り下げている。それは、中国の統治が転換した背景は何か。我々はどのようにグローバルな視点から見ればよいか。政府統治と国家制度の現代化の面で、中国にどのような変化が起きているか。中国の制度変遷プロセスをどのように理解するか。また、これらの変化の原因は何か。中国は統治の面で今なおどのような課題に直面しているか。こうした課題にどのように向き合い、良い統治をスムーズに実現させていくか。これらの問題は、私自身が自問自答してきたものでもある。私なりの核となる観点は、制度とは1つの特殊な（全国の）公共財で、国や政府はそれらの主たる提供者であり、また主たる実施者、保障者である。そして制度建設を進めるのは、党・国・社会それぞれの統治コストを下げるためである。これまでの28年間、中国における改革・開放の中心テーマは、経済のテイクオフや経済建設だけでなく、制度建設や制度革新でもある。また、制度建設に必要なのは政治的な願望や目標だけでなく、学習能力、革新能力、実行能力が重要であり、これらを「能力建設」と呼んでいる。執政党としては、社会の需要に応じ時宜にかなった改革措置を講じ、対応策を定め、同時に強い執行能力を備え、さらに政策・措置・やり方を打ち出し、きちんと実施する必要がある。「言ったからには約束を守り、行なう以上はやり遂げる」と言われるように、こうした「能力建設」は、ややもすると多くの途上国に欠けているところであり、途上国が発展のジレンマにぶつかる根本の原因でもあり、こうした国々が思い描く青写真や構想の多くが「ユートピア」に陥る。こうしたことから、世界から見ると、中国共産党は学習型政党であり、実践型政党でもあり、実践を通じて学習し、学習を通じてさらなる指導と実践を促している。

　2009年、『第二次転型：国家制度建設』［増訂版］（清華大学出版社2009年）が再版された。これには、私と王紹光氏による4編の重要原稿を加え、国家の制

255

度建設をテーマにした我々の最新の研究成果を反映させた。この増訂版の「まえがき」で、国家の現代化を2つの側面の現代化として再び総括している。1つは一般的に言われる「4つの現代化」であり、もう1つは「国家制度の現代化」である。前者は国のハードパワーを高めることであり、後者は国のソフトパワーを高めることである。この2つが互いに補い合って国家を建設し、排斥し合うことなく、互いに作用し、それぞれが互いの条件、原動力、原因と結果になる。改革・開放からすでに30年を経て、中国における制度建設と政治改革は、我々の想像よりもはるかに大きな広がりと深さを持ったものの、その一方で難しさと複雑さも増している。そのため、今なお完成を見ない革命である。しかし、我々はすでに「やりながら学び、学びながらやる」という漸進主義のやり方を見出し、今後も弛まぬ実践、弛まぬ総括、弛まぬ革新によって、中国の発展を絶えず推し進めていかなくてはならない。

2010年3月、私は、中国浦東幹部学院による省部級の幹部のための「経済発展パターンの転換と経済構造の調整」をテーマにしたセミナーを担当した。彼らと交流するなかで、ある地方の副省長に「胡教授、私は『第二次転型：国家制度建設』のいずれの版も読みましたが、とてもすばらしい深い内容でした。まだそちらの研究は続けられているのでしょうか。何か新しい研究成果はあるのでしょうか」と聞かれたので、私は「まだこれといったアイデアや考えはありませんが、今後もそうした問題により注目し、さらに研究を続けていかなければなりません」と率直に答えた。

このように、国情研究、特に制度建設の研究は、いずれも1度きりの理解や完成ではなく、絶えず「必然の国」から「自由の国」を、絶えず「無自覚」から「自覚的」な認識を目指さなくてはいけない。つまり、中国社会が必要としているものは学術研究であり、特に国情研究の革新は最も求められている。まさにエンゲルスが「社会にいったん技術上の需要が生まれると、こうした需要は10の大学よりもより科学を前進させていくだろう」と語った言葉に示されている。いわんや中国は10数億の人口を擁する大国であり、どういった需要であろうと、これまでの世界で最も大きい需要である。学術研究の角度から見ると、「存在が意識を決定する」ことの典型である。また、国情研究の角度から

見ると、「中国社会の存在がその社会意識を決定づける」ことの典型でもある。重要なのは、社会にそれらを受け止める感受性があるかどうか、学術にもそうした感受性があるかどうかであり、さらに社会命題を学術命題へ転化し、弛まぬ研究と自身のブレークスルーを続けていくことである。

第18期三中全会の「決定」、また習近平同志の「講話」のなかで「国の統治体系と統治能力の現代化を推し進める」というテーマが示された時、私の学術研究上の興味と発想は大いに惹きつけられた。実際、海外の学術界からも大きな関心が寄せられた。2014年3月25日、清華大学公共管理学院は、ノーベル経済学賞を受賞したジョセフ・ユージン・スティグリッツ氏[4]を招いて「日々、拡大する不平等——その原因と結果」と題した講演会を開催した。登壇前の交流で、彼は習近平同志の「講話」について触れ、「国の統治体系と統治能力の現代化とはどのような意味を持つか。中国の改革とどのように関わってくるのか」と私に尋ねた。私が知るところでは、スティグリッツ氏は90年代後半に世界銀行の副総裁やチーフエコノミストを務め、「グローバル公共財」や「グローバル統治」など新たなテーマを提唱していた。一方、習近平同志が提起した「国の統治体系と国の統治能力の現代化」は、中国だけでなく世界へ向けても初めて打ち出されたものである。こうした中国の指導者によるオリジナリティを持った政治命題が提起されたことで、我々に対する社会の需要が大きく生み出される。こうした需要に対して、中国の学術界は歴史的、国際的な角度だけでなく、学術的、理論的な角度からもこの命題に答えていかなければならない。

本書では、こうした学術命題の研究に対して大きな試みを行っている。この「新しい命題」は「大きな命題」でもあり、「すべてのことは初めが難しい」ことを私自身も身をもって知った。しかし、まさにこれによって、我々の国情研究における学術的関心と学術的発想が刺激され、この「大きな命題」に対する体系化された学術知識と学術成果を築き上げることに努め、本書は完成に至った。本書はこれらの集大成である。

257

＊4　訳注：アメリカの経済学者。「情報の非対称性」を用いた市場の分析が認められ、2001年にノーベル経済学賞を受賞。世界銀行の上級副総裁兼チーフエコノミストなどを歴任。著書に『世界を不幸にしたグローバリズムの正体』等がある。

本書は、中国における統治の現代化をメインテーマに置き、自問自答の形を採りながら、序言で触れた8つの問題について答えている。このなかでは、歴史の角度から新中国成立以降の歴代指導者がどのように現代国家制度を作り上げ、それらが国の現代化の過程や道筋全体にどのような影響をもたらしたかを整理するよう努めた。また、国際的な視点に立ち、中国と他国とりわけ西側諸国のそれぞれの発展の道筋や制度の変遷を比較した。そこから、中国の道が有する独自性と優位性、さらに深い角度から見た中国の制度が有する独自性と優位性を明らかにした。中国を「東洋の巨人」に例え、「2つの手」は「1つの手」よりも常に優れ、「2つの足で歩む」ことは「1つの足で歩む」ことよりも常に優れ、「2つの積極性」は「1つの積極性」よりも常に優れていることを示した。最後に、実証分析の角度から、中国とアメリカのそれぞれの統治パフォーマンス（2000年から2012年までの）を比較し、それらを通じて、中国の統治パフォーマンスはアメリカよりも優れており、「中国の道」は「西洋の道」よりも優れていると結論づけ、「毛沢東の予言」[5]と「鄧小平の予言」[6]を検証した。

　本編中の各章は、2013年11月から2014年4月までの間に『国情報告』として内部向けに発表したもので、中央指導者や省部級の主な責任者に提出して参照してもらい、数度にわたって重要な指示を受けた。このようにして、我々の学術研究は、党中央—学術—理論を繋ぐ知識を共有し相互作用させ、それらを通じて党中央の最新の理論成果の理解を助け、また党中央の国家統治の道をさらに発展させるよう努めてきた。こうしたことは、大学のシンクタンクとしての我々の役割とも一致し、学術界と政界を結ぶ情報ルート、知識の架け橋、理論の架け橋という役割を果たした。同時に、党中央の重要な政策決定がより民

---

[5]　1962年1月、毛沢東は「社会主義は資本主義に比べて、多くの優位性があり、わが国の経済の発展は資本主義国よりもかなり早いだろう」と述べている（毛沢東「在拡大的中央工作会議上的講話」1962年1月30日、『毛沢東文集』第8巻　人民出版社　1999年、302頁）。

[6]　1987年、鄧小平は外国の要人との談話のなかで「今日われわれの真にやるべきことは改革によって生産力の発展を速め、社会主義の道を堅持し、われわれの実践によって社会主義の優位性を示すことです。二世代、三世代ひいては四世代でこの目標を実現しようと思っております。その頃になれば、事実をもって社会主義の方が資本主義よりほんとうに優れていると自信を持って言うことができます」と述べている（鄧小平「我們幹的事業是全新的事業」1987年10月13日、『鄧小平文選』第3巻　人民出版社　1993年、256頁）。

主的で知恵を取り入れたものとなり、また全党と全国ないし学術界から寄せられた知見を十分に取り入れ、その集大成が第18期三中全会の「改革の全面的深化における若干の重要な問題に関する決定」、さらに党中央指導者の「講話」のなかに大きく反映された。本書はこうした好例を示し、ここから弛むことなく学習し、革新し、さらに「知識は民のため、知識で国に報いる」という理念を実践し続けていかなければならない。

また本書は、チームによる研究、執筆、修正から生まれたチームとしての成果でもある。しかし、学術研究におけるプロセスはその成果以上に重要である。私と国情研究院の諸先生方や学生との間には、ある種の「絆」が生まれた。それは、ともに学び、ともに執筆にあたり、ともに本書を著した「絆」を意味する。

本書は、私が統括と企画を担当し、全編にわたる執筆と修正にあたった。鄢一龍博士には、国情研究院での「中国における統治の現代化」研究を組織するうえで、また本書の著者の1人として多大な協力を賜った。そして私の博士課程の学生である唐嘯君と楊竺松君は、原稿執筆、資料整理、計算作業、編集修正などに直接携わってくれた。2人とも28歳に満たない若い執筆者で、「後生畏るべし」と言うべきだろう。このほかにも、本研究には数名の学生が携わってくれた。ほかにも数編の原稿があったが、紙幅の都合やまだ十分に練られていないことなどから本書には未収録であるが、今後さらに別の形で発表し、「中国における統治の現代化」研究の一部としていきたい。

本書の出版に際して、中国人民大学出版社から多大な支持を賜り、重点図書にしていただいた。こうした関係各位の努力で、本書を予定より早く出版することができた。本書は、同社から出版されたシリーズの6作目にあたる。これに対し、合わせて感謝の意を表したい。

胡鞍鋼

2014年6月6日、清華園にて

259

訳者あとがき

　本書のオリジナルである『中国国家治理現代化』は、2014年に中国人民大学出版社から出版された。筆頭著者の胡鞍鋼氏は、1953年に遼寧省鞍山市で生まれ、唐山工学院、北京科技大学、中国科学院でそれぞれ工学系の学位を取得した後、1991年にイェール大学で経済学博士号を取得し、帰国後は経済学者として、マサチューセッツ工科大学、香港中文大学、世界銀行研究所の客員研究員などを経て、現在は清華大学教授、清華大学国情研究院院長を務める。国情研究の第一人者として国内外で広く知られ、政策立案のブレーン、オピニオンリーダーとしても大きな影響力を持つ人物である。

　彼の著書は、国内では政府や党幹部向けの政策学習のテキストとして用いられ、本書の各章でもそうした講義原稿をベースに加筆修正したものが収録されている。また、それらは日本でも翻訳され、『経済大国　中国の課題』(岩波書店 2007年)、『2030年中国はこうなる』(科学出版社東京 2012年)、『中国のグリーン・ニューディール』(日本僑報社 2014年)、『中国集団指導制』(科学出版社東京 2014年)、『中国の発展の道と中国共産党』(日本僑報社 2016年)、『習近平政権の新理念』(日本僑報社 2017年) など数多く出版されている。

　本書は、中国における統治をめぐる諸問題をテーマにしている。各章では、建国からこれまでの国家制度の変遷と転換点、統治の現代化、政府と市場の関係、国有経済と民営経済の関係、中央と地方の関係、中国とアメリカの政治制度と統治効果の比較について述べられている。またあとがきでは、著者自身のこれまでの研究経緯が紹介されている。それによると、著者が「国家能力」に関心を持ったのは1990年代初めであるという。その背景には、旧ソ連と東欧諸国の政権崩壊、中国国内の政治動乱、留学により中国を外側から客観視できた経験などの影響が少なからずあったと思われる。とりわけ、旧ソ連が経済凋

落と財政の行き詰まりから政治対立を生み、やがて社会主義国の分裂と解体に繋がったことは、中国なりの発展のあり方を模索・研究していた著者にとってターニングポイントになったであろうことは想像に難くない。こうした事態を避けるためには、まず経済発展を軸足とすること、それには国の工業化と現代化が不可欠であり、そのためには国家能力を高める必要がある、と著者は考える。さらに国家能力を高めるには、国の長期的安定が保証されなければならず、それには政治制度と財政制度を時代に合ったものに革新、再構築しなければならないという課題に直面する。2000 年以降、その関心は「国家制度」へと次第に移っていったことが分かる。そして著者は、制度を現代化することで「良い統治」と「長期的な安定と平和」を実現することの重要性、また制度をひとつの公共財と捉え、政府はその提供側として常に統治コストを下げるために制度革新を続けることで「統治の現代化」を図っていく必要性を強調している。このような経緯から、本書では、習近平政権が掲げる「国家の統治体系と統治能力の現代化を推し進める」という政治課題について、できるだけ学術的な角度から説得力のあるコンセンサスを作り出し、国内外へ広く発信しようと試みている。

　本書のなかの政治文書の引用部分については、主に次の資料や関連サイトを参考にさせていただいた。

　習近平著、中共中央編訳局訳『改革の全面的深化について』（外文出版社、2014 年）

　習近平著、中共中央編訳局訳『全面的な法に基づく国家統治』（中央編訳出版社、2017 年）

　中国部会編『新中国資料集成』第 2 巻（㈶日本国際問題研究所、1969 年）

　『中国共産党第 11 回全国代表大会文献集』（外文出版社、1977 年）

　『北京週報（日本語版）』（北京週報社）

　理論中国：http://jp.theorychina.org/

　人民網日本語版：http://j.people.com.cn/

　中国網日本語版：http://japanese.china.org.cn/

　Science Portal China：http://www.spc.jst.go.jp/

本書の翻訳にあたり、科学出版社東京の向安全社長、柳文子様、関係各位に深く感謝するとともに、監訳者の佐々木智弘先生には多くの邦訳資料を提供して頂き、政治文書の邦訳を細やかに見て頂いたこと、また編集者の眞島建吉様には多くの労を取って頂いたことに、ここで改めて深く感謝を申し上げたい。

2018 年 11 月

岡本恵子

■監訳者略歴

佐々木智弘（ささき　のりひろ）

1967 年兵庫県生まれ。防衛大学校人文社会科学群国際関係学科准教授。南山大学大学院総合政策研究科博士後期課程修了。博士（総合政策）。日本貿易振興機構アジア経済研究所を経て現職。編著に『現代中国の政治変容─構造的変化とアクターの多様化』（日本貿易振興機構アジア経済研究所、2005 年）、共著に『20 世紀中国政治史研究』（放送大学教育振興会、2011 年）、監訳に『民主を進める中国』（科学出版社東京、2016 年）などがある。

■翻訳者略歴

岡本恵子（おかもと　けいこ）

1974 年大阪府生まれ。フリーランス翻訳者。創価大学文学部外国語学科中国語専攻卒業、北京大学哲学部宗教学専攻修士課程修了。その後、中国の映像関連の企業で翻訳業務に従事し、映画『狙った恋の落とし方（非誠勿擾）』の制作チームに加わった。主な訳書は、『転換を模索する中国─改革こそが生き残る道─』（科学出版社東京、2015 年）、『民主を進める中国』（科学出版社東京、2016 年）がある。

国 家 統 治 <ruby>ガバナンス</ruby> —現代中国の歩み—

2019 年 4 月 3 日　初版第 1 刷発行

著　　者　　清華大学国情研究院
　　　　　　胡鞍鋼　唐嘯　楊竺松　鄢一龍
監 訳 者　　佐々木智弘
翻 訳 者　　岡本恵子
発 行 者　　彭　斌
発 行 所　　科学出版社東京株式会社
　　　　　　〒 113-0034　東京都文京区湯島 2 丁目 9-10　石川ビル 2 階
　　　　　　TEL 03-6803-2978　FAX 03-6803-2928
　　　　　　http://www.sptokyo.co.jp

編　　集　　眞島建吉（葫蘆舎）
装　　丁　　鈴木優子
印刷・製本　　モリモト印刷株式会社

ISBN 978-4-907051-46-4 C0031